세계정치 6

-자유무역협정의 정치경제-

세계정치 6

-자유무역협정의 정치경제-

서울대학교 국제문제연구소 엮음
윤영관 책임편집

인간사랑

차례

서문

자유무역협정(FTA) : 효율과 통합의 정치경제

윤영관(서울대학교 외교학과 교수)

한국사회가 21세기로 진입하면서 여러 가지 중요한 새로운 이슈들이 논의의 주제로 떠오르고 있다. 그 중에서도 가장 치열한 논쟁을 거듭하면서 정치 · 사회적 혼란까지 야기하고 있는 이슈는 아마도 지역주의 문제, 그 중에서도 특히 자유무역협정(Free Trade Agreement, 이하 FTA)의 체결문제일 것이다. 1999년 말 한-칠레 FTA협상 타결을 시작으로 이제 한국은 싱가포르, ASEAN, EFTA와 FTA를 체결했고, 일본과는 협상이 중단되고 있는 상태이며, 2006년에는 미국과 FTA 협상이 시작되었다. 한미 FTA 문제는 2006년에 한국사회를 달군 가장 뜨거운 사회적 쟁점이었다.

이에 서울대학교 부설 국제문제연구소는 학술저널 『세계정치』 2006년 겨울호에서 "자유무역협정의 정치경제"라는 특집을 내기로 하였고 본인에게 기획과 편집을 부탁하였다. 이에 한국 국제정치학계의 대표적인 국제정치경제학 전공 교수 여섯 분을 초빙하여 논문

집필을 부탁하였고, 학술발표회를 거쳐 이제 완성된 책이 나오게 되었다. 이 책이 FTA라는 대단히 중요한 주제에 대해 국민들과 정책결정자, 그리고 연구자들의 심도 깊고 포괄적인 이해를 돕는 데 공헌할 수 있기를 바라는 마음이다.

이 책에 실린 여섯 편의 논문을 개관하기 전에 이 책에 수록된 필진들의 연구가 갖는 몇 가지 의의를 먼저 밝히고자 한다. 첫 번째는, 이 연구가 FTA 문제를 분석하는 데 있어서 그동안 한국의 학계와 관계에 존재해 왔던 방법론상의 큰 공백을 메우고자 하는 의도를 담고 있다는 점이다. FTA는 경제의 문제이지만 동시에 정치문제이다. 국가들 간의 관계에서 역외 국가들에 대한 무역상의 차별대우를 의도하는 것이라는 점에서, 그리고 체결 당사국 간에는 정치적 협상이 걸려 있다는 점에서 국제정치적 행위이다. 이는 동아시아에서 중국과 일본이 FTA 경쟁을 통해 자국의 영향권 확대를 노리고 동아시아 경제질서 형성의 주도권을 잡고자 하는 최근의 흐름에서도 분명히 드러난다.

국내정치적으로도 마찬가지이다. 자유무역을 하게 되면 이를 통해 이익을 보는 집단과 손해를 보는 집단이 생겨나기 마련이고, 이 책의 필진들이 강조하듯이 이들 간에는 자신들의 선호하는 바를 정부정책으로 반영하기 위한 치열한 정치적 경쟁이 벌어지는 것이다. 따라서 FTA 문제를 분석하는 데 있어서 정치경제적 접근은 필수적이라고 말할 수 있다. 그러나 한국에서는 아직도 FTA에 관련된 논의나 정책결정 과정에서 정치적 · 전략적 차원을 본격적으로 고려하지 않은 순수 경제학적 접근이 거의 지배적인 영향력을 행사하고 있다. 이는 자칫 국제정치적 전략개념이 없는 FTA 통상정책을 초래하거나, 국내협상 과정을 이익의 조정과 사회적 통합 형성이라는 정치문제로 다루는 것이 아니라 단순한 행정적인 문제로 다루는 오류를 범할 수 있도록 만들기 때문에 위험하기까지 하다. 여섯 분의 필진들은 국제정치경제학을 전공하는 학자들로 바로 이러한 방법론적 공백을 메울 수 있는 훌륭한 논문들을 독자들에게 제공하고 있다.

이 책이 제공하는 두 번째 공헌은 FTA의 문제를 정치적인 맥락뿐만 아니라 좀더 거시적인 세계적 맥락에서 바라보는 것을 가능하게 해주고 있다는 점이다. 이 책의 논문들은 전 세계경제에서의 지역주의 추세, 동북아 지역적 맥락에서의 한국의 FTA 문제, 다른 국가들의 FTA 전략과 한국의 FTA 전략의 비교 등을 시도하고 있다. 그리하여 기존의 많은 연구들과는 달리 한국의 FTA 문제를 세계 정치경제적 맥락에서 조망하고 국제적인 비교를 통해 입체적으로 조망해 주고 있다.

마지막으로 여기에 실린 논문들은 FTA의 문제를 분석하는 데 있어서 단순히 이론적 분석에 그치는 것이 아니라 분명한 정책적 · 전략적 함의까지 도출하는 것을 시도했다. 이를 통해 연구자들뿐만 아니라 정책결정과 관련된 분야에서 종사하는 분들에게도 직접적인 도움을 줄 수 있도록 노력을 기울였다. 이 과정에서 중요한 것은 연구자들이 어떤 선제된 이념이나 강한 입장을 전면에 내세우지 않고 냉철한 분석적 입장을 견지하는 것인데, 이 책의 여섯 필진들은 철저한 전문성과 학문적인 중립성을 가지고 논문들을 작성해 주셨다. 그렇기 때문에 그들의 논문이 더욱 신뢰성을 갖고 있으며, 독자들에게 호소력을 가질 것이라고 기대한다.

첫 두 논문, 즉 문돈 교수와 김석우 교수의 논문은 기존의 국제 정치경제학 분야에서 FTA와 관련된 일반 이론과 그에 의한 설명들에 초점을 맞추었다. 문돈 교수는 국제적 차원, 김석우 교수는 국내적 차원에 집중했다. 먼저 문돈 교수의 논문은 한국 정치경제가 국제 정치경제의 흐름 속에서 존재하면서 상호 간에 끊임없이 영향을 주고 받을 수밖에 없기 때문에 한국의 FTA 통상전략을 논하는 출발점으로서 국제 정치경제의 흐름에 주목하고 있다. 지역주의라는 현상이 글로벌 차원에서 어떻게 진행되고 있고 이것이 한국에 던져주는 함의는 무엇인가, 이것이 문돈 교수의 논문에 깔린 문제의식이다.

문 교수는 먼저 1990년대 이후 지역무역협정(regional trade agreement)의 숫자가 크게 증가하여 국제무역질서의 한 축으로 등장했다는 점에 주목한다. 기존의 연구들은 이러한 현상을 다자주의의 한계를 극복하는 대안적 선택이라고 설명해 왔다. 그러나 우리가 목도하듯이 WTO 체제는 도하라운드의 난맥상에도 불구하고 어느 정도 성공적으로 정착되고 있는 상황이다. 이에 문 교수는 오히려 역으로 다자주의의 진전이 지역주의의 활성화를 가져오고 있다고 본다.

그는 지역무역협정을 세 가지로 나눈다. 첫째는 지리적 인접성에 근접한 기존의 지역주의 형태로서 지역 내 지역주의(intra-regional regionalism), 둘째는 이미 확립된 지역협력협정들 간에 거대 규모의 FTA를 추진하려는 지역 간 지역주의(inter-regional regionalism), 그리고 마지막으로 특정 국가가 지역범위를 뛰어넘어 타지역 국가와 양자 FTA를 맺는 지역을 초월한 지역주의(cross-regional regionalism)가 그

것이다. 그는 유럽, 북미, 동아시아에서 위의 세 가지 지역주의 형태의 흐름이 각각 어떻게 진전되고 있는지를 비교 검토했다.

문 교수는 현재의 지역무역협정의 추세가 지리적 인접성을 뛰어넘는 지역초월 지역주의의 강화로 전 지구적 차원에서 중심(허브)과 빗살(스포우크) 형태로 복합적으로 이루어지고 있다고 보며, 개별 국가들이 여기에 능동적이고 공세적인 동기를 가지고 참여하고 있다고 지적한다. 즉 지역주의를 지역 간의 전략적 대립이라는 통상적인 관점으로 보기보다는 탈지역적 FTA 체결 현상이 갖는 새로운 의미를 강조하는 것이다.

문 교수는 이처럼 국제정치경제에서 지역초월 지역주의가 큰 폭으로 늘어나고 있는 대세를 고려할 때 노무현 정부가 개방형 통상국가의 건설이라는 통상전략으로 대응하면서 다수 국가들과 전 방위적으로 FTA의 체결을 추진하고 있는 것은 올바른 선택이라고 판단한다. 한미 FTA는 이러한 전 방위 통상전략의 핵심이며, 그것의 성패는 향후 한국의 통상정책과 전략 전반에 매우 중요한 영향을 미칠 것이라고 주장한다.

그러나 국제정치경제적인 맥락에서 FTA 전략이 정당화된다 하더라도 그것이 결정되고 추진되는 터는 국내정치의 영역이다. 일반론적으로 자유무역이 보호무역보다 국가의 부를 증대시킨다 해도 외국과 FTA를 체결하게 되면 그 과정에서 국내에서는 소득이 재분배되며, FTA로 인해 이익을 얻는 집단과 손해를 보는 집단이 나뉘어지기 마련이다. 결국 이들 집단들 간에는 찬반논쟁이 벌어질 수밖에 없고, 이익집단들 간에 여러 연합들이 형성되어 국가의 정책결정에 영향을 미치려는 정치적 경쟁이 벌어진다. 따라서 FTA의 체결을 둘러싼 국내정치를 분석하는 국내정치경제적 접근이 필요하다.

김석우 교수는 이러한 국내정치경제 측면에 초점을 모으고 있다. 그는 자유무역협정을 포함한 무역정책 결정과정에 있어서 이익집단들이 어떤 선호를 갖게 되고 어떻게 집단행동을 하며 어떤 수단을 동원하는지의 정책 수요의 측면과, 정부의 정책결정자들이 수요에 대응하여 왜, 어떠한 정책을 선택하게 되는가 하는 정책 공급의 측면으로 나누어 접근한다.

먼저 수요의 측면에서는 누가 무역자유화에 반대하고 누가 찬성하는지에 대해 두 가지 설명을 검토한다. 무역정책에 대한 이익집단 간 경쟁을 자본, 노동, 토지 등 생산요소 간 경쟁에 초점을 맞추는 계급 간 경쟁모델과 산업별로 나뉘어 경쟁하는 측면에 초점을 맞추는 산업 간 경쟁모델이 그것이다. 공급 측면과 관련해서 김 교수는 FTA 체결을 통하여 피해를 입는 이익집단에 대한 보상정책의 필요성을 강조하고 효율적인 보상책을 채택하기 위해 피해자가 과연 누구인지 정확하게 알아야 된다는 점을 지적한다. 피해집단에게 보상정책을 실시하는 것은 무역자유화를 통한 국부 증진뿐만 아니라 정치적 지지와 사회적 안정을 확보하기 위해 매우 중요하다.

김 교수는 실제로 어떤 국가들이 어떤 보상정책을 실시하여 얼마만큼의 목표를 달성했는지를 미국과 자유무역협정을 맺은 캐나다, 멕시코, 이스라엘의 사례를 분석했다. 그는 이들 간에 일정한 공통된 유형을 발견하기는 힘들지만 세 국가 모두 평균적으로 국민소득 증가효과가 있었고 노동자 대량해고 효과는 없었다는 점을 지적한다.

현재 한미 FTA의 경우는 계급 간 갈등 측면과 산업 간 갈등 측면이 혼재되어 있는 특성을 보여주는데, 이것이 정부가 어떤 집단들에게 어떤 타입의 무역조정지원책을 제공해야 하는지를 구분해내는 것을 어렵게 만들고 있다고 김 교수는 주장한다. 그래서 정부는 기업, 노동자, 농민들을 별도로 지원하는 절충적인 무역조정지원정책을 사용하고 있지만, 그외에도 소비자에게 돌아오는 이익을 적극적으로 홍보하고, 이익에 근거한 집단과 이념에 근거한 집단을 분리시키며, 이익집단들의 도덕적 해이 등 역효과를 방지하는 한도 내에서 보상정책을 실시해야 한다고 강조한다.

앞의 두 논문, 즉 문 교수와 김 교수의 논문은 일반 이론적인 맥락에서 FTA의 문제를 국제정치경제와 국내정치경제적 관점에 맞추어 조망하는 데 초점을 모았다. 그렇다면 그동안 한국이 실제로 추진해 온 FTA는 국제 및 국내정치경제적 차원에서 어떻게 평가할 수 있는가? 손열 교수와 최태욱 교수는 보다 본격적으로 한국에 초점을 맞추어 이 문제를 다루고 있다.

손열 교수는 그동안 한국이 왜, 그리고 어떻게 FTA 상대국을 선정해 교섭해 왔는지, 그리고 그 성과가 어떠한지를 국제정치경제적 관점에서 분석했다. 그는 1998년 외환위기 직후 FTA 전략을 추진한 이래 2006년에 이르기까지 8년간의 사례들을 중심으로 한국의 FTA 전략이 보여주는 특징을 밝혀내고 있다. 그는 특히 일본, 중국, 미국 등 주변 강대국과 FTA 전략을 비교 분석함으로써 보다 입체적으로 한국의 전략을 비판 검토한다.

손 교수는 타지역에 비해 지역주의 통합노력이 뒤늦었던 동아시아 국가들의 FTA들은 "추격전략"적 측면이 강하며, 동아시아가 금융위기로 불가피했던 국내개혁을 안착시키는 방편으로서 FTA가 사용되었다는 점을 지적한다. 과거 중상주의 통상정책에서 벗어나 1990년대부터 적극적으로 FTA를 추진하기 시작한 한국의 경우는 중국과 일본이 전략적인 차원에서 FTA를 고려하고 있는 데 반해 경제적 효과에만 치중하는 관점에서 FTA에 접근하는 경향을 보여주고 있다고 주장한다. 이는 앞에서 언급한 대로 FTA 문제에 대한 한국 내 지식사회의 접근이 지나치게 경제학적 접근에 치중하고 있는 데에서도 기인하고 있는 것으로 생각된다.

손 교수는 한국 FTA 전략의 특징을 조급성과 임의성, 탈지역주의 경향, 국내협상의 부족, 거버넌스 역량의 한계로 규정한다. 무엇보다도 문제는 한국이 동시다발적으로 FTA를 추진하는 전략을 채택하고 있는데, 이것을 뒷받침해 줄 국내사회적 조정과 동의를 끌어낼 수 있는 능력이 부족하다는 점이라고 지적한다. 따라서 한국 정부는 동시다발적 전방위 FTA 전략을 수정하고 FTA 대상국의 우선순위를 가려야 하며, 정해진 로드맵을 제대로 실천하고, 보호장벽을 낮추어 시장 메커니즘을 확대해 나가면서도 한국사회가 지향하는 특정 사회적 가치를 지켜나가려는 노력이 필요하다고 주장한다. 이에 더해 이러한 과제들을 수행해 나갈 수 있는 현명한 리더십을 필요로 한다고 말한다.

FTA 정책을 추진하는 데 있어서 효율적인 거버넌스와 협상조정의 필요성에 대한 손열 교수의 문제의식은 최태욱 교수의 문제의식과도 일맥상통한다. 최태욱 교수는 한국의 국내정치경제적 측면에 더욱 초점을 모아 FTA에 대한 제각기 다른 선호에 따라 형성되는 국내 이익집단들과 정부와의 의사소통 채널의 문제점을 집중적으로 분석한다.

그는 특히 이념이나 정책 중심의 정당이 아닌 인물이나 지역 중심의 현존하는 한국의 정당체제가 이미 상당 정도 산업화, 민주화, 다원화된 한국사회의 이익집단들의 요구를 수용해내는 것을 어렵게 만들고 있으며, FTA 체결과정에서 한국 정치사회의 불안정성을 심화시키고 있다고 주장한다. 정당이 제 기능을 못하더라도 비정당적 채널이 잘 발달되어 있다면 어느 정도 의사소통이 될 수 있는데, 한국의 경우는 공청회나 청문회, 정부산하 각종 위원회나 건의 및 청원 시스템들 모두가 유용한 소통기제가 되어주지 못하고 있다는 것이다. 결국 약자집단들에게 남아 있는 채널은 데모, 파업, 파괴, 폭동 등 강압적 채널밖에 없게 되었고, 이는 심각한 사회불안정을 낳았다는 것이다.

최 교수는 한-칠레 FTA의 1999년 말 양국 간 협상 시작부터 2004년 4월 발효에 이르는 4년여 기간의 국내정치 과정을 상세하게 분석함으로써 이러한 그의 주장을 실증적으로 뒷받침해 주고 있다. 한-칠레 FTA의 경우, 관련 농민들에 대해 정부가 보상을 제공해서 이것이 FTA를 가능하게 해주었던 점은 사실이었다. 그러나 정부-사회 간 정책통로의 미비나 농민집단 자체의 분열구조로 인해 농업의 중장기적 국제경쟁력 확보라는 근본적 해결책을 모색하는 것이 아니라 단기적 안목에서의 보상으로 무마하는 데 그치는 한, FTA 체결을 앞으로 추진할 때마다 농민들은 길거리로 나서서 소리치는 일이 반복될 것이고 사회불안정도 계속될 것이라는 것이다.

결국 이러한 문제를 근본적으로 해결하는 방법은 정당 본연의 기능을 회복시켜 정부와 이익집단들 간의 의사소통 채널을 제도화하는 것이며, 이를 위해서는 선거제도를 개혁해야 한다고 주장한다. 지역주의와 연계되어 운영되고 있는 지금과 같은 소선거구 일위대표제를 개혁하여 정책이나 이념 중심의 정당이 한국 정치에서 자리잡게 만들어야 된다는 것이다.

위의 네 편의 논문들은 편의상 국제와 국내라는 두 가지 차원으로 나누어 일반 이론, 그리고 한국의 경우에 초점을 모아 분석을 시도했다. 그러나 위의 각 논문들이 암시하고 있듯이 국제와 국내 차원은 긴밀히 연계되어 있고 항상 상호작용하고 있다. 그렇다면 보다 본격적으로 국제와 국내 차원의 체계적인 연계를 전제로 그동안 한국 정부가 추진해 온 FTA 협상사례들을 협상전략에 초점을 맞추어 분석해 볼 필요가 있다.

양기웅 교수는 바로 이러한 목적으로 퍼트남(Putnam)의 양면게임이론을 이용하여 한국의 칠레, 싱가포르, ASEAN, 일본, 미국 5개국에 대한 협상전략을 분석하였다. 양면게임이론은 국제협상이 국제적 차원의 게임과 국내적 차원의 게임이라는 두 가지 게임으로 구성되어 있고, 협상자는 이 양면게임의 경계에 서서 두 가지 게임을 동시에 운용한다는 이론이다. 국제게임은 외교상의 불리한 결과를 극소화하고 국내적 압력을 만족시키는 능력을 극대화하는 게임이며, 국내게임은 국내 이익집단들이 자국 정부에 대해 유리한 정책을 채택하도록 압력을 행사하고 정치가는 그 과정에서 지지연합을 재편하여 자신의 권력기반을 확대하는 게임이라고 양 교수는 설명한다.

양 교수는 협상자가 가지고 있는 많은 협상안 중에서 국내적으로 비준이 가능한 협상안의 집합인 윈셋(winset)의 크기가 '언어정치'

에 의해 영향을 받는다는 새로운 가설을 제시하고 있다. 즉 협상이론들은 국내적으로 비준자들의 이해관계가 비교적 명확하게 계산될 수 있다고 가정하지만 실제로는 이익과 손실의 계산이 복잡하고 모호하기 때문에 정확한 판단이 쉽지 않다. 바로 그러한 상황에서 사이비 인과관계의 이론이나 주장으로서 '통설'이 등장한다는 것이다.

이러한 통설은 당사자의 이해득실에 대한 비합리적인 계산법을 제시하고 때로는 중립적인 무관심층을 동원하여 특정 연합으로 재편하기도 한다는 것이다. 양 교수는 한국 정부가 실제로는 쌀 수입량이 증대하는 효과를 가져오고 있는 "쌀의 관세화 유예조치"를 정책으로 선택하면서도 "쌀 시장이 지켜졌다"고 주장하는 것을 이러한 '통설의 언어정치'의 전형적인 사례로 들고 있다.

양 교수는 다섯 가지 협상사례를 협상과정, 협상쟁점, 협상결과, 협상전략 순서로 분석하고 있는데, 이러한 분석은 독자들에게 대단히 유용한 정보를 제공하고 있으며, 보다 거시적인 안목에서 한국의 협상전략을 입체적으로 평가하는 데 도움을 주고 있다. 그는 특히 한미 FTA 협상전략에 있어서 한국 측의 '노출'이 지나치게 심했다고 지적하면서 우리 스스로 협상시한을 설정하고 이를 노출시키는 것이 전혀 도움이 되지 않고 있다고 지적한다. 이와 관련하여 일본의 대미협상 경험으로부터 배울 필요가 있다고 주장한다. 또한 앞의 손열 교수, 최태욱 교수가 주장했던 것처럼 한미 FTA에서만큼은 국내협상을 제대로 해야 한다고 강조한다.

이근 교수는 한미 FTA의 체결문제에 보다 본격적으로 집중하여 조명하고 있다. 앞의 다섯 교수들이 그러했듯이 이근 교수도 FTA 체결이라는 정책목표 자체에 대해서 반대하는 것은 아닌 듯하다. 그러나 그것을 추진해 나가는 과정에서 정부는 설득력 있는 전략적 목표를 설정하고 정교한 협상전략을 수립하며, 민간영역과의 원활한 의사소통에 기초한 이익의 조정과 보상체계를 수립하는 등, 정부신뢰를 쌓고 협상준비와 절차에 만전을 기해야 한다는 것이다. 그러나 노무현 정부는 그렇게 하지 못하고 있는 것이 문제라고 비판하고 있다.

이 교수는 정부가 주장하는 서비스 산업의 경쟁력 확보와 양극화 해소라는 목표설정은 그 논리적 타당성을 인정하기 어려운데도 불구하고 무리를 하며 추진하고 있기에 정부는 국민들의 신뢰를 받지 못하고 있고, 이는 오히려 FTA 반대 근거를 강화시켜 주고 있다고 한다. 앞의 필자들이 주장했듯이 FTA 추진의 핵심은 피해집단에 대한 보상의 문제이고 이에 대한 국내협상인데, 현 정부가 진정한 합의과정을 거치지 않고 성급하게 서두름으로써 절차적 정당성의 확보에 실패한 것도 문제였다고 이 교수는 지적한다. 이에 더해 한국 측이 이른바 "4대 선결조건"을 협상카드로 사용하지 못하고 수용해 버린 점이나 미국의 무역진흥법안(Trade Promotion Act) 종료시점과 연계하여 한국 정부가 협상시한을 설정한 것도 문제였다는 것이다.

이러한 문제점들로 인해 한국 정부의 한미 FTA 추진에 대한 신뢰가 추락하게 되어 결국 이를 둘러싼 국내정치 과정은 FTA로 이익을 보는 집단과 손해를 보는 집단 간의 이해 중심의 정치과정에서 친미냐 반미냐 하는 이념 중심의 대립의 정치로 변해버렸다고 이 교수는 비판하고 있다.

여섯 분의 필진들의 논문에서 공통적으로 발견되는 입장은 그들 모두가 한국이 대외통상전략으로서 FTA 체결을 추진하는 것에 대해서는 적극적으로 찬성하거나 공감하고 있다는 점이다. 최소한 세계경제에서의 지역주의 확산이라는 대세를 고려할 때 한국이 FTA 후진국으로서 남아 있을 수 없다는 점에 대해서는 이해를 같이 하고 있다. 자연자원도 부족하고 시장규모도 작은 한국이 지난 반세기 가까이 고속성장을 해왔던 것은 세계화의 물결을 거스르는 것이 아니라 적극적으로 활용하는 통상전략으로 가능했다는 것은 분명하다. 한국은 어느 중진국과 비교해 보아도 성공적으로 세계경제의 도전을 극복하면서 성장해 왔던 것이 사실이고, 앞으로도 성공적인 세계화의 파도타기를 대외경제전략의 기조로 삼을 수밖에 없을 것이다.

이에 더하여 한미 FTA 대외통상전략의 추진을 정당화시켜 주는 또 하나의 중요한 전략적 이유가 있다고 생각한다. 그것은 바로 북한 경제의 재건과 성공적인 남북한 경제의 통합이라는 민족과제 달성과 관련되어 있다. 북한문제는 우리가 꼭 풀어야만 하는 숙명적인 과제인데, 그것의 핵심은 곧 북한 경제의 재건이라고 말할 수 있다. 그런데 이를 위해서는 대규모의 서방자본이 북한에 도입되고 북한 경제가 세계경제로 편입되는 것이 불가피할 것이다. 이러한 편입의 과정에서 하나의 디딤돌을 만드는 것이 바로 한미 FTA라고 말할 수 있을 것이다. 한미 FTA를 통해 한국 경제의 투자여건이 개선되고 자본시장이 활성화되며 경제의 틀이 선진화된다면 이는 곧 대북투자를 위한 한미 간 파트너십이 강화되는 것을 의미할 것이기 때문이다.[1)]

그러나 아무리 이와 같은 한국 경제뿐만 아니라 한반도 경제

전체의 효율성 제고라는 목표가 정당화된다고 하더라도 그것을 추진하는 현명한 대외협상전략과 로드맵이 면밀하게 수립되고 시행되지 않는다면 곤란할 것이다. 특히 FTA에 관해 한국 정부가 정치경제적인 차원에서 전략적인 사고를 강화하는 것이 중요하고, 협상전술적 차원에서도 우리의 입지를 노출하지 않는 등 보다 세련된 전술을 구사해야 할 것이다.

무엇보다 중요한 것은 협상을 추진하는 포괄적 주체로서 한국사회의 국내정치적 통합이 이루어지지 않는다면 대외전략 추구 자체가 힘들어진다는 점이다. 바로 이러한 국내정치적 통합을 이루어내기 위한 적극적인 노력이 필수적이다. 이는 이 책의 여러 필자들이 주장했듯이 적절한 보상정책의 실시, FTA를 둘러싼 이익집단들간의 이해를 조정하고 수용해내도록 하기 위한 정치개혁을 포함한 효과적인 거버넌스 시스템의 마련, 현명한 통합적 리더십의 확립 등으로 가능할 것이다.

결국 오늘날과 같은 세계화 시대에 있어서 세계 각국들은 경제적 효율과 사회적 통합이라는 양대 가치를 어떻게 동시에 달성할 수 있을 것인가, 이것을 가장 잘 달성해낼 수 있는 제도를 그 국가의 특수한 상황을 반영하여 어떻게 창조적으로 만들어 나갈 것인가라는 주제를 놓고 경쟁하고 있다고 볼 수 있다. 아마도 이것이 현대 국제정치경제의 가장 핵심적인 화두이며 한국사회에 던져주는 21세기의 가장 큰 도전이라 말할 수 있다. 이 책의 발간이 이러한 도전을 한국사회가 극복해 나가는 데 기여할 수 있기를 희망한다.

끝으로 재정적으로 넉넉하지 못한 지원에도 불구하고 학문적인 열정과 국가의 장래에 대한 사명감을 가지고 훌륭한 논문들을 써

주신 여섯 분의 필자들, 그리고 특히 여러 가지 궂은 일을 자원해 주신 손열 교수께 깊은 감사를 드린다. 그리고 FTA 학술회의를 지원해 준 미래재단의 구해우 씨, 학술회의 추진과 원고정리 관련 일을 담당한 서울대 국제문제연구소 간사들, 그리고 출판사 인간사랑의 관계자들께 깊은 감사의 뜻을 전하고자 한다.

윤영관

2006년 12월 22일, 관악산 연구실에서

주

1_ 본 논문에 대해 유익한 코멘트를 해주신 윤영관, 손열 교수님과 자료정리를 도와 준 김나희 조교에게 감사드립니다.

–자유무역협정의 정치경제–

자유무역협정의 정치경제

구한말의 정치경제

1

지역주의의 새로운 흐름 :
자유무역협정의 국제정치경제[1]

문 돈(경희대학교 국제학부 조교수)

* * *

이 글은 현시기 지역주의를 지역 내 지역주의, 지역 간 지역주의, 지역초월 지역주의로 구분하고, 이 가운데 특히 지역초월 무역협정(cross-regional trade agreement)에 초점을 맞추어 지역주의의 새로운 흐름을 설명하고자 한다. 자유무역에 선도적인 일부 국가들이 지리적 인접성을 뛰어넘어 양자적으로 맺는 CRTA는 상대 시장에 대한 특혜적 접근, 무역 경쟁국에 대한 주요 시장의 선점, 투자유치 및 지역 내 거점으로서의 위상 정립과 같은 복합적인 정치경제적 동기를 가지고 있으며, 향후에도 CRTA의 추진은 더욱 강화될 것으로 예상된다. 지역 내 지역주의의 흐름이 미약한 동아시아의 경우, 현재의 한-미 FTA 추진은 CRTA의 흐름 속에 한국이 능동적으로 편입되는 계기로서 그 중요성을 가진다고 할 수 있다.

주제어 : 지역주의, 지역무역협정, 지역초월 무역협정, 다자주의, WTO, 자유무역협정, 한-미 FTA

1. 서론

1990년대 이후 다양한 형태의 지역무역협정(Regional Trade Agreement, 이하 RTA)이 크게 증가하는 현실은 이제 RTA가 국제무역 질서의 한 축으로 자리잡게 되었음을 보여준다. 또한 RTA의 체결과 운영이 대다수 국가들에 있어 주요한 통상정책의 일환으로 적극적으로 추구되고 있음을 의미하는 것이기도 하다. 지역주의에 대한 기존의 설명들은 주로 다자주의의 한계 및 정체를 지역주의 확산의 원인으로 제시해 왔다. 1980년대와 1990년대 초반 국제무역체제의 위기적 상황, 특히 미국-유럽-아시아 등 주요 행위자 사이의 심각한 무역마찰과 배타적 블록화 경향, 우루과이라운드 협상의 타결 가능성에 대한 회의, 분쟁해결에서의 일방주의의 만연 등 다자무역체제의 위기적 징후들에 대해 기존의 이론은 다자체제에 대한 대안적 성격 혹은 보험적 성격으로서 지역주의의 확산을 설명해 왔던 것이다. 즉 차별적인 블록을 형성하여 안정적인 시장을 확보함으로써 다자체제의 불안정성을 극복하고자 한다는 것이다. 그러나 현재의 WTO 체제가 어느 정도 성공적으로 안착되어 운용되고 있으며, 도하라운드(Doha Development Agenda : 이하 DDA)가 그 난맥상에도 불구하고 결정적으로 위기에 봉착했다고는 볼 수 없는 현재의 상황에서 대단히 큰 폭으로 RTA의 체결이 늘어나고 또 지속적으로 추진되는 현상을 어떻게 설명할 것인가?

본글은 현재의 RTA가 드러내는 주요한 특징과 동학이 무엇인지를 분석함으로써 위 질문에 답하고자 한다. 현재의 RTA는 그 주체와 방식, 동력 등에 있어 상당한 차별성을 지니는 다음의 세 가지 유형으로 구분될 수 있다. 첫째는, 지리적 인접성에 기초한 기존의 지역주의[2]가 내적으로 공고화되고 외적으로 확대되는 것이다. 이는 지역 내 지역주의(intra-regional regionalism)라 칭할 수 있다. 둘째는, 확립된 지역협력체들 사이에서 이루어지는 무역자유화 및 경제협력으로서 지역과 지역 사이에 거대규모의 FTA를 추진하려는 시도이다. 이는 지역 간 지역주의(inter-regional regionalism)라 부를 수 있다. 마지막으로, 지역범위를 뛰어넘어 특정 국가가 타지역의 국가와 양자 FTA를 맺는 것으로, 이는 지역을 초월한 지역주의(cross-regional regionalism)라 칭할 수 있다. 현재의 RTA는 지리적 인접성에 기초한 지역통합, 즉 지역 내 통합(intra-regional integration)의 성격을 뛰어넘어 이루어지고 있으며, 전 지구적 차원에서의 허브와 스파이크(hub & spike)를 형성하는 방식으로 복합적으로 이루어지고 있다. 특히 지역을 초월한 무역협정(Cross-Regional Trade Agreement, 이하 CRTA)의 경우, 국가들은 방어적이고 수세적인 동기보다 능동적이고 공세적인 동기에 의해 움직이고 있으며, 향후 지역주의의 주요한 패턴으로 자리잡을 가능성이 크다. 만일 이러한 경향이 사실이라면 이는 중장기적으로 국제무역체제에 중요한 함의를 내포하게 되는데, 즉 현재와 같은 RTA의 확대가 다자무역체제의 부침과는 독립된 현상으로서 지속적으로 이루어질 것이라는 점이다.

우리나라 역시 개방형 통상국가를 목표로 2004년 칠레와의 FTA를 시작으로 한-싱가포르, 한-EFTA, 한-ASEAN FTA를 체결하였으며, 다양한 국가들과 중층적이고 동시다발적으로 FTA를 추진하고 있다. 특히 한-일, 한-미 FTA에서 볼 수 있듯이 그 파급 효과가 큰 핵심 교역대상국에 대해서도 적극적으로 FTA를 체결하기 위해 노력하고 있다. FTA의 추진이 우리 통상정책의 핵심 축 가운데 하나로 자리잡게 된 것이다. 이제까지 각 FTA가 발생시킬 국내의 정치적 · 경제적 효과에 대한 논의는 없지 않았으나(유현석 2002, 정진영 2004, 최태욱 2001) 거시적인 차원에서 FTA의 국제정치경제적 측면을 조망하려는 시도는 상대적으로 부족했다고 보여진다. 이론적 · 경험적 차원에서 그동안 이루어진 지역주의 연구성과들을 정리하고 현 시기 지역주의의 새로운 양상을 파악하여 지역주의와 다자주의가 형성하는 동학을 이해하기 위한 노력은 미흡한 실정이다. 이러한 이론적 공백을 부분적으로나마 채워보는 것이 이 글의 목적이다.

이 글은 다음과 같이 구성된다. 먼저 2절에서는 1990년대 이후 지역주의의 현황과 핵심적 특징을 정리한다. 특히 WTO 체제의 등장 이후 지역협정의 폭발적 증가에 대해 그것을 지역 내 협정, 지역간 협정, 그리고 지역초월 협정으로 구분해서 살펴보고자 한다. 3절에서는 WTO로 대표되는 다자주의와 지역주의 간의 관계를 살펴본다. 기존의 논의가 주로 지역주의가 다자주의에 미치는 긍정적 혹은 부정적 효과에 그 초점을 맞추어 왔다면 다자주의가 지역주의에 미치는 영향은 최근의 관심사라 할 것이다. 여기서는 이제까지 주목되지 못했던 측면인 다자주의의 진전이 오히려 지역주의의 활성화를 가져오는 측면을 살펴볼 것이다. 또한 다자주의가 지역주의를 통제하는 방식으로서 새롭게 대두되는 WTO 분쟁제도에 대해서도 간략히 논의하겠다. 4절은 유럽과 북미, 동아시아의 지역주의 현황에 대한 비교이다. 지역 간의 전략적 대항(strategic counter-regionalism)이라는 관점에서 세 지역의 블록화를 바라보는 것이 통상적인 관점이었다고 할 때, 현재의 양상은 기존의 관점으로는 설명할 수 없는 탈지역적 FTA의 구축이 활성화되고 있음에 주목할 필요가 있다. 현재 한국이 추진하는 한-미 FTA, 혹은 동시다발적 FTA의 의미 역시 이러한 새로운 지역주의의 추이 속에서 보다 정확히 이해될 수 있을 것이다. 5절은 간략한 결론으로, 현재의 지역주의 추세가 한국의 대외경제정책에 던지는 함의는 무엇인지 정리해 보겠다.

2. 1990년대 이후의 지역주의

1) 지역주의의 현황과 특징

1990년대 이후 지역주의의 특징을 설명하면서 가장 먼저 살펴볼 것은 현재의 지역무역협정이 얼마나 큰 폭으로 증가하고 있는가 하는 점이다. 아래의 〈그림 1〉에서 알 수 있듯이 1992년부터 증가하기 시작하여 WTO가 출범한 1995년 이후 급격한 증가를 보이고 있다. 1995년 1월부터 2005년 1월까지 WTO에 통보된 무역협정의 수는 모두 196개로 연 평균 18개의 새로운 협정이 통보되고 있으며, 이 가운데 132개가 현재 발효 중이다. 또한 현재 협상이 진행 중이거나 제안단계(proposal stage)에 있거나 또는 체결은 되었으나 아직 실행되지 않은 협정의 숫자까지 포함하면 300여 개에 이른다. 이 숫자는 1947년부터 1994년까지 GATT의 전 기간 동안 통보된 124개를 크게 상회하는 것이다. 이러한 수적 증가는 WTO 체제의 출범 이후 한층 강화된 지역협정 통보의 의무가 부분적인 원인일 수 있으나, 그보다는 실제로 다양한 유형과 동기의 지역협정들이 크게 증가한 것에서 핵심적 원인을 찾아야 한다.

<그림 1> GATT/WTO에 발효가 통보된 지역무역협정

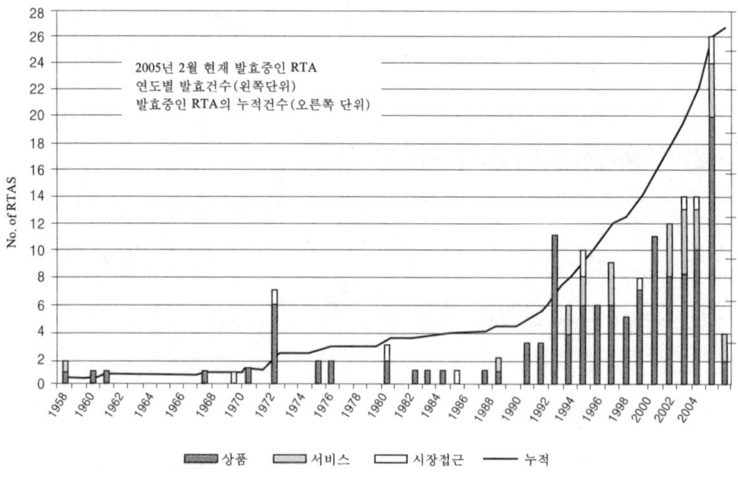

▶ 출처 : Crawford and Fiorentino(2005).

1990년대 이후 지역주의의 특징으로서 첫째, 기존에 존재하던 RTA가 지속적으로 확대되고 공고화되는 경향을 확인할 수 있다. 1950년대와 1960년대에 유럽경제공동체(EEC)를 제외하고는 대부분 정체되거나 소멸되었던 지역주의 제1의 물결(first wave of regionalism)과는 달리, 유럽연합(EU)뿐만 아니라 각 대륙별 · 지역별로 지리적 인접성에 기초하여 건설된 RTA는 여전히 활력을 유지하고 있고, 이에 참여하거나 참여를 희망하는 국가들 역시 늘어나고 있다. 둘째, RTA의 형식에 있어서도 FTA가 관세동맹(customs union)이나 부분협정(partial agreement, 특히 서비스 협정)에 비해 압도적인 다수를 차지하고 있다(84%)[3] (아래 그림 참조). 이처럼 FTA가 선호되는 까닭은 무역자유화의 실효를 거둘 수 있음과 동시에 체결국 간의 상이한 경제적 조건이나 정책지향을 반영하여 상대적으로 용이하게 협정을 타결할 수 있기 때문이다. 현재의 FTA는 높은 수준의 정치경제적 동기인 지역통합을 목표로 하기보다는 순수히 상대국 시장에서의 우월적 접근이 가능하도록 하기 위한 경제적 동기에 의해 형성된다고 볼 수 있다.

< 그림 2> 2005년 2월 현재 발효가 통보된 지역무역협정의 유형

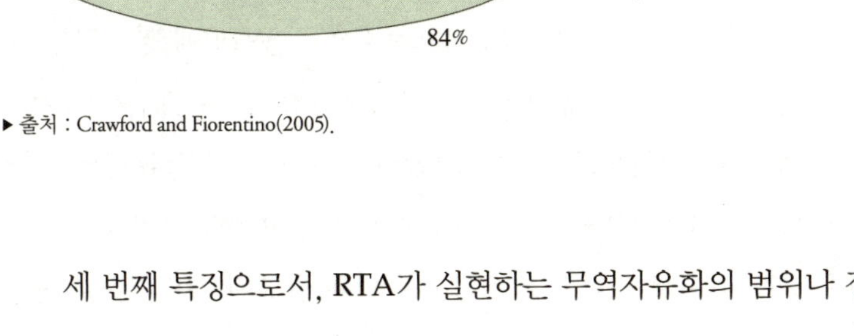

▸ 출처 : Crawford and Fiorentino(2005).

세 번째 특징으로서, RTA가 실현하는 무역자유화의 범위나 정도에 있어 다자주의의 합의보다 폭넓고 심도 깊으며 신속한 무역자유화를 목표로 한다(WTO-plus 방식). 참여국의 수가 많고 이질성이 커서 협상타결에 시간과 비용이 많이 드는 다자라운드에 비해 양자 혹은 소수 국가 간의 협상은 보다 용이하게 타결할 수 있다는 장점이 있다. 또한 다자무역의 규범이 충분히 포괄하지 못하는 서비스, 투자, 지적 재산권, 무역 관련 규율(trade-related measures) 등에 대해서도 보다 높은 수준의 자유화를 달성할 수 있으며, 관세율의 대폭적인 인하나 비관세장벽의 실질적 제거 등을 통해 전면적인 시장접근을 가능하게 한다. 네 번째의 특징은, 본글의 주제와 관련하여 가장 중요한 것으로서, 지리적 근접성에 기초한 RTA를 벗어나서 지역-지역 간 거대규모 RTA(inter-regional RTA)가 추진되는가 하면, 이미 기존 지역협정에 참가하고 있는 국가가 타지역(대륙)의 RTA에 참가하고 있는 국가와 개별적으로 무역자유화 협정을 체결하는 데 적극적으로 나서고 있다는 점이다. 이에 대해 보다 자세히 살펴보자.

2) 지역을 초월한 지역주의(cross-regional RTA)? 새로운 지역주의의 동력

지역협정을 구분하는 방법으로는 GATT/WTO에 통보되는 규정을 기준으로 하거나 협정의 경제적 성격(FTA인가 관세동맹인가 부분협정인가 등)을 기준으로 할 수도 있으며, 때로는 선진국/개도국/구사회주의권 이행경제(transition economies) 등 참여국의 경제적 수준을 기준으로 할 수도 있다.[4] 1995년 1월 이후 발효된 지역협정을 지역과 성격에 따라 구분해 보면 다음과 같다.

<표 1> RTA의 지역 및 유형 구분

지역 및 유형	수	비율
Transition Economies	37	30.3%
EU Enlargement & EFTA	20	16.4%
Asia(동남아, 중동, 남아시아, 동북아시아 포함)	12	9.8%
Africa	4	3.3%
Caribbean Community	1	0.8%
Cross-regional FTA	48	39.3%
전체	122	100%

구사회주의권 국가들 사이에서 맺어지는 지역협정의 경우, 비록 전체 숫자에서 차지하는 비중은 30%에 이르지만 그 포괄성의 정도나 자유무역의 실행 정도, 그리고 경제적 파급효과 등에 있어 큰 의미를 부여하기는 어렵다. 실제로 이들 국가들 사이의 협정은 정치적이고 상징적인 의미가 큰 "종이 위의 협정" 수준을 벗어나지 못하고 있으며, 이 가운데 일부는 EU의 확대라는 원심력 때문에 자체적인 블록의 공고화보다는 EU에 편입되어 나갈 가능성이 크다.

유럽, 아시아, 아프리카, 남미에서 나타나는 지역 내 무역협정의 확대 · 강화는 기존의 지역주의 연구에서 크게 강조해 왔던 것으로서 지리적 인접성에 기초한 무역협정의 체결과 그 확대의 메커니즘을 잘 보여주는 것이다. 즉 하나의 RTA가 형성될 때 이에 대한 대항으로서 각 지역이 자신의 RTA를 체결하거나(counter-RTA), 반대로 존재하는 RTA에 적극적으로 동참하여 이익을 추구하고자 하는 것이다. 유럽을 중심으로 한 지역통합과 이에 대한 대항블록으로서 지역협정의 체결, 그리고 각 블록이 인접지역으로 확대되는 양상은 "지역주의의 제2의 물결(second wave of regionalism)"이라는 개념으로 제시된 바 있다(Mansfield and Milner 1999).[5] 맨스필드와 밀러는 1980년대 말과 1990년대 중반까지의 RTA가 다자무역체제와 양립 가능하며 배타적인 블록 간 경쟁을 야기하는 것은 아니라는 점에서, 또한 무역이전(trade diversion)보다 무역창출(trade creation)효과가 크고 세계적 차원의 자유무역을 촉진하게 된다는 점에서 20세기 초의 배타적 지역주의와는 구별된다고 주장했다. 그럼에도 불구하고 이 시기의 지역주의는 지역 대 지역 간의 경쟁과 대항의 동기가 강하게 작동하였다고 할 수 있는데, 특히 우루과이라운드 협정(1986-1993)이 정체된 상태에서 인접한 시장에 대해 차별적인 접근을 확보함으로써 GATT 체제의 붕괴에 대한 안전판, 보험책의 성격을 강하게 띠는 것이었다(Mansfield 1998). 특히 이 시기 유럽, 미주, 아시아라는 배타적 경제블록으로 세계경제가 삼분되는 것이 아닌가 하는 우려가 높았으며, 이럴 경우 GATT의 다자무역체제에 심각한 부정적 영향을 미칠 것으로 예측되었다(Krugman 1993).

WTO 체제의 등장 이후에도 이러한 지역주의의 도미노 현상이 지속됨을 확인할 수 있다(Baldwin 1995, Sapir 2001). 지역적 차별조치에 대항하여 자신들의 독자적인 지역협정을 체결하거나—이는 대항전략(balancing strategy)이라 할 수 있다—혹은 차별을 회피하기 위해 적극적으로 기존의 지역협정에 가입함으로써—이는 편승전략(bandwagoning strategy)이라 할 수 있다—지역협정의 체결빈도가 늘어나게 되는 것이다. 또한 단순히 지역협정의 공간적 팽창만 이루어지는 것이 아니라, 각 지역협정의 내적 무역자유화 역시 가속화되고 투자, 서비스, 지적 재산권 등으로 포괄범위를 넓히는 등 질적 심화 역시 이루어지게 된다.

앞의 표는 WTO 체제의 등장 이후 지역을 초월한 무역협정(CRTA)의 폭발적 증가를 보여주는데, 이는 기존의 RTA 연구에서 충분히 주목받지 못했던 것이다. CRTA는 WTO에 통보된 전체 지역협정의 40%에 이를 만큼 비중도 클 뿐만 아니라, 이를 추진하는 국가들에게는 상당히 전면적이고 실질적인 무역자유화를 가져오게 된다.[6] 이러한 국가들의 예로서 남미의 칠레, 아시아의 싱가포르, 오세아니아의 오스트레일리아와 뉴질랜드, 아프리카의 모로코와 남아공화국, 유럽의 EFTA, NAFTA 가입국인 캐나다와 멕시코, 미국과 양자무역협정을 체결한 요르단, 이스라엘 등을 들 수 있고, 미국 역시 전 세계적으로 쌍무적 FTA를 체결하는 데 적극 나서고 있다. CRTA에 나서는 국가들은 자신의 주요 무역 파트너와 FTA를 맺고 있거나 추진 중에 있으며, 인접지역의 지역경제협력체에도 주도적으로 참여하는 역내 자유무역의 선도국가들임과 동시에 역외의 거대시장 및 유사한 지위의 역외 국가들에 대해서도 공세적이고 적극적으로 자유무역협정을 추진해 나가는 것이다.

여기서 흥미로운 것은, CRTA에 나서는 국가들의 동기와 메커니즘이 대항적 RTA를 구성하거나 지역 내 RTA에 편승하는 국가들의 동기와는 일정한 차별성을 가지게 된다는 점이다. 지역주의에 참여하는 국가들의 동기에 대해 World Bank(2000)는 5가지의 정치적 목적과 2가지의 경제적 목적을 제시하고 있는데, 규모의 경제를 실현하고 역내 경쟁을 강화시켜 경제적 효율성을 높이는 것이 경제적 목적이라면, 다자무역협상에서의 협상력을 강화하거나 국내정치적으로 무역자유화 경향을 공고히 하고(잠금장치), 다양한 국제적 프로젝트를 추진할 수 있으며, 지역의 안보와 평화를 증진시키는 것이 정치적 목적이라 할 수 있다.[7]

이러한 기본적인 목표와 이익은 CRTA를 추구하는 국가들에게도 상당 부분 적용될 수 있는 것이긴 하지만, CRTA를 추구하는 국가의 동기 및 메커니즘은 국내정치적 측면에서나 국제정치적 측면에서 중요한 차별성이 있다. 먼저 국내정치적으로, 이들 국가들은 이미 주요 무역 파트너와 FTA를 성사시켜 자유무역에 대한 국내적 걸림돌을 상당 부분 제거한 상태에 있다고 할 수 있다. 일반적으로 주요한 교역대상국과의 FTA는 국내의 보호주의 장치나 제도를 포괄적으로 제거하는 경우에 가능하기 때문이다. 이러한 과정에서 국내의 반자유무역 저항은 상당 부분 그 충격이 흡수된 상태라 할 수 있다. 이처럼 국내정치적 조건이 충족된 상황에서 타지역의 시장에서 우월한 경쟁을 가능하게 하기 위해 전 세계적으로 CRTA의 대상국을 물색하게 되는 것이다. 일단 자유무역의 국내정치적 임계점(threshold)을 넘어서게 되면 다음은 더 많은 국가와 더 포괄적인 FTA를 공격적으로 지향할 수 있게 된다는 것이다.

국제적 측면에서도 CRTA는 매우 복합적인 동기에 의해 추진된다. 한편으로는 지역 내 지역주의가 팽창하면서 참가의 특혜가 감소되는 것에 대한 대안으로 타지역으로 진출한다는 의미를 가진다. 나아가 일정한 규모 이상의 시장을 가진 역외의 국가에 선도적으로 진입함으로써 그 시장을 놓고 향후에 전개될 여타 국가와의 경쟁에서 선점의 효과를 누리려는 동기를 가지고 있다. 더불어 주요 무역대상국과 CRTA를 선도적으로 실현함으로써 자신이 소속된 인접지역 국가들과의 경쟁에서 유리한 지위를 차지할 수 있다는 점이다. 역외 거대시장과의 CRTA는 인접지역 내 경쟁자들에 비해 대외투자유치의 측면에서, 신임도 제고의 측면에서, 그리고 지구적 차원의 산업구조나 생산의 재편에 있어 자신을 허브(hub)로 하고 인접국을 스파이크(spike)로 하는 지위변동의 측면에서 긍정적인 효과를 기대할 수 있다. 즉 지역거점으로서 자신의 위상을 정립할 수 있다는 것이다.

이러한 방식으로 이루어지는 CRTA는 국제무역체제에 복합적인 영향을 미치게 된다. 스파게티 볼 효과(Spaghetti Bowl Effect)라 불리는 것으로서, 각 FTA가 상대국에게 상이한 조건의 무역특혜를 제공해 주게 됨으로써 비차별성(non-discrimination)이라는 다자무역의 기본 원칙이 훼손되게 되고 국제무역체제에 복잡성이 가중된다. 다층적인 FTA에 참여하는 국가들마다 관세율의 인하 정도, 속도, 그리고 상이한 원산지 규정(rules of origin)을 쌍무협상을 통해 제정해 나가야 하기 때문에 각 국가 간의 교역조건이 대단히 복잡해지고 거래비용(transaction cost)이 늘어나게 된다. 또한 개별협정을 체결하기 위해 각 국가가 투입하는 인적 · 물적 재원의 소모는 아무래도 다자주의를 위해 투입되어야 할 국가들의 노력을 약화시킬 수밖에 없다. 각국이 각국에게 적용하는 교역조건상의 차별성과 복잡성은 통일된 기준에 입각하여 운영되어야 할 다자무역체제의 안정성에 부정적인 영향을 미칠 수밖에 없는 것이다. 그럼에도 불구하고 이미 다수의 무역협정이 지역을 넘어서는 방식으로 실현되고 있는 현실은 CRTA가 향후 지속적으로, 그리고 보다 가속화된 방식으로 추진되리라는 것을 보여주고 있다.[8] 일단 국내정치적 걸림돌을 제거하고 나면 역외의 주요 무역대상국 시장에서 기대되는 선점의 효과, 투자 유치 확대 및 신임도의 제고, 인접지역 국가들에 대한 허브로서의 위상 정립 등 CRTA를 통해 기대되는 효과는 대단히 매력적인 것이어서 앞으로도 더 많은 국가들이 더 적극적으로 이러한 무역협정에 나서는 것은 불가피할 것으로 예상된다. 이 점이 한국의 대외경제전략과 통상전략에 시사하는 바는 결코 적지 않다.

3. 지역주의와 다자주의

국제경제학, 그리고 IPE 분야에서 이제까지 주로 많은 관심을 끌었던 것은 지역주의와 다자주의의 관계에 대한 논의라 할 수 있다. 경제학에서 주로 경제모델을 사용한 정태적 분석과 동태적 분석을 통해 지역주의가 파생시키는 역내국 간의 혹은 세계적 수준에서의 후생효과에 대해 논쟁을 전개시켜 왔다면, IPE는 지역주의가 여타 지역주의의 형성에 미치는 영향 혹은 다자무역체제에 미치는 영향 등을 중심으로 논의를 개진해 왔다. 반면, 다자주의 체제가 지역주의에 미치는 영향에 대해서는 최근에 관심이 높아지고 있는데, 먼저 간략히 이러한 논의들을 정리하고, 그 한계 및 새롭게 착목해야 할 연구의 주제는 무엇인지 살펴보기로 하자.

1) 지역주의와 다자주의의 관계 : 기존의 연구에 대한 정리

지역주의 연구의 효시로서 아직까지도 인용되는 바이너(Viner 1950)의 연구는 지역주의의 효과로 무역창출과 무역이전효과를 제시하고 있다. 두 국가 사이에 관세동맹이나 자유무역지대가 창출되고 그로 인해 더욱 효율적인 역내의 생산자에 의해 공급이 이루어지는 경우 무역창출의 효과가 발생하는 반면, 차별적 대우로 인해 비효율적인 역내 생산자가 역외의 생산자를 대체하는 경우 무역이전효과가 발생하게 된다. 미스트리(Mistry 2003)는 그 조건을 보다 상세하게 규정하여 (1) 통합 전 회원국 간의 관세율이 높고, (2) 회원국 간의 유사한 품목의 생산과 상대적 가격의 편차가 존재하며, (3) 역외로부터 수입되는 상품에 대한 대외관세가 상대적으로 낮으며 회원국 사이에 비슷한 수준에 있고, (4) 회원국의 기업과 산업들이 유연하고 역외의 수입품에 대해 경쟁력이 있을 때 무역창출효과가 극대화될 수 있는 반면, 이러한 조건으로부터 멀어지는 경우 무역전환효과가 커지게 된다고 주장한다. 또한 무역이전효과보다 무역창출효과가 클 때 지역주의는 다자주의에 긍정적인 효과(building blocks)를 미칠 수 있는 반면, 반대의 경우 부정적인 효과(stumbling blocks)를 가져오게 된다.[9]

경제학자들은 지역주의의 효과를 정태적인 것과 동태적인 것으로 구분하여 파악한다. 정태적 관점에서 볼 때 지역통합은 참가국들에게 공급 측면에서는 재원의 효율적 재배치를 가능하게 하고, 무역에 수반되는 거래비용(운송비용과 행정비용 등)을 감소시키며, 투자와 생산 및 마케팅에서 규모의 경제를 실현하게 해준다. 아울러 수요 측면에서는 가격의 하락과 선택의 확대를 통해 소비자의 후생을 증대시켜 준다. 한편, 동태적 관점에서도 투자자의 위험과 불확실성을 감소시켜 역외 투자자의 유입을 촉진할 수 있고, 기업의 경쟁력을 강화하고 요소 이동성을 증대시켜 효율성을 상승시킬 수 있다.[10] 하지만 이러한 긍정적 효과가 역내국 사이에서 이루어지는 것이라면, 역외국에게는 무역이전효과에 따른 후생의 감소나 무역전쟁을 촉발할 수 있다는 점에서 부정적 결과를 가져올 수 있다 (Krugman 1991, Srinivasan 1998, Sapir 2001).[11]

IPE 분야에서의 지역주의에 대한 연구는 지역주의의 국제정치적 효과—편승과 대항지역 형성—인 세계질서의 블록화 가능성에 대한 연구, 제도주의의 관점에서 유럽, 북미, 아시아 등 각 지역별로 상이하게 나타나는 제도적 차별성에 대한 연구, 협상력과 발언권을 강화함으로써 지역통합이 다자무역협상에 미칠 영향에 대한 연구, 지역주의가 역내국 및 역외국에 미치는 군사안보적 효과에 관한 연구, 그리고 국내의 레짐 타입이 RTA를 형성하는 데 미치는 영향 등 다양한 주제를 탐색해 왔다. 그러나 경제학적 연구의 결과와 마찬가지로 IPE 연구 역시 지역주의가 다자주의에 미칠 영향은 매우 복합적이고 상충적이어서 긍정적 혹은 부정적 결과를 단순히 예단할 수 없다고 본다.[12]

기존의 IPE 연구가 주로 지역과 지역 간의 전략적 상호작용이나 지역주의가 다자주의에 미치는 효과에 초점을 맞추어 진행되어 왔다면, 최근에는 다자주의가 지역주의의 형성과 발전에 어떤 영향을 미치는가에 대한 연구가 개진되고 있다. 맨스필드와 레인하르트는(Mansfield and Reinhardt 2003)는 GATT/WTO의 진행이 지역주의를 어떻게 조건짓는가를 분석하면서, 국가들이 성공적인 다자체제에 속함에도 불구하고 여전히 RTA를 추진하는 핵심적인 이유는 다자협상에서 자신들의 협상력(bargaining power)을 높이기 위함이라고 주장한다. 자국의 경제적 이익을 위협할 수 있는 조건이 다자체제에서 나타나는 경우에 대한 보험을 마련하고, 다자무역협상에서 자신들의 발언권을 강화하며, 시장의 규모를 증대시킴으로써 협상에서 유리한 위치를 점할 수 있다는 점 때문에 RTA를 추구하게 된다는 것이다. 또한 참가자가 많은 다자주의 체제에서 발생하는 이질성의 문제나 집단행동의 문제, 그리고 협상의 정체와 지지부진함 역시 국가들이 소규모의 지역주의로 나아가게 되는 이유가 된다고 주장한다. 이에 대한 경험적 근거로서 다자주의의 회원수가 증가할수록, 다자무역협상인 라운드가 진행되는 시기일수록, 그리고 통상분쟁이 발생하거나 패배하게 되는 경우에 국가들이 RTA에 참가할 가능성이 더 높아짐을 보이고 있다.

그러나 이들의 주장은 다자무역체제의 정체나 한계, 혹은 다자주의의 갈등적 · 부정적 측면이 지역주의를 촉진시킨다고 본다는 점에서, 자신들이 처음에 제기했던 문제—다자주의의 성공에도 불구하고 국가들이 지속적으로 지역주의를 추구하는 까닭은 무엇인가라는 문제—를 충분히 해명하지 못하는 한계를 지니고 있다. 과연 긍정적인 측면에서 다자주의의 진전과 성공이 지역주의를 촉진하는 데 기여하는 것은 없는 것인가? 이 문제에 답하기 위해서는 WTO 체제 이후 진행되는 대부분의 지역협정이 WTO-plus 방식으로 이루어지고 있다는 점에 주목할 필요가 있다. 즉 다자무역협정의 협상과정과 체결과정이 지역협정의 추진을 위한 정보를 제공하고 지역무역협상의 초점(focal point)을 제공함으로써 지역주의를 촉진하는 경향이 있다는 것이다. 특히 앞서 살펴본 CRTA의 경우 이러한 경향은 더욱 두드러진다.

국제정치 제도주의 이론의 주장에 따르면, 국제제도는 국가의 선호와 행위에 대한 정보를 제공함으로써 국제협력을 촉진하게 된다. 다자무역협상의 성공과 진전—정체와 실패가 아니라—은 국가들의 선호와 핵심적 이익은 무엇인지, 국내적으로 허용될 수 있는 무역자유화의 정도와 수준은 어떠한지, 회피되어야 할 민감한 사안과 품목은 무엇인지 등에 관한 정보를 다자협상의 과정에서 제공해 주며, 그 결과 각 국가로 하여금 어떤 국가와 어떤 수준의 양자무역협정을 체결할 것인가에 대한 판단의 근거를 제공해 준다. 상호 이익의 공유 정도, 대상국의 무역자유화의 의지 정도, 나아가 양자협상의 체결시 발생할 손익에 대한 계산 등 CRTA를 체결하는 데 필요한 핵심적인 정보를 얻을 수 있는 것이다.

다자주의가 지역주의를 촉진하는 데 있어 보다 중요한 것은 다자협정을 통해 합의된 내용적 · 절차적 법규들이 RTA 협상의 출발점과 기준으로 직접 활용된다는 점이다. 국제정치학의 제도주의 이론은, 국제협력에서 복수의 평형점(multiple equilibria)이 존재하는 경우, 국제제도가 그 중의 특정한 평형점을 해법으로 찾도록 초점(focal point)을 제공해 줌으로써, 해법을 찾는 절차와 방식, 순서 등을 제공해 줌으로써, 그리고 의제설정(agenda setting)을 주도함으로써 협상비용(bargaining cost)을 줄이고 국가 간 협력을 촉진할 수 있다고 주장해 왔다.[13] 이러한 관점에서 볼 때, WTO 협정 자체가

RTA 협상에 임하는 국가들이 신속하고 효율적으로 협상을 타결할 수 있도록 하는 초점이 되는 것이다.[14] 아울러 투시(Tussie 2003)가 주장하듯이 높은 수준의 구속성과 엄밀성을 가진 WTO 협정의 규정들(예를 들어 반덤핑, 세이프가드, 분쟁해결 법규 등)은 그 자체가 지역협정의 법규로 차용되어짐으로써(이러한 예는 라틴아메리카의 지역협정에서 발견할 수 있다) 지역주의에 내용적 실체를 공급해 주기도 한다.

2) WTO 체제 하에서의 지역주의 : 새로운 통제의 가능성?

역내국에 대한 특혜를 전제하고 있는 지역주의는 모든 체약국에 대한 무조건적 · 무차별적 최혜국 대우(Most Favored Nation : MFN)를 규정하고 있는 GATT의 다자주의와 본질적으로 상충될 수밖에 없다. 그럼에도 불구하고 수립 당시의 현실적 필요성 때문에 GATT는 1조의 MFN 원칙에 대한 예외로 지역주의를 인정했으며, 지역주의에 대한 규정을 24조에 마련했다. GATT 24조 4항은 관세동맹(CU)과 무역자유지대(FTA)의 창출이 역내국 간에 무역을 원활하게 하는 것이어야 하고, 역외국에 대해 무역장벽을 세우는 것이 되어서는 안 된다고 규정함으로써 지역주의가 다자주의에 대한 위협이 되지 않도록 통제하고자 했다. 이를 위한 보다 구체적인 방법으로서 지역주의의 형성에 대한 기준을 마련하고(24조 8항),[15] 지역협정 체결 이후의 관세나 무역규제조치들이 이전의 그것들에 비해 높아지거나 엄격해지는 방식으로 역외국에게 적용되지 못하도록 했다(24조 5항).

이외에도 GATT와 WTO 체제에서 지역주의와 관련한 조항은 두 가지가 더 있는데, 그 하나는 1979년 동경라운드에서 채택된 "개도국 우대에 관한 실행조항(Enabling Clause)"으로 개도국들 사이에 지역무역협정을 체결하는 경우 GATT 24조에 규정된 의무를 지지 않도록 한 것이다. 또 하나는 WTO 체제의 등장과 함께 새롭게 도입된 "서비스 교역에 관한 일반협정(General Agreement on Services : GATS)"에서의 지역주의 규정(GATS 5조)으로서, 서비스 교역에 있어서도 지역협정을 체결하여 역내국 사이에 우대조치를 시행할 수 있도록 한 것이다. 실제의 경우 대부분의 RTA는 상품과 서비스를 모두 포괄하는 방식으로 이루어지며, 뒤의 첨부에서 보듯이 각각은 개별의 협정으로 WTO에 통보된다.

GATT 시기, 24조에 근거한 지역주의의 규제는 거의 실효를 거두지 못했다. 8항과 5항의 규정과 용어가 모호하다는 것도 한 원인이긴 하지만, 보다 근본적으로는 국가들이 지역주의를 규제할 정치적 의지를 가지지 못했기 때문이었다. 특히, 지역통합을 주도하는 유럽공동체(EC)는 24조의 엄격한 해석과 적용에 강력히 반대했으며, 클라우제(Enabling Clause)는 개도국에게 명목상의 지역주의 규정조차 적용되지 않도록 했기 때문이다. 1980년대 이후 세계경제의 블록화에 대한 우려와 불안감이 높아지면서 지역주의를 다자주의의 규범 속에서 제어해야 한다는 문제의식은 확산되었으며, WTO 체제의 출범 이후 본격적으로 논의되었다.

제도적 개선으로 WTO에 지역협정의 체결 사실 및 그 범위, 대상, 이행절차 등을 통보할 의무를 강화하였고, RTA의 투명성을 높이기 위해 당사국에 의한 상세한 정보와 데이터의 제공을 의무화하였다.[16] 1996년 WTO 일반이사회(General Council)는 지역무역협정위원회(Committee on Regional Trade Agreement)를 구성하였는데, 여기서 각 지역협정들이 WTO 규정에 합치하는지를 평가하고 지역협정이 다자무역체제에 미칠 영향에 대해서도 검토하도록 하였다. 상당한 시간이 경과했음에도 아직 체계적인 보고서가 제출되지 못하고 있는데, 이는 GATT/WTO 지역주의 조항의 해석과 적용을 둘러싸고 여전히 국가들 사이에 심각한 이견이 존재하기 때문으로 전해진다. 지역주의를 다자주의의 틀 속에서 제어하는 것은 WTO 체제 하에서도 여전히 힘겨운 시도로 보여진다.

그렇다면 과연 WTO 규정에 합치되는 방식으로 지역주의를 인도하거나 규제하는 방법은 전혀 없는 것인가? 여기서는 WTO의 분쟁해결제도가 지역주의 규제의 메커니즘으로 작동할 가능성에 대해 살펴보고자 한다. 주지하듯이, WTO 분쟁해결기구는 GATT의 "합의에 기반한 외교적 방식의 분쟁해결"에서 높은 구속성과 엄밀성을 바탕으로 한 "강제적 판정의 분쟁해결"로 이행한 것이다.[17] 사전에 합의된 내용적 법규와 절차적 법규에 입각하여 독립적인 사법기구에서 판정이 이루어지는 법제화된 분쟁해결제도(legalized dispute settlement system)는 분쟁해결에 소모되는 비용을 줄이고 불확실성을 감소시킴으로써 효율성을 높일 수 있다. 그런데 지난 10년간의 WTO의 경험은, 규칙을 제정하고 개정하는 WTO의 정치적 기능(이는 모든 국가들이 참여하는 일반이사회의 주요 업무이다)이 대단히 취약한 반면, 분쟁해결을 위해 고도의 사법적 판정을 내려야 하는 법적 기능이 대단히 활발하게 작동하는 것을 발견할 수 있다. WTO의 규칙 제정과 변경이 대다수 국가의 동의를 요구하는 합의제(consensus)로

운영되기 때문에 쟁점을 해소하기 위해서는 상당한 시간과 노력이 소모되는 반면, 구체적으로 제기되는 분쟁의 사안에 대해서는 제한된 시간 틀 내에서 어떤 방식으로건 강제력 있는 판정을 내려주어야 하기 때문이다. 사법적 적극주의(judicial activism), 즉 정치적 기능의 공백과 정체를 사법적 기능으로 대체하는 경향이 두드러지게 나타나고 있다는 것이다.[18]

지역주의를 다자주의의 규정과 합치시키는 문제와 관련해서도 이러한 사법적 적극주의는 부분적으로 발견되는데, Turkey-Restrictions on Imports of Textile and Clothing Products(WT/DS34) 케이스가 그러한 예이다. 이 사건은 인도가 터키의 섬유/피복 쿼터제도에 대해 WTO에 제소한 것인데, 그 핵심 쟁점은 터키-EC 관세동맹의 최종단계에서 터키가 EC와 동일한 방식으로 섬유/피복 수입제한 쿼터제도를 도입하는 것이 WTO 규정에 합치되는가 하는 것이었다. 즉 쿼터제와 같은 양적 제한을 금지하는 GATT의 일반규정에도 불구하고 지역주의를 허용하는 GATT 24조의 규정은 관세동맹의 형성시 새로운 참가국(터키)이 기존의 관세동맹국들(EC)과 동일한 무역제한 조치를 취하는 것을 용인해 주는 근거가 되어 왔다. 그러나 이 사건에서 패널과 항소심은 GATT 24조의 지역주의 규정을 엄격하게 해석하여 쿼터제도의 도입이 동일한 역외관세와 역외무역조치를 적용하는 관세동맹을 형성하기 위해 반드시 불가피한 조치라고 볼 수 없으며, 무역이전 및 제한효과를 줄이는 다른 방식(예를 들어, 원산지 규정 등)을 취해야 한다고 결론지었다.[19] 즉 제한적인 수준에서나마 24조의 지역주의 조항이 허용하는 다자주의의 예외적인 방법과 조치들에 제한을 가함으로써 지역주의가 다자주의의 통제 속에 놓일 수

있는 가능성을 보여준 것이라 하겠다.[20]

물론, WTO 분쟁해결제도의 법리주의가 지역주의에 대한 규제를 전적으로 담당하는 주요한 메커니즘이 될 것이라고 기대할 수는 없다. 사법적 적극주의에 대한 문제제기에서 알 수 있듯이, 법적 기능의 팽창에 대해서는 국가들 사이에 상당한 경계와 우려가 존재하고 있으며, 정치적 기능과 법적 기능이 적절한 균형을 이루며 발전하는 것이 바람직하기 때문이다. 그럼에도 불구하고 정치적 기능의 공백을 법적 해석과 판정을 통해 일정하게 메워줄 수 있고 지역주의에 대한 규정의 마련과 강화를 촉진할 근거를 제공해 준다는 점에서 WTO 분쟁해결제도의 긍정적 측면은 충분히 강조될 필요가 있다.

4. 유럽, 북미, 동아시아의 비교 연구

유럽과 북미, 동아시아에서 지역주의는 대단히 상이한 역사적 경로를 밟아왔으며, 앞으로도 이러한 상이성은 지속될 것으로 보여진다. 세 지역에서 나타나는 차별성에 대해 기존의 연구는 역사적 요인, 제도적 요인, 문화적 요인, 그리고 경제적 요인(역내국가 간 경제발전 단계상의 동질성과 이질성 여부 등) 등을 그 원인으로 지적하고 있다.[21] 여기서는 각 지역에서의 역사적 발전과정에 대한 정리나 그 상이함에 대한 논의는 생략하기로 하고, 대신 앞서 제시한 현시기 지역주의의 주요한 세 가지 흐름—(1) 지리적 근접성에 기초한

RTA의 공고화와 확대(intra-regional), (2) RTA와 RTA 사이에 이루어지는 교류와 통합의 움직임(inter-regional), 그리고 (3) 지역을 뛰어넘어 개별국가 차원에서 이루어지는 쌍무적 무역자유화 흐름(cross-regional)—을 중심으로 각 지역에서 이러한 흐름이 어떻게 전개되고 있는지 간략히 살펴보고자 한다.

먼저 유럽의 경우, 2004년 신규 10개국의 가입에서 알 수 있듯이 EU의 외연 확장은 계속되고 있다. 현재에도 5개국이 가입을 신청하고 있어 이러한 확장은 지속될 것으로 보여진다(동구의 신청국들과는 현재 자유무역협정인 Stability Pact를 맺고 있다). EU는 단순히 자유무역의 실현만을 목표로 하는 것이 아니라, 그 자체가 단일한 정치적 실체를 지향하여 발전해 왔기 때문에 EU의 당면한 과제는 어떻게 정치사회적으로 내부 통합력을 높여갈 것인가에 놓여진다고 하겠다. 주목할 것은 이미 높은 수준의 내적 통합을 달성한 EU가 다른 지역의 경제협력체들과의 협력(inter-regional TA)을 추진하는 데 적극적으로 나서 그 흐름을 주도하고 있다는 점이다. 지중해 연안 국가와의 FTA(Euro-Mediterranean FTA)를 2010년까지 건설하기로 했으며, 걸프협력위원회(GCC) 및 남미공동시장(MERCOSUR)과의 FTA도 추진하고 있다. 나아가 아프리카, 카리브 연안, 태평양 지역 국가(APC)와의 경제동반자협정(EPA)을 추진하고 있으며, ASEAN과의 FTA 역시 검토되고 있다. 칠레, 멕시코, 남아프리카 공화국과는 쌍무적 FTA를 체결하는 등 지역적 범위를 뛰어넘어 유럽연합을 세계경제의 허브로 만들고자 하는 것이다.[22] 한편, EU에는 가입하지 않고 있으나 EU와 특수한 관계를 맺고 있는 EFTA(스위스, 노르웨이, 리히텐슈타인, 아이슬랜드) 역시 가장 적극적으로 CRTA에 나서는 집단 중에

하나이다. 모로코, 팔레스타인, 멕시코, 싱가포르와의 FTA를 이미 체결했으며, 한국과는 협상이 타결되었고 캐나다, 남아프리카관세동맹(SACU)과의 협상이 진행되고 있다.

북미는 현재 개별국가 차원의 CRTA가 가장 활발하게 추진되는 지역이다. NAFTA 체결 이후 중미국가와의 FTA(CAFTA)를 통해 그 외연을 확장하였고 안데스공동체 국가들과 FTA 협상을 개시하였으나, inter-regional 차원에서 아메리카 대륙 전체를 포괄하는 FTA(FTAA)의 추진은 반미성향의 일부 국가들에 의해 현재 제동이 걸려 있는 상황이다. 공동의 통상정책을 지닌 EU와 달리 NAFTA는 개별국가 차원의 독자적인 통상정책을 허용하고 있기 때문에 북미의 국가들은 NAFTA의 공고화 및 외연 확장보다는 개별국가 차원에서 역외국가들과 CRTA를 추진하는 데 더욱 심혈을 기울이고 있다. 외교전략적 측면에서 미국은 타지역의 거점국가들과 적극적으로 쌍무적 FTA를 체결하여 왔고(이스라엘, 요르단, 모로코, 오만, 바레인 등), 중동국가들 및 동남아 국가들과의 자유무역 이니셔티브를 각각 추진하고 있으며, 그외에도 호주, 싱가포르와 FTA를 체결하고 한국, 태국, 남아프리카관세동맹과 협상 중에 있다. 한편, 캐나다와 멕시코 역시 각각 경쟁적으로 CRTA를 추진하여 칠레, 한국(캐나다), 모로코, 코스타리카, 일본(멕시코) 등과 FTA를 체결하거나 협상 중에 있다. 특징적인 양상은, 일단 미국이 특정한 국가와 FTA를 체결하거나 추진하면 미국과 이미 FTA를 맺고 있는 다른 국가들 역시 뒤이어 그 국가와의 FTA를 추진하게 된다는 점이다. 그 이유는 미국과의 FTA를 통해 핵심적인 쟁점이 타결되고 나면 여타 국가와의 FTA는 큰 진통 없이 타결될 수 있기 때문인데, 이러한 방식으로 체결되는 CRTA가 급속하게 늘어나고 있음에 주목할 필요가 있다.

한편, 동아시아는 앞서의 3가지 흐름 모두가 매우 취약하게 존재하고 유럽과 북미에 비해 구심력보다 원심력이 크게 작용하는 것으로 보인다. 무역과 투자에 있어 동아시아 국가들 사이의 경제적 집중 정도는 상당히 높음에도 불구하고 이를 뒷받침할 정치적 · 제도적 여건은 상당히 지체된 상황이다. 동아시아의 독자적인 경제협력체는 아직 존재하지 않고 있으며 그 전망 역시 단기적으로는 어려워 보인다. 각 국가들 사이의 경제적 편차가 크다는 점, 중국과 일본 사이의 역사적 라이벌 의식과 공동 리더십의 부재, 미국과 유럽 등 역외 시장에 크게 의존하는 무역구조상의 특수성, 그리고 안보적 불확실성을 완화하기 위해서는 미국에 크게 의존할 수밖에 없다는 점 등이 "지역주의(regionalism) 없는 지역화(regionalization)"라는 기형적 결과를 낳게 된 것이다.

지역 내 지역주의(intra-regional regionalism) 차원에서 주목되는 것은 ASEAN을 중심으로 한, 중, 일이 참가하는 ASEAN+3라 하겠다. ASEAN+3는 외환위기 이후 치앙마이 이니셔티브라는 통화 스왑체계를 구축하는 데 성공하였고, 동아시아자유무역지대의 창설을 그 비전으로 제시하고 있으며, 동아시아의 국가들만으로 구성된다는 점에서 동아시아 지역공동체로서 발전할 잠재력을 가장 높게 갖춘 조직체라 할 수 있다.[23] 한, 중, 일 삼국은 각각 ASEAN과의 FTA를 추진하기 위한 협상을 이미 시작하였고, 조만간 실현될 가능성이 높다. 그러나 그 허브가 되는 ASEAN 자체가 내적 무역자유화의 정도나 통합력 정도가 높지 못하다는 점, 중국과 일본에 의해 공동으로 발휘되어야 할 리더십이 여전히 갈등적이고 경쟁적이라는 점, 그리고 지역 내에서 중요한 영향력을 행사하는 미국이 아시아의 독자적인 경제블록화에 반대한다는 점 등에서 여전히 그 전망은 불투명해 보인다.[24]

지역 내 지역주의의 구심력이 취약한 상황에서 지역을 초월한 지역주의(CRTA)의 원심력이 훨씬 크게 작동할 수밖에 없으며, 동아시아지역의 현실은 이를 잘 보여준다. 역내 자유무역의 선도국인 싱가포르는 이미 ASEAN과 동아시아라는 지역을 뛰어넘어 미국, 칠레, 뉴질랜드, 오스트레일리아, EFTA, 요르단 등과 독자적인 FTA를 체결하였으며, 쿠웨이트, 카타르, 파나마, 페루 등과의 FTA 협상을 진행하고 있다. 태국은 오스트레일리아와 FTA를 체결함으로써 CRTA의 흐름에 동참하고 있다. 한국 역시 칠레, EFTA와 FTA를 체결하였고, 일본과의 FTA 협상은 교착에 빠진 대신 미국, 캐나다와 협상을 진행하고 있으며, 인도, 멕시코, MERCOSUR 등과 FTA를 위한 공동 연구에 돌입해 있다.

지역 내 지역주의, 지역 간 지역주의, 지역초월 지역주의라는 세 흐름이 반드시 상호 대립되거나 상충적인 것은 아니다. 상호 강제와 상승의 메커니즘도 존재한다. 동아시아지역에서도 집단적 차원에서 지역 내 지역주의를 구축하려는 시도와 개별국가 차원에서 지역초월 지역주의를 구축하려는 시도는 병존하고 있으며, 이는 시간적으로나 논리적으로 선후관계인 것이 아니다. 이를 선택적인 문제나 선후의 문제로 파악하려는 시도가 오히려 문제인 것이며, 각 흐름에 맞게 적극적이고 능동적인 참여해 나가는 것이 바람직하다고 하겠다.

5. 결론 : 한-미 FTA의 함의

이 글에서 본인은 현 시기 지역주의를 지역 내 지역주의, 지역간 지역주의, 지역초월 지역주의라는 세 가지로 구분하고, 이 가운데 지역초월 지역주의(CRTA)가 대단히 큰 폭으로 늘어나고 있음을 주목해야 한다고 주장했다. WTO 체제 하에서도 지역주의 경향은 계속 강화될 것이며, 다자주의의 부침과는 무관하게 그 숫자와 포괄범위는 비약적으로 늘어나게 될 것이다. 특히 개별국가가 국내정치적 임계점을 돌파하여 자신의 주요 무역대상국과 FTA를 체결하고 나면 이후 전 세계의 다수 국가들과 FTA를 체결하는 데 공격적으로 나서게 된다는 점에서 향후 CRTA가 크게 증가할 것이라고 예상할 수 있다.

노무현 정부는 개방형 통상국가의 건설이라는 대단히 야심찬 통상전략을 수립했으며, 전 세계의 다수 국가들과 다층적이고 전방위적인 FTA의 체결을 추진해 왔다. 현재 진행 중인 한-미 FTA는 그 추진과정의 졸속 논란에도 불구하고 전 방위적 FTA 추진전략의 핵심이며, 그것의 성패는 향후의 우리나라의 통상정책과 전략 전반에 걸쳐 중차대한 영향을 미칠 것이다. 전 방위적 FTA의 추진은 CRTA가 국제무역체제에서 차지하는 비중이 커지고 지역 내 지역주의가 완만하게 진행될 수밖에 없는 동아시아적 상황에서 우리가 취할 수밖에 없는 유일한 선택이다. 강화되는 지역 내 지역주의에 대응하여 역외국으로서의 차별적 조치들을 회피하기 위해서, 타국가들이 맺는 CRTA에 의해 주요 수출시장에서의 경쟁력 하락을 막기 위해서, 선도적으로 CRTA를 체결하여 시장 선점과 경쟁력 제고의 이익을 누리기 위해서, 그리고 동아시아지역의 허브로 투자유치와 지역통합의 구심역할을 하기 위해서 전 방위적 FTA 추진전략이 당연하고도 올바른 대안일 수밖에 없다.

IPE의 모든 주제가 그러하듯 결국 우리의 질문은 다시 국내정치의 문제로 되돌아온다. 전 방위적 CRTA의 추진에 핵심적 전제가 되는 국내정치적 통합력을 어떻게 확보할 것인가? 자유무역에 반대하거나 소극적인 자들을 어떻게 설득하고 보상함으로써 국내정치적 임계점을 돌파해낼 것인가? 이에 대한 올바르고 정확한 해법과 대안을 마련하지 못한다면 지금 추진되는 한-미 FTA의 실패는 물론, 개방형 통상국가라는 전략 역시 후퇴할 것이며, 그 궁극적 결과는 가속화되어 진전되고 있는 세계적 차원의 지역주의 흐름에서 낙오되는 것이다.

첨부 : < 표 2> WTO 출범 후 지역초월 무역협정(CRTA)

협정국	발효일	GATT/WTO 통보		
		통보일	관련 조항	협정의 유형
Canada–Israel	01–Jan–97	23–Jan–97	GATT Art. XXIV	Free trade agreement
Israel–Turkey	01–May–97	18–May–98	GATT Art. XXIV	Free trade agreement
Canada–Chile	05–Jul–97	13–Nov–97	GATS Art. V	Services agreement
Canada–Chile	05–Jul–97	26–Aug–97	GATT Art. XXIV	Free trade agreement
EC–Tunisia	01–Mar–98	23–Mar–99	GATT Art. XXIV	Free trade agreement
EFTA–Palestinian Authority	01–Jul–99	21–Sep–99	GATT Art. XXIV	Free trade agreement
Chile–Mexico	01–Aug–99	14–Mar–01	GATS Art. V	Services agreement
Chile–Mexico	01–Aug–99	08–Mar–01	GATT Art. XXIV	Free trade agreement
EFTA–Morocco	01–Dec–99	18–Feb–00	GATT Art. XXIV	Free trade agreement
EC–South Africa	01–Jan–00	21–Nov–00	GATT Art. XXIV	Free trade agreement
EC–Morocco	01–Mar–00	08–Nov–00	GATT Art. XXIV	Free trade agreement
EC–Israel	01–Jun–00	07–Nov–00	GATT Art. XXIV	Free trade agreement
Mexico–Israel	01–Jul–00	08–Mar–01	GATT Art. XXIV	Free trade agreement
EC–Mexico New Zealand–	01–Jul–00	01–Aug–00	GATT Art. XXIV	Free trade agreement
Singapore New Zealand–	01–Jan–01	19–Sep–01	GATT Art. XXIV	Free trade agreement
Singapore	01–Jan–01	19–Sep–01	GATS Art. V	Services agreement
EC–Mexico	01–Mar–01	21–Jun–02	GATS Art. V	Services agreement
EFTA–Mexico	01–Jul–01	22–Aug–01	GATT Art. XXIV	Free trade agreement
EFTA–Mexico	01–Jul–01	22–Aug–01	GATS Art. V	Services agreement
United States–Jordan	17–Dec–01	18–Oct–02	GATS Art. V	Services agreement
United States –Jordan	17–Dec–01	05–Mar–02	GATT Art. XXIV	Free trade agreement

Bulgaria−Israel	01−Jan−02	14−Apr−03	GATT Art. XXIV	Free trade agreement
EFTA−Jordan	01−Jan−02	22−Jan−02	GATT Art. XXIV	Free trade agreement
Chile−Costa Rica	15−Feb−02	24−May−02	GATS Art. V	Services agreement
Chile−Costa Rica	15−Feb−02	14−May−02	GATT Art. XXIV	Free trade agreement
EC−Jordan	01−May−02	20−Dec−02	GATT Art. XXIV	Free trade agreement
Chile−El Salvador	01−Jun−02	16−Feb−04	GATT Art. XXIV	Free trade agreement
Chile−El Salvador	01−Jun−02	17−Mar−04	GATS Art. V	Services agreement
Canada−Costa Rica	01−Nov−02	17−Jan−03	GATT Art. XXIV	Free trade agreement
EFTA−Singapore	01−Jan−03	24−Jan−03	GATS Art. V	Services agreement
EFTA−Singapore	01−Jan−03	24−Jan−03	GATT Art. XXIV	Free trade agreement
EC−Chile	01−Feb−03	18−Feb−04	GATT Art. XXIV	Free trade agreement
EC−Lebanon	01−Mar−03	04−Jun−03	GATT Art. XXIV	Free trade agreement
Singapore−Australia	28−Jul−03	01−Oct−03	GATS Art. V	Services agreement
Singapore−Australia	28−Jul−03	01−Oct−03	GATT Art. XXIV	Free trade agreement
United States −Singapore	01−Jan−04	19−Dec−03	GATT Art. XXIV	Free trade agreement
United States −Singapore	01−Jan−04	19−Dec−03	GATS Art. V	Services agreement
United Sates −Chile	01−Jan−04	19−Dec−03	GATT Art. XXIV	Free trade agreement
United Sates −Chile	01−Jan−04	19−Dec−03	GATS Art. V	Services agreement
Republic of Korea −Chile	01−Apr−04	19−Apr−04	GATT Art. XXIV	Free trade agreement
Republic of Korea− Chile	01−Apr−04	19−Apr−04	GATS Art. V	Services agreement
EC−Egypt	01−Jun−04	04−Oct−04	GATT Art. XXIV	Free trade agreement
EFTA−Chile	01−Dec−04	10−Dec−04	GATT Art. XXIV	Free trade agreement

EFTA–Chile	01–Dec–04	10–Dec–04	GATS Art. V	Services agreement
Thailand–Australia	01–Jan–05	05–Jan–05	GATT Art. XXIV	Free trade agreement
Thailand–Australia	01–Jan–05	05–Jan–05	GATS Art. V	Services agreement
US–Australia	01–Jan–05	23–Dec–04	GATT Art. XXIV	Free trade agreement
US–Australia	01–Jan–05	23–Dec–04	GATS Art. V	Services agreement

주

1_ 본 논문에 대해 유익한 코멘트를 해주신 윤영관, 손열 교수님과 자료정리를 도와 준 김나희 조교에게 감사드립니다.

2_ 지역주의(regionalism), 지역화(regionalization), 지역무역협정(RTA), 우대무역협정(PTA : Preferential Trade Agreement), 지역연합, 지역공동체 등 다양한 개념이 혼용되어 쓰여지므로 이에 대해 간략히 정리할 필요가 있다. 지역주의와 지역화 개념의 차별성은 이미 잘 정리되어 있는데(Mansfield 1998 참조), 전자가 통상정책의 차원에서 특정 국가에게 특혜를 제공하는 정치적 과정이라면, 후자는 무역과 투자의 흐름이 특정 지역으로 집중되는 현상을 의미한다. 또한 일반적인 의미에서 지역주의가 반드시 지리적 인접성을 전제하는 것은 아닌데, 지역을 초월한 양자 FTA 등도 흔히 지역주의의 개념으로 설명되곤 한다. 이런 의미에서 본다면, 지역적 인접성을 뛰어넘어 맺어지는 협정에 대해서는 지역주의라는 개념을 쓰기보다 PTA를 쓰는 것이 더 적절할 수 있는데, 여기서는 일반적인 사용을 따르기로 하겠다.

3_ World Trade Organization, Committee on Regional Trade Agreements, "Mapping of Regional Trade Agreements"(WT/REG/W/41 2000), Crawford, Jo-Ann and Roberto V. Fiorentino. "The Changing Landscape of Regional Trade Agreements"(World Trade Organization, Geneva : WTO Publications 2005) 등을 참조할 것.

4_ 각각의 기준에 따른 세부적 정리로는 Crawford and Fiorentino(2005)를 참조할 것.

5_ 1960년대의 제1세대 물결(first wave)은 유럽에서 EC의 형성(1957)과 함께 밀려온 것으로서, 아프리카와 라틴아메리카의 개도국들도 유럽의 성공을 모방하여 다양한 지역경제협력체를 구성하게 되었다. 수입대체산업을 위한 시장 확보, 원자재의 수출 카르텔 형성, 그리고 제3세계의 지역적 · 정치적 연대의 목표를 추구했던 개도국에서의 시도들은 거의 모두 실패하였고, 명맥상으로 지역경제협력체의 형식을 유지하는 데 머물게 된다. 제2의 물결은 1986년 유럽 단일의정서(Single European Act)의 채택 이후 가시화되었는데, GATT 체제의 위기와 정체에 대한 대응, 그리고 유럽통합에 대한 대항블록의 형성이라는 차원에서 1988년 미국이 지역주의를 수용하고 미국-캐나다 FTA를 건설한 것에 의해 직접적으로

촉발되었다고 할 수 있다. 남미에서의 MERCOSUR, 동아시아에서의 지역주의 논의(예를 들어 EAEC) 등 각 대륙별 지역협력체 건설이 논의되고 다양한 수준의 무역협정이 체결되었는데, 이러한 지역협정은 말 그대로 지역적 근접성에 기초하여 자체 시장의 배타성을 유지하려는 대항적 성격을 강하게 띠는 것이었다.

6_ 이러한 유형의 지역협정 목록은 뒤의 첨부를 참조할 것.

7_ 유사한 설명으로 Whalley, John. "Why Do Countries Seek Regional Trade Agreements?" in *Regionalization of the World Economy,* Jeffrey A. Frankel (ed.) (Chicago : University of Chicago Press, 1998). 정진영, "제6장 : 지역주의의 국제경제"(미출판 초고, 경희대학교)를 참조할 것.

8_ 현재 협상이 진행 중인 RTA 중 다수가 이러한 유형의 RTA란 점도 이러한 전망을 확인시켜 주는 것이다.

9_ 그러나 이러한 기준에도 불구하고 실제에 있어 무역창출과 무역이전의 효과를 경험적으로 구분해내거나 산출해내는 것이 지극히 어렵다는 점을 간과해서는 안 된다.

10_ Frankel, Jeffrey. *Regional Trading Blocs in the World Economic System*(Washington D.C. : Institute for International Economics, 1997) ; Pomfret, Richard. *The Economics of Regional Trading Arrangements*(Clarendon Press ; Oxford University Press, 1997) ; Lawrence, Robert Z. *Regionalism, Multilateralism, and Deeper Integration*(Washington D.C. : Brookings Institution, 1996) 등을 참조할 것. 아울러 지역주의에 관한 경제학적 논쟁을 체계적으로 정리한 것으로는 Panagariya, Arvind. 2000. "Preferential Trade Liberalization : The Traditional Theory and New Developments," *Journal of Economic Literature,* 38(2), pp. 287-331을 참조할 것.

11_ 한편, 지역주의를 반대하고 다자주의를 옹호하는 Bhagwati는 지역주의가 세계적 차원에서의 후생을 감소시킴은 물론, 역내국 사이에서도 관세수입의 이전을 통해 분배적 불평등을 초래한다고 주장한다. 그에 따르면 지역주의는 (1) 다자주의적 무역자유화가 완전히 불가능한 상황이거나, (2) 유럽의 경우처럼, 지역주의가 정치적 통합을 목적으로 추진되는 경우에 한하여 제한적으로 정당화될 수 있다는 것이다 : Bhagwati Jagdish and Arvind Panagariya. "Preferential Trading Areas and Multilateralism-Strangers, Friends, or Foes?" in *The Economics of Preferential Trade Agreements,* edited by Jagdish Bhagwati and Arvind Panagariya(Washington D.C. : The AEI Press, 1996).

12_ 이러한 주제에 관한 연구로는 Mansfield, Edward D. and Helen V. Milner. "The New Wave of Regionalism," *International Organization,* 53(3) (1999), pp. 589-627 ;

Mansfield, Milner, and Rosendorff, "Free to Trade : Democracies, Autocracies, and International Trade," *American Political Science Review*, 94(2) (2000), pp. 305−322 ; Mansfield, Milner, and Rosendorff, "Why Democracies Cooperate More : Electral Control and International Trade Agreement," *International Organization*, 56 (summer 2002) ; Coleman, D. William and Geoffrey R. D. Underhill(eds.), *Regionalism and Global Economic Integration : Europe, Asia and the Americas*(Routledge, 1998) ; Mattli, Walter, *The Logic of Regional Integration : Europe and Beyond*(Cambridge University Press, 1999) ; Gruber, Lloyd. *Ruling the World : Power Politics and the Rise of Supranational Institutions*(New Jersey : Princeton University Press, 2000). 그리고 Soderbaum, Fredrik and Timothy M. Shaw (eds.), *Theories of New Regionalism, International Political Economy Series*(Palgrave Macmillan, 2003). 등을 참조할 것.

13_ 이에 대해서는 Schelling, Thomas. *The Strategy of Conflict*(Cambridge : Harvard University Press, 1960) ; Garrett, Geoffrey. "International Cooperation and Institutional Choice : The European Community's Internal Market," *International Organization*, 46(1992), pp. 533−60 등을 참조할 것.

14_ 한−칠레 협정을 이러한 관점에서 분석해 보는 것은 흥미롭다. 본인이 추측하기에 도하라운드의 다자협상 과정에서 한국과 칠레는 각각 상호에게 허용 가능한 무역자유화의 수준과 한계선을 파악할 수 있으며, 따라서 가장 민감한 부분에 대해서는 WTO 합의에 준하는 방식으로 회피할 수 있었을 것이다. 이를 전제로 상호 타협이 가능한 부분, 진전된 무역자유화를 이룰 수 있는 부분을 찾아가는 방식(WTO plus 방식)으로 협상이 진행되었을 것으로 짐작된다(경험적 연구가 필요한 부분임).

15_ GATT 24조 8항에 따르면, 역내 국가들 사이에서 관세와 여타 무역규제조치들이 "실질적으로 모든 무역에 있어서(substantially all the trade)" 제거되는 경우에 FTA로 간주된다. CU는 여기에 덧붙여 동일한 관세와 여타 무역조치들이 역외국에 적용되어야 한다. "실질적으로 모든 무역"이라는 용어의 모호성이 드러내듯이 이 조항은 지속적인 해석상의 이견을 낳게 되고, GATT에 의한 지역주의의 통제가 거의 불가능하도록 하였다.

16_ 이에 관한 자료로는 World Trade Organization. 2006. Negotiating Group on Rules, "Transparency Mechanism for Regional Trade Agreements," JOB(06)/59/Rev.5(2006년 8월 14일 검색)를 참조할 것.

17_ WTO 분쟁해결제도의 변화에 대해서는 Jackson, John H. *The World Trading System : Law and Policy of International Economic Relations*(MIT Press, 1997) 참조.

18_ 사법적 적극주의에 대한 논의로는 Jackson, John H. "The WTO 'Constitution' and Proposed Reforms : Seven 'Mantras' Revisited," *Journal of International Economic Law*, Vol. 4, No. 1 (2000); Ehlermann. C. and L. Ehring. "Decision-Making in the World Trade Organization." *Journal of International Economic Law*, Vol. 8, No. 1 (2005)를 참조할 것.

19_ 실제의 패널판정과 항소심 판정은 좀더 복잡한데, 항소심은 패널판정의 일부에 대해서는 법적 해석이 잘못되었음을 지적하였으나 결론적으로는 패널의 판정을 수용하였다.

20_ 또 다른 케이스로 참고할 것이 유명한 바나나케이스(WT/DS16, 27) 인데, 여기서는 EC가 Lome Convention에 따라 특정 개도국에 대해서만 바나나 수출의 특혜조치를 제공하는 것이 문제가 된 것이다.

21_ 이러한 차별성에 관한 연구로는 Katzenstein, J. Peter. "Regionalism in Comparative Perspective," *Cooperation and Conflict*, 31(2) (1996), pp. 123-59 ; Kahler, Miles. *International Institutions and the Political Economy of Integration* (Council on Foreign Relations ; The Brookings Institution, 1995) ; Mansfield Edward and Helen V. Milner (eds.) *The Political Economy of Regionalism* (Columbia University Press, 1997); Mattli (1999), Coleman and Underhill (1998) 등을 참조할 것.

22_ 정진영(초고) 참조.

23_ 이에 대한 낙관적 전망으로는 Bergsten Fred C., "Toward a Tripartite World," *The Economist* (July 13, 2003) 을 참조할 것.

24_ 이러한 비관적 전망으로는 Lincoln, J. Edward. *East Asian Economic Regionalism* (Council on Foreign Relations ; The Brookings Institution, 2004) 을 참조할 것.

2

자유무역협정의 국내정치경제

김석우(서울시립대학교 국제관계학과)

* * *

국가들은 자유무역협정 추진과정에서 국내정치적 측면을 고려해야 한다. 이 글의 주요 목적은 통상문제에 있어서의 국내정치에 관한 기존 이론을 분석하는 것이다. 국내정치의 수요 측면에 관한 두 가지의 상반된 이론이 존재한다. 한 이론은 자유무역협정과 관련된 국내 이익집단정치가 계급 간 투쟁의 형태를 보인다는 주장을 전개하고 있고, 반면에 다른 한 이론은 이러한 국내정치가 산업 간 투쟁의 형태를 보인다는 주장을 하고 있다. 이 두 이론의 적실성과 타당성은 생산요소 이동성과 집단행동 가능성에 달려 있다. 국내정치의 공급 측면에서 보면, 정부는 무역자유화로 인해 피해를 입은 집단들에게 무역조정 지원을 제공한다. 한미 FTA 역시 한국 내 몇몇 이익집단들에게 경제적 손해를 끼칠 것으로 예상된다. 따라서 한미 FTA에 관한 국내 지지를 확보하기 위해서라도 한국 정부는 어떤 이익집단들에게 어떤 무역조정 지원을 할 것인가를 고려해야 한다. 그러나 이러한 작업은 결코 쉬운 작업이 아니다. 왜냐하면 한국 내 통상 관련 국내정치는 계급 간 투쟁형태와 산업 간 투쟁형태가 공존하고 있기 때문이다. 따라서 최근에 한국 정부는 절충적 입장을 채택하여 자본, 노동, 농민 모두에게 다양한 형태의 무역조정 지원 프로그램을 제공하는 정책을 채택하였다. 이러한 프로그램들이 발생시킬 수 있는 도덕적 해이문제를 방지하기 위하여 한국 정부는 과정과 절차에 관한 감시감독을 강화시킬 필요가 있다.

주제어 : 자유무역협정, 계급 간 경쟁, 산업 간 경쟁, 생산요소 이동성, 무역조정지원제도

1. 머리말

경제학자들 간 드문 합의 중 하나는 자유무역이 보호무역보다 좋다는 것이다. 좋다는 의미는 자유무역을 통하여 얻을 수 있는 소비자 효용과 효율성 증대가 보호무역을 통한 생산자 효용증대효과보다 크다는 것이다. 따라서 특별한 상황과 조건이 아닌 경우를 제외하고는 국가들이 자유무역을 통하여 국가 부의 증대를 도모해야 한다는 것이다. 경제학자들이 자유무역보다 보호무역이 바람직한 경우에 관하여 제시하고 있는 이론은 대체로 세 가지로 정리할 수 있는데, 그들은 유치산업보호론, 최적관세론, 그리고 전략무역이론이다.

첫 번째 이론의 경우, 경제학자들은 시계의 범위를 넓혀 무역정책의 장기적 효과를 고려한다. 즉 비록 보호무역이 단기적으로 손실을 초래하지만 보호무역을 통한 유치산업 보호와 육성, 그리고 이를 통한 경쟁력 확보와 이익실현이 궁극적으로 국가 부의 증진에 도움이 된다는 것이다.[1] 두 번째 최적관세론은 자국의 시장규모가 커서 수입제한조치를 통한 교역조건의 증진을 꾀할 수 있는 국가들에게만 적용되는 이론이다. 시장규모가 큰 국가들은 보호무역을 통하여 그들 수입품의 국제시장 가격을 하락시킬 수 있고, 이는 궁극적으로 교역조건의 개선을 가져와 국가 부의 증진에 도움이 된다는 것이다.[2] 세 번째 전략무역이론은 과점형태를 띤 국제시장에서 치열한 경쟁을 벌이는 자국산업에게 정부가 일정량의 보조금을 지급함으로써 타국의 경쟁산업을 시장에서 퇴출시킬 수 있고, 이를 통하여 막대한 부를 창출할 수 있다는 이론이다. 경제학자들에 의하면, 이러한 특별한 경우를 제외하고는 국가들이 자유무역을 통하여 국가 부를 확대할 수 있다는 것이다.[3] 자유무역을 지지하든 혹은 보호무역을 지지하든 이러한 경제학 이론들은 모두 국가 부 총량의 변화에 관한 이론들이다.

이러한 경제학적 이론들의 한계는 특정 무역정책을 통하여 얻어진 국가 부의 분배에 관한 문제를 등한시한다는 것이다. 특정 무역정책을 통하여 국가 부가 증대되었더라도 그 국가 부는 공평하게 분배되지 못하는 경우가 대부분이다. 무역정책은 근본적으로 소득 재분배정책이다. 즉 특정 무역정책의 채택 혹은 무역정책의 변화에 의하여 소득이 재분배되는데, 이익을 얻는 집단과 손해를 보는 집단이 발생한다는 것이다. 특정 무역정책의 채택에 의하여 이익을 보는 집단은 당연히 그 정책의 채택과 유지를 위하여 노력할 것이다.

반면에 특정 무역정책에 의하여 손해를 보는 집단은 당연히 그 정책이 채택되지 못하도록 노력할 것이고, 만약에 채택된다면 그 정책을 변화시키려고 노력할 것이다. 특정 무역정책의 채택으로 인하여 이익을 얻은 집단은 그 이익의 일부분을 정치적 목적으로 사용하여 무역정책의 지속을 위한 노력을 할 것이다. 무역정책에 관한 이러한 집단들 간 경쟁은 무역에 관한 정치경제적 이론들에 반영되어 왔다. 정치경제이론들에 의하면 정책결정자들에 의한 특정 무역정책의 채택은 이들에 대한 집단들의 정치적 지지와 교환된다.[4] 무역정책에 관한 집단들 간 연합이 형성되고, 연합들은 특정 무역정책의 채택을 위하여 경쟁하게 된다. 이러한 경쟁 속에서 정책결정자들은 그들에 대한 정치적 지지를 극대화하고, 그들의 지위와 권력을 유지할 수 있는 방향으로 무역정책을 결정하는 것이다.

이러한 정치경제적 시각에 의하면 무역정책에 의한 국가 부의 극대화는 발생하지 않을 수 있다. 몇몇 학자들은 만약에 소비자가 완전한 정보를 가지고 있고, 정치적 행동을 위한 비용이 전혀 발생하지 않고 또한 소득재분배 과정에서 어떤 비용도 지불되지 않는다면 모든 국가들이 자유무역을 채택할 것이라고 주장하고 있다.[5] 그러나 이러한 상황은 비현실적 가정에 불과하다. 모든 소비자가 완전한 정보를 가질 수도 없고, 정치적 행동을 위한 비용은 발생할 수밖에 없으며, 소득재분배는 경제사회적 비용을 초래하기 때문이다. 또한 자유무역에 의한 소비자 후생 효과는 많은 시민들에 분산될 것이지만 이를 통한 특정 생산자 비용은 몇몇 생산자들에게 집중될 것이기 때문에 보호무역 연합이 자유무역 연합보다 더 쉽게 형성될 가능성이 크고, 이는 자유무역화를 방해하는 요인으로 작동할 것이다.[6] 따라서 비록 자유무역정책이 국가 부의 증대에 도움이 되더라도 이러한 정책은 채택되지 않을 수 있다.

자유무역협정 체결 정책은 근본적으로 무역자유화 정책이다. 기존의 무역장벽의 일부 혹은 전부를 제거하고 국가 간 무역을 보다 시장중심적으로 운영하겠다는 정책이다. 무역자유화정책은 위에서 언급하였듯이 소득재분배정책이다. 따라서 자유무역협정의 체결로 인하여 손해를 보는 집단이 발생하고, 반대로 이익을 보는 집단도 발생한다. 손해를 보는 집단은 자유무역협정 체결을 저지하기 위하여 노력할 것이고, 반대로 이익을 보는 집단은 자유무역협정 체결을 성사시키기 위하여 노력할 것이다. 이러한 환경 속에서

비록 자유무역협정 체결이 전체 국가 부를 증진시킬 수 있다고 하더라도 이 협정은 체결되지 않을 수 있다. 자유무역협정에 반대하는 집단들의 연합이 정치적 역량을 발휘하여 이 협정을 저지시킬 수 있기 때문이다.

그렇다면 회원국 간 무역자유화를 도모하는 자유무역협정의 체결을 통하여 이익을 보는 집단과 손해를 보는 집단은 과연 누구인가? 이러한 집단들 간 연합은 어떻게 이루어질 수 있는가? 이들이 동원할 수 있는 수단은 무엇인가? 이러한 경쟁연합들에 의한 서로 다른 선호, 요구와 정책대안들에 직면한 정책결정자들은 어떤 조건 하에서 어떤 정책을 채택할 것인가 등의 문제들이 흥미로운 질문들로 제기될 수 있을 것이다. 이러한 질문들에 대답하기 위해서는 무역과 이익집단 간 경쟁유형에 대한 기존 이론들을 검토할 필요가 있다.

또한 집단들 간 연합 형성과정을 이해하기 위해서는 집단행동 이론을 적용해 볼 수 있다. 그리고 이러한 연합들에 대한 정책결정자들의 대응 측면을 살펴보기 위해서는 제도적 특성과 외부적 환경, 그리고 정부가 보유한 정책수단과 정부의 능력 등에 대한 고려가 필요하다. 요약하면, 자유무역협정 체결을 포함한 무역정책 결정은 수요 측면과 공급 측면을 구분하여 살펴볼 필요가 있다. 수요 측면은 이익집단들이 어떤 선호와 요구를 하며, 이러한 이익집단들 간 집단행동이 어떻게 이루어지고 이들이 동원하는 수단은 과연 무엇인가 등을 포함한다. 공급 측면은 정책결정자들이 왜 특정한 정책을 채택하는가에 관한 것이다.[7] 이들은 어떤 연합의 요구와 선호에 반응하는가, 그리고 경쟁연합의 반대를 희석시키기 위하여 어떤 조치들을 취할 수 있는가 등의 문제들을 고려할 필요가 있다.

한국과 미국 간에 추진되고 있는 한미자유무역협정은 한국 내 큰 반향을 일으키고 있다. 몇몇 경제 관련 연구소들에서 이 협정이 한국의 국가 부의 증진에 궁극적으로 도움을 줄 것이라는 보고서들을 내고 있지만 이 협정의 체결은 담보할 수 없다. 한미자유무역협정을 통하여 경제적 불이익을 당할 것이라고 판단하는 많은 이익집단들이 거대연합을 형성하여 이에 반대하고 있기 때문이다. 이러한 상황 속에서 한국 정부는 딜레마에 직면하게 된다. 국가 부의 증진이라는 한 축의 목표와 정치적 지지 확보와 사회안정성 달성이라는 다른 한 축의 목표를 동시에 달성해야 하는 한국 정부가 어떤 대안을 가지고 이러한 두 목표를 모두 달성할 수 있을 것인가는 아직 명확하지 않다. 적절한 대안을 찾기 위해서는 누가 자유무역협정을 지지하고 누가 반대하는가를 알아야 하고, 왜 지지하고 반대하는가를 알아야 하며, 이러한 반대를 무마하기 위한 조치는 어떤 것인가를 고려해야 할 것이다.

일반적으로 자유무역협정 체결 상대국을 선택하는 문제에 관하여 네 가지 다른 이론들이 존재하는데, 이러한 이론들 역시 자유무역협정에 의한 국가 부 변화의 조건, 그리고 국내 이익집단들의 선호문제 등을 포함하는 이론들이다. 두 이론은 경제이론이고 두 이론은 정치경제이론이다. 첫 번째 경제이론은 자유무역협정 체결국간 산업보완성과 산업경쟁성에 초점을 맞추어 자유무역이 어떤 무역창출 효과와 어떤 무역전환 효과가 있는가에 관한 이론이다.[8] 두 번째 경제이론은 무역상대국의 특성, 특히 시장규모, 일반 시민의 소비능력, 그리고 지리적 위치가 자유무역협정 체결에 영향을 끼친다는 이론이다.[9] 정치경제이론들은 국가들이 자유무역협정을 통하여 어떤 국내외적 정치적 목표를 추구하는가에 관한 이론들이다. 국내 목표로는 정치적 지지와 사회적 안정을 들 수 있다.[10] 국제적 목표로는 외교관계의 개선, 민주주의 증진, 안보에의 기여 등을 들 수 있다.[11] 이러한 이론들에서 발견할 수 있는 국가의 다양한 목적은 상호 경쟁적 성격을 보일 수 있다. 따라서 추구되는 다양한 목적들의 조합의 극대화 전략이 필요한 것이다. 특히 국가 부의 증대와 정치적 지지와 사회적 안정의 확보라는 목표들 간의 충돌을 어떻게 방지하고 이 두 목적을 모두 달성할 수 있는 방안에 대한 문제가 제기될 수 있다.

위에서 제기된 문제들에 대한 답을 찾는 과정에서 이 논문은 무역과 이익집단에 관한 기존 이론들의 핵심 주장들을 비교하고, 어떤 이론이 현실을 설명하기 위하여 더 적절하고 타당성이 있는가를 논의할 것이다. 이를 통하여 무역자유화 반대집단들의 성격을 파악할 수 있을 것이고, 그렇다면 이들에 대한 어떤 정책적 대안이 이들의 반대를 약화시킬 수 있는가를 논의할 수 있을 것이다. 이러한 이론적 논의를 바탕으로 기존 이론들이 한국 상황에 적용될 수 있는가를 평가할 수 있을 것이다.

2. 자유무역협정과 이익집단정치 : 수요 측면

자유무역협정 체결이 국가 부의 향상에 도움이 된다고 하더라도 강력한 반대집단이 있으면 이 정책목표는 달성될 수 없을지도 모른다. 따라서 정부는 강력한 반대집단의 정체성을 파악해야 하고, 이들의 반대를 약화시킬 수 있는 정책적 수단을 동원해야 한다. 정책적 수단으로 가장 많이 언급되는 것은 무역자유화로 인하여 손해를 보는 집단들에 대한 보상정책이다. 따라서 보상정책이 좋은 효과를 발휘하기 위해서는 누가 피해를 보는가를 우선적으로 파악해야 하고, 이러한 피해를 줄이거나 없애는 정책대안을 실행해야 하는 것이다.

누가 무역자유화를 반대하고 누가 찬성할 것인가에 관한 논의, 혹은 무역자유화로 인하여 이익 혹은 손해를 보는 집단이 누군가에 대한 두 가지 상반된 이론이 있다. 스톨퍼-사무엘슨-헥셔-올린(Stolper-Samuelson-Heckscher-Ohlin) 모델은 무역정책에 관한 이익집단 간 경쟁을 생산요소 간 경쟁으로 간주한다. 즉 주요 생산요소들인 자본, 노동, 토지 간 무역정책에 관한 이견이 존재한다는 것이다. 이 모델에 의하면 특정 국가가 상대적으로 많이 보유하고 있는 생산요소는 무역자유화를 찬성하고, 반대로 상대적으로 적게 보유하고 있는 생산요소는 무역자유화를 반대한다는 것이다. 자유무역화를 통하여 풍부한 생산요소는 더 많은 이익을 창출할 수 있는 반면에, 빈곤한 생산요소는 경제적 손해를 본다는 것이다.[12] 예를 들면, 자본이 풍부하고 노동이 빈곤한 선진국가의 경우 무역자유화는 자본에게 경제적 이익을 주고, 반대로 노동에게는 경제적 손해를 끼친다는 것이다. 당연히 이 국가의 자본은 무역자유화를 지지하고, 이 국가의 노동은 무역자유화를 반대할 것이다. 반면에 노동이 상대적으로 풍부한 국가의 노동자들은 자유무역화를 지지할 것이고, 이 국가의 자본은 자유무역화를 반대할 것이다. 이러한 이론에 근거하여 로고스키(Rogowski)는 무역에 관한 자본, 노동과 토지 간 연합의 형성과 재편과정을 설명하고 있다.[13] 요약하면, 이 모델은 무역에 관한 이익집단 간 경쟁이 계급(class) 간 경쟁의 특성을 보일 것이라고 주장한다.

두 번째 모델은 리카르도-바이너(Ricardo-Viner) 모델로 알려져 있다. 이 모델에 의하면 무역에 관한 이익집단 간 경쟁은 수출산업과 수입경쟁산업 간의 경쟁형태를 보일 것이다. 수출산업은 타국가들의 무역자유화를 통하여 더 넓은 시장을 확보할 수 있고, 경제규모의 달성을 통하여 생산비를 절감할 수 있으며, 궁극적으로 경제적 이익을 증대시킬 수 있다. 반면에 수입경쟁산업은 외국 상품들의 국내시장 유입으로 인하여 그들 생산품의 시장가격이 하락하게 되고, 따라서 경제적 손실을 볼 것이다. 이 모델에 의하면 특정 산업에 속한 생산요소들은 상호 협력하는 모습을 보인다. 즉 수출산업이건 수입경쟁산업이건 간에 특정 산업에 속한 자본과 노동이 무역정책에 관한 같은 선호를 가지게 된다는 것이다.[14] 요약하면, 이 모델은 무역에 관한 이익집단 간 경쟁이 산업 간 경쟁형태를 보인다고 주장한다. 수출산업에 속한 자본과 노동 모두는 무역자유화를 선호하고, 반면에 수입경쟁산업에 속한 자본과 노동 모두는 무역자유화를 반대한다는 것이다.

이 두 모델은 모두 이상적 모델들이다. 즉 현실을 설명하기에는 한계가 있다는 것이다. 무역정책에 관한 계급 간 경쟁을 주장하는 모델은 논의의 단순화를 위하여 생산요소를 크게 자본, 노동과 토지로 구분하고 있고, 이는 현실을 설명하기에는 너무 부족한 측면이 있다. 예를 들면, 거대자본과 소규모자본의 선호가 같다고 가정할 수 있는가, 혹은 숙련된 노동과 단순 노동의 선호가 같다고 가정할 수 있는가 등의 문제가 남아 있다. 무역정책에 관한 산업 간 경쟁을 주장하는 모델 역시 현실을 설명하는 데 있어서 한계를 노출하고 있다. 특히 국제무역에서 산업 간 무역의 비중이 확대되면서 기업들은 수출을 하는 동시에 국내시장에서 수입경쟁도 하고 있다. 또한 기업들이 생산공유(production sharing) 혹은 아웃소싱(outsourcing)을 통하여 국경을 초월한 생산활동을 하고 이를 바탕으로 기업 내 무역을 증대시키는 상황이기 때문에 이들의 무역 관련 선호와 요구가 어떤 모델에 의해서 설명될 수 있는지 분명하지 않다.[15] 한국 자동차산업의 경우 수출산업이기도 하면서 동시에 수입경쟁산업이기도 하다. 또한 기업 내 무역도 많이 하고 있는 산업이기도 하다. 이러한 산업의 무역정책에 대한 선호는 어떻게 정의할 수 있는가의 문제는 명확하지 않다.

이러한 현실 설명력에서의 한계를 극복하기 위한 몇몇 이론적 시도도 있었다. 예를 들면 생산요소를 세분화하는 작업이다. 미드포드(Midford)는 생산요소를 10개 이상으로 구분하여 이들의 무역정책에 관한 선호를 조사하고, 이들 간 연합이 어떻게 형성될 수 있는가를 논의하고 있다.[16] 이러한 시도는 무역정책에 관한 이익집단들 간의 경쟁에 관한 두 이론인 계급 간 경쟁과 산업 간 경쟁모델의 중간쯤에 이론적 모델을 위치시키는 작업이기도 하다. 이러한 작업이 현실 설명력을 높일 수도 있다. 하지만 무역에 관한 이익집단들의 선호가 변화한다는 점을 고려하면 이러한 이론화 작업은 각 시기에 따라서 다르게 수행되어질 필요가 있고, 따라서 이론적 일반화를 이루기에는 한계가 있다.

무역에 관한 이익집단들 간의 경쟁형태에 관한 두 모델은 비록 현실적 한계를 지니고 있지만 여전히 적절하고 타당한 이론들로 간주되고 있다. 다만 한 가지 해결되지 않은 문제는 이 두 모델 중 어떤 모델이 더 적절하고 타당한가의 문제이다. 이 문제는 생산요소 간 이동성에 달려 있다는 것이 일반적 인식이다. 몇몇 학자들에 의하면, 생산요소 이동성이 높은 경우에는 계급 간 경쟁모델이 더 타당성이 높고, 반면에 생산요소 이동성이 낮은 경우에는 산업 간 경쟁모델이 더 타당성이 높다는 것이다.[17] 생산요소 간 이동성은 특정 생산요소가 산업 간 이동을 얼마나 빠르고 자유롭게 할 수 있는가의 문제이다. 생산요소의 이동성이 높다는 것은 한 산업에 속한 자본과 노동이 다른 산업으로 빠르고 용이하게 이동할 수 있다는 것을 의미한다.

이런 조건에서는 무역자유화가 상대적으로 풍부한 생산요소의 경제적 이익을 증진시킨다. 예를 들면, 노동이 상대적으로 풍부한 국가는 노동집약적 산업의 국제시장 가격경쟁력을 확보하고 있다. 따라서 무역자유화는 노동집약적 산업의 수출을 늘리는 효과를 가질 것이다. 그렇다면 노동에 대한 수요가 증가하고, 이는 임금의 상승을 초래할 것이다. 노동은 산업 간 이동이 용이하기 때문에 임금이 높은 산업으로 이동하려는 성향을 보일 것이고, 이는 궁극적으로 산업 간 임금의 수렴화 현상을 초래할 것이다. 궁극적으로 노동에 대한 수요증가와 이에 따른 임금상승, 그리고 노동의 경제적 이익의 증진은 전 산업에서 공통적으로 나타나게 될 것이다.

반면에 생산요소 이동성이 낮은 경우에는 적어도 하나 이상의 생산요소가 특정 산업에 당분간 머물 수밖에 없다는 것을 의미한다. 예를 들면, 수입경쟁산업에 속한 노동이 다른 산업으로 당분간 이동할 수 없다고 가정해 보자. 이런 경우에 무역자유화는 수입경쟁산업의 이익률을 저하시킬 것이고, 따라서 노동은 해고의 위험 혹은 임금 저하의 위험에 처하게 된다. 이런 경우 노동이 다른 산업으로 이동할 수 없다면 이 산업에 속한 노동의 선호는 매우 단순하게 표현될 수밖에 없다. 그것은 보호무역정책의 채택을 정부에 요구하는 것이다. 자본의 경우도 마찬가지이다. 막대한 고정자본을 요하는 산업의 경우 당분간 다른 산업으로의 이동은 경제적 손실을 초래할 뿐이다. 따라서 무역자유화를 통하여 손해를 보는 산업에 속한 자본 역시 보호무역을 선호하게 되는 것이다.

두 모델의 적실성과 타당성을 결정하는 중요한 요인이 생산요소 이동성이라면, 이 이동성은 무엇에 의하여 결정되는 것인가의 문제가 남는다.[18] 이는 매우 복잡한 문제이다. 예를 들면 매기(Magee) 등은 생산요소의 이동성을 조사하기 위해서는 생산요소 집중도, 대체탄력성, 미래할인율과 정부보조금 지급 가능성 등 많은 변수들에 대한 고려가 필요한데, 이는 너무 복잡한 문제라서 경험적 조사가 거의 불가능하다고 결론내리고 있다.[19] 또 하나의 문제는 이러한 생산요소 이동성이 단기간에 변화할 수 있는 것인지, 아니면 적어도 단기간에 걸쳐서는 안정성을 보일 것인가의 문제이다. 몇몇의 학자들은 생산요소 이동성이 시간에 따라서 점차 변하는 것이고, 이에 의하여 무역에 관한 정치패턴도 변화한다고 주장하고 있다.[20] 또한 과거에는 운송수단의 발전, 기술발전과 노동과 자본 등에 관한 규제완화 등을 통하여 생산요소 이동성이 증가하였지만 현재는 특수한 인간자본, 연구개발비의 상승, 그리고 초기 거대자본 투여로 인한 시장진입과 탈퇴의 어려움 등으로 인하여 생산요소 이동성이 감소하고 있다는 주장도 있다.[21] 이러한 문제가 해결되어야만 어떤 모델이 어떤 시기에 특정 국가의 현실을 더 잘 설명할 수 있는가를 판단할 수 있을 것이고, 이를 통하여 적절한 모델을 현실 설명에 적용할 수 있을 것이다. 그러나 이러한 작업은 이론적으로나 경험적으로나 매우 어려운 것이 사실이고, 각 국가의 특성을 고려해야만 하기 때문에 문제가 더욱 어려운 것도 사실이다.

무역에 관한 이익집단 간 경쟁에서 어떤 선호와 요구가 정책결정에 반영될 것인가의 문제에 있어서 영향을 끼치는 또 다른 요인은 이익집단 내 집단행동의 문제이다.[22] 무역정책 결정과정의 공급 측면에서 정책결정자들은 집합화된 요구와 선호에 반응할 가능성이 크다. 이는 무역자유화로 인한 소비자의 이익이 종종 정책화되지 못하는 점에서도 알 수 있다. 그렇다면 집단행동은 두 모델 중 어떤 모델에서 더 용이하게 발생할 것인가에 대한 문제가 남는다. 무역정책에 관한 계급 간 경쟁모델은 생산요소 간 갈등을 강조하는 모델이다. 따라서 집단행동의 문제는 특정 생산요소 내의 문제이다. 예를 들면, 한 국가 내 자본이나 노동이 특정 무역정책을 선호할 때 그들 간 집단행동이 용이하게 발생할 것인가의 문제이다. 생산요소 내 집단행동을 용이하게 하는 요인들로는 특정 생산요소의 이익을 대변하는 단체나 정당의 존재를 들 수 있다.[23] 예를 들면 전국단위의 생산자 연합 혹은 노동집단이 존재하는 경우, 혹은 자본, 노동, 토지 등의 이익을 대변하는 정당이 존재하는 경우이다. 이러한 상황에서는 생산요소들이 집단행동 문제를 극복하고 그들의 선호와 요구를 정책결정자들에게 용이하게 표출할 수 있다고 할 수 있다. 또한 생산요소들의 유사성(homogeneity) 또한 이들의 집단행동을 용이하게 하는 요인이라고 생각할 수 있다.

무역정책에 관한 산업 간 갈등을 주장하는 모델에서의 집단행동 문제는 좀더 심각하다고 할 수 있다. 이 모델의 주장대로 무역자유화가 수입경쟁산업에 경제적 불이익을 초래한다면, 수입경쟁산업들은 집단행동을 통하여 자신들의 요구와 선호를 정책결정자들에게 표출할 수 있는가? 수입경쟁산업들만의 단체나 혹은 이들의 이익을 대변하는 정당을 찾기는 매우 어렵다. 물론 정당 이데올로기에 의하여 무역정책의 특정 방향과 내용을 선호하는 정당들이 있기는 하지만 이러한 정당들 역시 선별적 보호와 선별적 자유화를 선호하는 경우가 많다. 모든 수입경쟁산업을 보호하자고 주장하는 정당을 찾기는 어렵다. 또한 수입경쟁산업들은 매우 이질적 특성(heterogeneity)을 표출하고 있다. 산업의 특성이 서로 매우 다를 뿐만 아니라 규모와 수입경쟁 강도, 고용특성, 이익률 등에 있어서도 매우 다르다. 따라서 이러한 이질적 특성을 보이는 산업 간 집단행동은 매우 어려울 것이다. 따라서 이러한 경우에 각 수입경쟁산업은 로비 등의 수단을 동원하여 자산업의 보호만을 위한 노력을 경주할 것이다.

현재까지의 논의를 정리하면 다음과 같다. 무역정책에 관한 두 모델의 적실성과 타당성은 생산요소 내 이동성에 따라 다르다. 생산요소 내 이동성이 큰 경우는 계급 간 경쟁모델의 적실성과 타당성이 높다. 반면에 생산요소 내 이동성이 적은 경우는 산업 간 경쟁모델의 적실성과 타당성이 높다. 또한 정책결정에 영향을 끼치는 이익집단 내 집단행동의 문제를 고려하면, 계급 간 경쟁모델에서의 생산요소 내 집단행동이 상대적으로 용이한 반면에, 산업 간 경쟁모델에서의 수입경쟁산업 내 집단행동이 상대적으로 어렵다. 따라서 정책결정자의 입장에서 보면, 무역정책에 관한 경쟁이 계급 간 경쟁의 성격을 띠고, 이들에 의한 선호와 요구가 집단행동을 통하여 표출되는 경우에 정책결정이 매우 어렵다. 반면에 무역정책에 관한 경쟁이 산업 간 경쟁의 성격을 띠고 있고, 이익집단들의 선호와 요구를 표출하는 집단행동 문제가 존재하는 경우 정부 정책결정자들은 상대적으로 용이하게 특정 무역정책을 채택할 수 있다.

3. 자유무역협정과 정부의 전략 : 공급 측면

머리말에서도 언급하였듯이 정부는 자유무역협정을 통하여 다양한 목적성을 추구한다. 특히 국가 부의 확대와 정치적 지지와 사회적 안정의 달성은 매우 중요한 정책목표들이다. 국가 부의 확대는 국가 대전략 목적 중 하나로 모든 국가가 추구하는 정책목표이고, 또한 정치적 지지와 사회적 안정의 달성은 정권유지 혹은 재창출을 위하여 필요한 정책목표이다. 다만 이러한 두 목적성은 종종 상호 경쟁적 특성을 보이기도 한다. 그렇다면 정부는 어떤 전략과 수단을 동원하여 이 두 목적성을 동시에 달성할 수 있는가?

무역정책 결정과정의 공급 측면에 대한 논의는 정부의 제도,

외부적 환경, 정책결정자들의 이데올로기, 그리고 정부가 보유한 수단과 능력 등에 초점을 맞추고 있다. 정부의 제도는 민주-비민주 제도, 의사결정제도, 그리고 비준제도 등을 포함한다.[24] 외부적 환경은 국제경제의 상황과 조건, 다른 국가들의 전략, 국제체제 내 국가의 위치 등을 들 수 있다.[25] 정책결정자들의 이데올로기 역시 무역정책의 방향과 내용에 상당한 영향을 끼친다.[26] 이 글에서는 논의의 초점을 정부가 보유한 수단과 능력에 초점을 맞추어 설명을 진행하려고 한다. 위에서 언급하였듯이 무역자유화, 혹은 좀더 구체적으로 자유무역협정이 전체 국가 부의 증대를 초래한다면 정부는 이를 추진하려고 할 것이다. 다만 이로 인해 피해를 보는 집단들로부터의 지지 철회와 사회불안정성 등의 위험은 감수해야 할 것이다. 그러나 정부는 무역자유화의 부작용을 축소시킬 수 있는 수단과 능력을 보유하고 있다. 특히 피해집단에 대한 보상정책을 통하여 반대집단의 반대를 약화시키고, 무역자유화에 의하여 경제적 손실을 본 집단들을 좀더 효율적 산업분야로 돌리는 작업을 할 수 있다. 어윈(Irwin)은 밀(Mill)의 보상원칙에 대하여 언급하고 있는데, 이는 자유무역으로 인한 피해집단에게 보상이 이루어지면 모든 국민들의 소득이 상승할 가능성이 있다는 점을 지적하면서, 이렇게 된다면 자유무역은 국가 부(national wealth)뿐만 아니라 국민 부(national welfare)를 증진시킬 것이라는 주장이다.[27]

무역이 증가하면서 정부 지출이 증가했다는 몇몇 경험적 분석들도 있다. 무역의 증가가 정부 지출을 증가시키는 연결고리로서 두 가지가 제시될 수 있다. 첫째는, 자유무역화가 위험을 증가시키고, 따라서 위험감소를 위한 보상 프로그램이 필요하다는 것이다. 둘째는, 무역자유화가 국가 부의 증진을 초래하기 때문에 이에 대한 정치적 지지 확보를 위하여 피해집단에 대한 보상이 이루어져야 한다는 것이다. 이러한 논리는 제2차 세계대전 이후 선진국가들에서 채택했던 내재적 자유주의의 정책내용을 설명하기도 한다. 즉 대외무역 개방화에 대한 정치적 지지를 확보하기 위하여 각국 정부들이 정부지출을 늘려 위험을 감소시키고 자유무역을 지속하는 동력을 확보했다는 것이다.[28]

무역자유화 혹은 구체적으로 자유무역협정 체결을 통하여 피해를 입는 이익집단이 노동자 집단인 경우, 이들에 대한 보상을 해야한다는 몇 가지 근거를 발견할 수 있다. 첫째는 효율성 논쟁으로서, 해고 노동자들에 의한 교육훈련을 통한 재취업이 이러한 노동자들의 효율성을 상승시킬 수 있다는 주장이다. 둘째는 공평성 논쟁으로서, 국가효용성 상승을 위한 무역개방에 따른 피해집단으로서의 노동자 집단에게 공평하게 보상정책이 이루어져야 한다는 것이다. 셋째는, 정치경제적 시각으로서, 노동자들의 정치적 지지를 확보하기 위하여 이들에 대한 보상이 이루어져야 한다는 주장이고, 마지막으로는 사회적 분열을 막고 궁극적으로 사회안정과 정치안정을 달성하기 위하여 보상정책이 이루어져야 한다는 주장이다.[29]

문제는 정부 보상책의 효율성 문제이다. 정부가 피해집단에 대한 효율적 보상책을 채택하기 위해서는 위에서 논의하였듯이 과연 피해자가 누구인가를 알아야만 한다. 그래야 그들에 대한 적절한 피해보상책을 채택할 수 있고, 궁극적으로 국가 부를 증진시킬 수 있기 때문이다. 무역정책에 관한 이익집단 간 경쟁이 계급 간 경쟁 성격을 보일 경우 정부는 장기적 보상정책을 채택할 수밖에 없다. 무역자유화에 의하여 손실을 보는 생산요소들 전체에 대한 보상책은 채택하기 어렵고, 가능하더라도 막대한 재원을 필요로 한다. 따라서 이러한 경우 정부의 보상책은 포괄적으로 장기간에 걸쳐서 진행될 수밖에 없다. 예를 들면, 노동의 이동성 상승을 위한 교육제도의 개선과 훈련 프로그램의 제공 등을 고려할 수 있다. 그리고 자본의 이동성을 제고하기 위하여 시장 진출입 장벽의 완화 등을 고려할 수 있다. 또한 자본의 국제시장 경쟁력을 상승시키기 위한 정부 보조금의 지급 혹은 세금감면 등도 고려할 수 있다. 반면에 경쟁의 성격이 산업 간 경쟁 성격을 보일 경우 정부는 좀더 구체적 정책대안을 채택할 수 있다. 예를 들면, 피해가 막대할 것으로 예상되는 산업들을 무역자유화 예외 산업으로 채택할 수도 있고, 이러한 산업들에 대한 무역자유화를 단계적으로 채택할 수도 있다.[30] 또한 특정 산업에 속한 생산요소들에게 현금보상을 할 수도 있고, 특정 노동에 대한 교육과 재취업 훈련을 지원할 수도 있다.[31]

또 하나의 문제는 과연 이러한 정부 보상책이 실제로 무역자유화에 대한 반대집단의 반대를 완화시키고 이들로부터의 정치적 지지를 확보할 수 있는가의 현실성 문제이다. 반대집단의 입장에서 보면 정부의 보상책이 그들이 선호하는 정책집행으로부터의 기대이익을 초과하지 않는다면 여전히 반대를 할 것이다. 다만 몇몇 경험적 연구에 의하면 정부 보상책은 실제로 반대를 완화시키고 정치적 지지를 높이는 결과를 초래하고 있다. 또한 생산요소 이동성 제고를 위하여 정부가 추진하는 정책인 교육 수준의 제고가 무역자유화를 지지하는 세력의 증가 결과를 초래한다는 경험적 분석도 있다.[32] 이러한 분석들에 의하면 정부에 의한 구체적 혹은 포괄적 보상정책이 무역자유화에 도움이 된다는 것이다.

4. 무역자유화와 정부보상정책

정부가 무역자유화를 추진하는 과정에서 피해집단에게 보상정책을 실시하는 것은 국가 부의 증진과 더불어 이들로부터의 정치적 지지와 사회적 안정을 얻는 매우 중요한 정책수단이다. 그렇다면 우리는 어떤 국가에서 어떤 시기에 어떤 보상정책을 실시하였는가를 분석하고, 이러한 보상정책이 실제로 정부가 추구하는 목표를 달성하는 데 기여했는가를 분석해 볼 필요가 있다. 다만 이러한 연구과정에서 매우 어려운 점은 위에서도 여러 번 언급하였듯이 과연 피해집단을 어떻게 규정할 수 있는가의 문제이다.

기존에 무역조정지원제도를 채택하고 있는 국가들을 살펴보면, 예를 들어서 미국과 멕시코를 들 수 있다. 미국은 1962년 제정된 무역확대법(Trade Expansion Act)에 의하여 의회가 미행정부에게 신속처리 권한(Fast Track Authority)을 부여하면서 무역조정지원(Trade Adjustment Assistance)제도가 도입되었다. 미국의 무역조정지원제도는 지원대상을 기업, 노동자, 농어민으로 구분하여 운영되고 있다.[33] 기업 TAA는 무역자유화에 따른 수입급증으로 매출, 생산 또는 고용 등에서 피해를 입은 기업에게 제공되고, 노동자 TAA는 외국으로부터 수입이 증가하거나 해외로 생산시설이 이전함에 따라서 발생한 실직 노동자를 지원해 주는 제도이다. 또한 농민 TAA는 수입품으로 인해 피해를 입은 농민을 지원하기 위한 제도이다.[34]

멕시코는 북미자유무역지대(NAFTA)의 발효에 따라서 예상되는 농민의 피해를 보전하기 위하여 농민에 대한 소득보장 목적의 직불제 형태인 농업구조기금을 1993년에 도입하였다. 이 제도의 목적으로는 농민에 대한 직접소득 지불, 비교우위 작목으로의 생산전환 촉진, 생산자의 소득 지지, 그리고 환경지속 농업의 추진 등을 들 수 있다.[35]

이러한 무역조정지원제도들이 어떤 결과를 초래했는지는 명확하게 밝혀지지 않고 있다. 무역조정지원제도와 경제적 상황의 변화 간에 확실한 상관관계를 규명하기도 어렵고, 다른 많은 변수들이 경제적 상황에 영향을 끼치기 때문이다. 따라서 우리는 이 글에서 미국과 자유무역협정을 체결한 국가들에서의 몇몇 지표들을 살펴보려고 한다. 미국과 자유무역협정을 체결한 국가들은 모두 11개 국가와 블록이다. 이 국가들 중 대부분의 국가들은 매우 최근에 미국과 자유무역협정을 체결하여 그 효과를 분석하기에는 한계가 있다. 따라서 이 글에서는 주로 캐나다, 멕시코, 그리고 이스라엘에 관한 자료를 분석할 것이다.

이들 국가에서 미국과의 자유무역협정을 체결할 때 정부가 어떤 보상정책 수단을 동원하였고, 이러한 수단이 어떤 효과를 얻었는가를 분석하는 일은 결코 쉬운 일이 아니다. 우선 이들 국가들에서 국내 이익집단 간 어떤 경쟁유형을 보였는지를 분석해야만 한다. 예를 들면, 노동, 자본, 그리고 토지 간 어떤 유형의 연합이 이루어졌고, 이렇게 형성된 연합의 규모와 크기, 그리고 정치경제적 힘은 어떠했는가를 분석해야 할 것이다. 둘째로, 이러한 연합들이 기대한 미국과의 자유무역협정을 통한 이익과 비용은 무엇이고, 어떤 규모이고, 그 특성은 무엇이었는가를 분석해야 한다. 셋째로, 정부가 특정 피해집단들에게 어떤 구체적 보상정책을 채택하였고, 이것이 피해집단의 이익을 얼만큼 증진시켰는가를 분석해야만 한다. 그러나 이러한 분석은 여러 가지 한계가 있다.

따라서 현재로는 이들 국가들에서 미국과의 자유무역협정 전후에 몇몇 지표들의 어떤 변화가 있었는지를 분석할 것이다. 다음은 5개의 지표를 비교분석한 것이다. 우선 1인당 GDP를 보면, 캐나다의 경우 미국과의 자유무역협정이 발효된 1989년 이후 별 증가를 보이지 못하다가 1990년대 후반 이후 큰 폭으로 증가하고 있다. 이스라엘과 멕시코의 경우 각각 미국과 1985년과 1994년 자유무역협정이 발효되었는데, 꾸준히 1인당 GDP가 증가한 것으로 나타나고 있다.

< 그림 1> 1인당 GDP

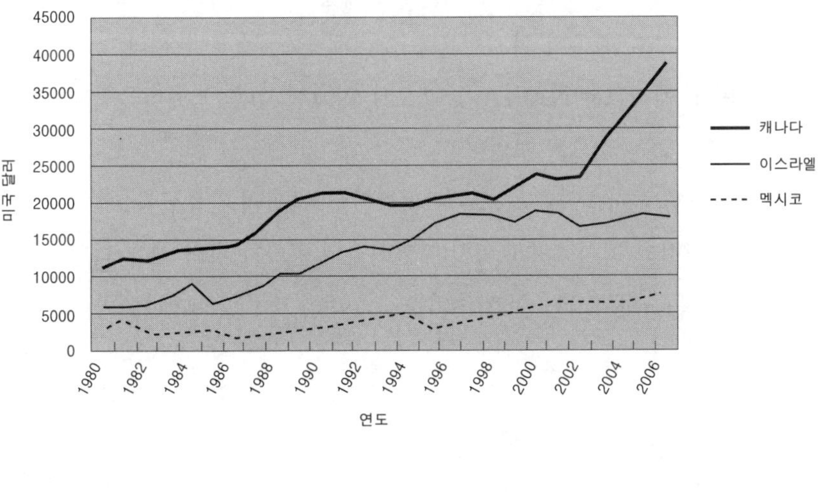

실업률의 경우에 있어서는, 멕시코는 NAFTA 발효 후 큰 폭의 하락을 보였던 반면에, 캐나다와 이스라엘은 큰 변화를 보이고 있지 않다.

< 그림 2> 실업률

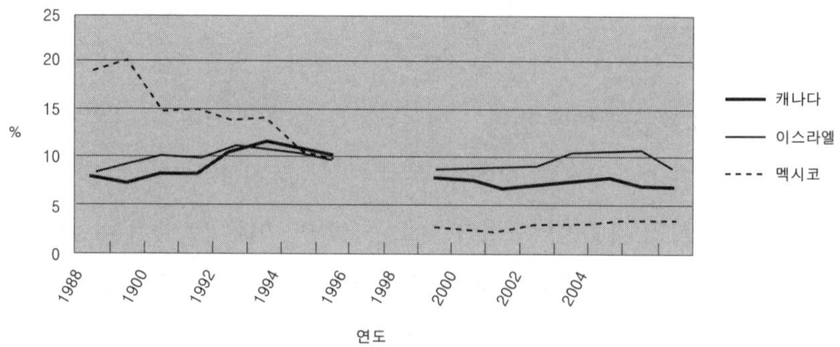

정부의 사회안전 및 복지비 지출 자료를 보면, 캐나다는 미국과의 자유무역협정 체결 이후 몇 년간 매우 빠른 복지비율 성장세를 보이고 있고, 1993년 후부터는 안정세를 보이고 있다. 이스라엘은 1985년 이후 꾸준히 복지비율을 확대해 온 것으로 드러나고 있다. 반면에 멕시코는 NAFTA가 발효된 1994년 이후 복지비율의 변화가 별로 없는 것으로 보인다.

교육비 지출비율 자료를 살펴보면, 미국과의 자유무역협정 체결 후 캐나다와 멕시코의 교육비 지출비율의 변화가 거의 없다. 다만 이스라엘은 꾸준히 교육비 지출비율을 늘려온 것으로 나타나고 있다.

<그림 3> 정부 총지출 대비 사회안전 및 복지비 지출

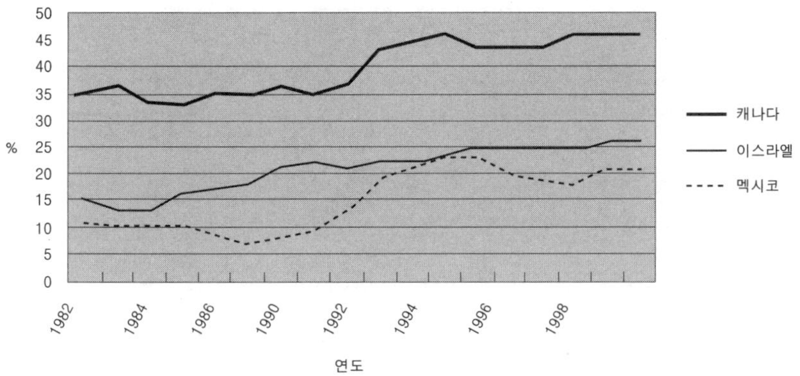

<그림 4> 정부 총지출 대비 교육비 지출

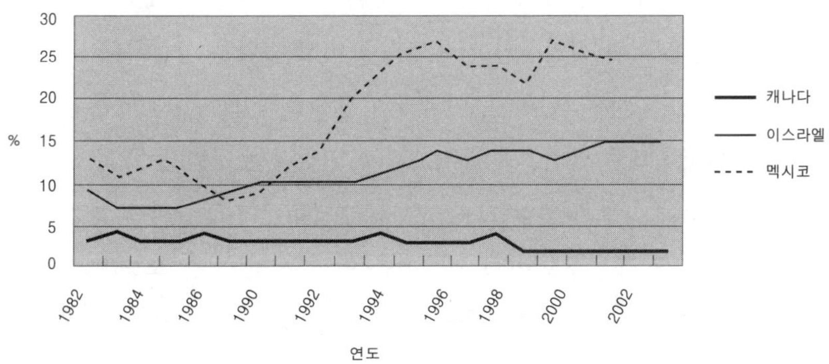

보건비 지출 자료를 보면, 멕시코의 보건비 지출비율은 미국과의 자유무역협정 이후 완만한 증가세를 보이고 있다. 캐나다의 경우에는 오히려 꾸준히 감소하고 있는 모습을 보이고 있고, 반면에 이스라엘은 매우 변동이 큰 모습을 보이고 있다.

<그림 5> 정부 총지출 대비 보건비 지출

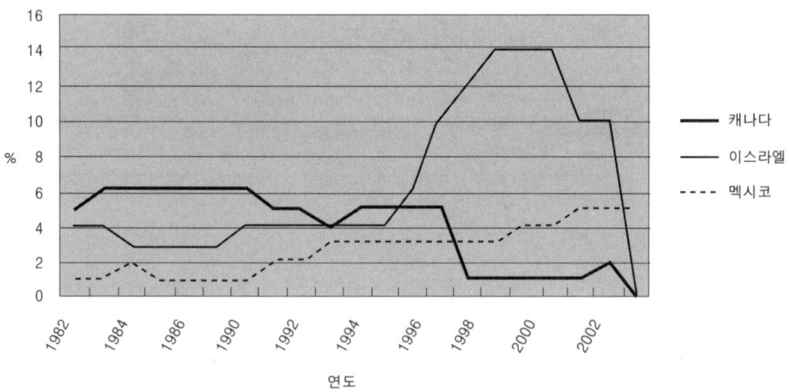

위 자료들의 분석결과 일정한 유형을 발견하기는 어렵다. 세 국가에서 모두 공통으로 나타나고 있는 현상은 1인당 GDP가 증가하였다는 사실과 실업률이 안정세를 보이고 있다는 사실이다. 이러한 사실을 근거로 판단하면, 미국과의 자유무역협정이 세 국가 모두에서 평균적으로 국민소득 증가효과가 있었다는 것이고, 또한 노동자의 대량해고 효과는 없었다는 것이다. 그러나 실업률의 안정이 반드시 직업 안정성을 이야기하는 것은 아니다. 산업 간 노동의 이동은 있었다고 판단되지만 어떻든 다른 직업으로의 전환이 어떤 이유에서든 용이하게 이루어졌다는 것을 의미한다.

정부에 의한 피해보상책의 채택이 이러한 효과를 거두었는지도 명확하지 않다. 1990년대 중반 이후 세 국가 모두에서 사회안전과 복지혜택 지출비율이 큰 변화를 보이고 있지는 않다. 그리고 교육지출 비율과 의료지출 비율에서도 국가 간 약간의 차이를 보이고 있다. 따라서 정부의 노력이 이러한 결과를 초래하였는지, 아니면 다른 요인들에 의하여 이러한 결과가 도출되었는지 명확하지는 않다.

따라서 자유무역협정과 관련하여 정부가 누구를 대상으로 어느 시기에 어떤 보상정책을 채택하였고, 이러한 보상정책이 구체적으로 피해집단들의 경제적 상황에 어떤 영향을 끼쳤는가를 분석하기 위해서는 더 세밀하고 구체적인 자료의 확보와 연구분석이 필요하다고 하겠다. 다만 미국과의 자유무역협정이 캐나다와 멕시코에게 여러 측면에서 긍정적 효과를 끼쳤다는 경험적 분석들을 믿는다면,[36] 이런 과정을 통하여 발생한 국가 이익의 일부분을 피해집단에 전환시키는 정책을 통하여 국가 부의 증진과 피해집단의 구제를 통한 정치적 지지의 획득이라는 두 가지 목표를 달성할 수 있다는 점을 추론할 수 있다.

5. 한국에의 적용 가능성과 한국 정부의 전략

한국에 있어서 무역문제의 사안 중요성(issue saliency)이 중요해진 것이 사실이고, 이에 의하여 무역문제를 두고 상당한 국내 갈등이 표출되고 있는 것도 사실이다. 예를 들면, 한-칠레 자유무역협정, 중국과 베트남 등으로의 한국기업 진출과 그에 따른 산업공동화 문제와 고용감소의 문제, 대북한 통상문제에 대한 국내적 이견 등을 통하여 무역문제에 대한 국민적 관심이 증가한 것이 사실이다. 그리고 현재 정부가 추진하고 있는 한미자유무역협정은 이러한 관심을 증폭시킨 것이 사실이다.

현재 한미자유무역협정에 관해서는 거대 반대연합이 존재한다. 위에서 언급한 이론들에 의하면 한국은 미국에 비하여 상대적으로, 그리고 국내 비교를 통해서도 상대적으로 노동이 풍부하고 자본과 토지가 빈약하다. 계급 간 갈등을 주장하는 모델에 의하면, 미국과의 자유무역협정에 대하여 노동이 지지하고 자본과 토지가 반대해야 한다. 또한 산업 간 갈등을 주장하는 모델에 의하면, 미국과의 자유무역협정에 대하여 수출산업이 지지하고 수입경쟁산업이 반대해야 한다. 반면에 실제 상황을 보면 한국 내 거대 반대연합은 여러 다양한 집단들을 포괄하고 있다. 예를 들면 노동자 단체, 농민단체, 수입경쟁 제조업, 수입경쟁 서비스업 등 다양한 집단들을 포함하고 있다. 이에 더하여 이념적 반세계화 혹은 반미성향을 지닌 시민단체와 학생단체, 그리고 지식인 집단이 포함되어져 있다.

이러한 상황 속에서 기존 이론에 근거한 분석 혹은 이를 통한 정부 보상책 마련, 그리고 타국가 경험으로부터의 교훈 획득 등은 모두 어려움을 노출하고 있다. 특히 외국사례들을 평면적으로 비교하여 적용하기는 매우 어렵다고 판단된다. 미국과 자유무역협정을 체결했던 국가들은 생산요소 분배, 수출입 구조, 지리적 위치, 자유무역협정의 수준과 내용, 자유무역협정 체결 시기, 그리고 정부의 대책과 보상정책 등에서 모두 차이를 보이고 있다. 따라서 이들의 경험이 한국 정부에 시사하는 점은 직접적일 수는 없다고 판단된다.

한국은 현재 미국의 TAA를 모델로 한 무역조정지원제도를 도입하려고 하고 있다. 한국의 지원제도는 두 가지로 구분할 수 있는데, 하나는 기업과 노동자에 대한 지원제도로서 2007년 4월 시행될

'무역조정지원법' 이고, 다른 하나는 이미 시행되고 있는 '자유무역협정체결에 따른 농어업인등의 지원에 관한 특별법' 이다. 이 두 가지의 지원제도를 보면, 한국 정부는 한미 FTA 혹은 전체적 무역자유화에 따른 이익집단의 형태가 산업 간 경쟁의 형태를 띠고 있다고 판단하고 있는 것 같다. 즉 자본, 노동, 토지를 모두 포함하는 형태의 무역조정지원제도를 채택하고 있는 것이다. 무역에 관한 한국 내 이익집단 간 경쟁의 형태를 분석하고 있는 정진영의 논문에서도 노동의 생산요소 구체성이 증가하고 있는 현상을 보이지만, 반면에 노조조직률이 상대적으로 낮아 노동시장이 유연하다는 상반된 결론을 내리고 있다. 또한 농업분야의 생산요소 이동성이 매우 낮아서 농민에 의한 보호무역 요구가 거세다고 지적하고 있다. 이러한 상황 속에서도 노동과 토지 간의 적록동맹의 형태가 발생하고 있다고 지적하고 있다.[37] 즉 한국 내 이익집단 간의 경쟁형태는 산업 간 경쟁과 계급 간 경쟁이 혼재되어 나타나고 있다고 결론지을 수 있고, 따라서 한국 정부의 입장에서는 모든 생산요소들에게 선별적 보상정책을 택할 수밖에 없는 것으로 판단된다.

이러한 어려운 상황 속에서 한국 정부가 할 수 있는 몇 가지 일이 있다. 첫째는, 몇몇 학자들이 주장하고 경험적으로 분석한 것처럼 대다수의 시민들은 소비자로서의 정체성을 가지고 있고, 이들은 무역자유화에 의한 선택폭의 확대와 가격저하, 그리고 제품질의 향상 같은 긍정적 효과를 고려하여 무역자유화를 지지한다는 것이다.[38] 비록 이들의 요구와 선호가 조직화되지 못하여 정책에 적극적으로 반영되지 못하는 한계가 있지만, 한국 정부는 이 부분에 대한 고려와 홍보를 해야 할 것이다. 이에 더하여 한국처럼 교육 수준이 높은 국가에서는 특히 무역자유화에 대한 지지가 높을 수 있다는 점도 고려해야 할 것이다.[39] 또한 한-칠레 자유무역협정이 초래한 긍정적 효과도 고려할 필요가 있다. 둘째는, 이론 부분에서 언급한 이익집단 간 경쟁이 어떤 모델에 적합한지 판단하기 어려울지라도 정부는 이익에 근거한 반대집단과 이념에 근거한 반대집단을 분리하는 정책을 채택할 필요가 있다. 이익에 근거한 반대집단은 정부의 적극적 보상정책에 의하여 반대를 약화시킬 수 있지만, 이념에 근거한 반대집단은 정부의 어떤 노력도 효과를 발휘하기 어려울 것이기 때문이다. 셋째는, 피해집단에 대한 보상정책이 역효과를 초래하지 않는 범위 내에서 이루어져야 한다는 점이다. 예를 들면, 특정 집단에 대한 과도한 소득 전환 요구는 그 집단의 시장이탈을 초래할 가능성이 있고, 이는 궁극적으로 경제에 해를 끼치는 결과를 초래할 것이다. 따라서 국가 부의 증진과 효율적 보상정책의 균형점을 찾는 노력을 해야 할 것이다. 무역조정지원을 악용하는 이익집단들에 의한 도덕적 해이를 방지해야 하고, 모니터링 체제를 도입하여 효율적이고 효과적으로 무역조정지원제도를 운영해야 한다.[40]

자유무역협정 체결로 인하여 시장이 확대되고, 이를 통하여 규모의 경제효과를 활용하고, 이는 경쟁력 제고와 이윤증가의 결과를 낳고, 이렇게 창출된 국가 부의 재분배를 통하여 국민소득과 소비력을 높이고, 이것이 궁극적으로 국내시장 확대로 이어지는 이러한 선순환 효과를 창출하기 위하여 정부는 반드시 자유무역협정과 관련된 국내 정치문제를 해결해야 한다. 다만 이 문제의 해결이 그리 쉽지 않다는 것이 현실이다.

주

1_ Corden, W. M., *Trade Policy and Economic Welfare*(London : Oxford University Press, 1974) ; Cornwell, John, *Modern Capitalism : Its Growth and Transformation*(New York : St. Martin' s Press, 1977), Bhagwati, Jagdish, *Protectionism* (Cambridge : The MIT Press, 1988) 등 참조.

2_ Conybeare, John A. C., "Public Goods, Prisoners' Dilemmas and the International Political Economy," *International Studies Quarterly*, 28-1(March 1984), pp. 5-22 참조.

3_ Krugman, Paul(ed.), *Strategic Trade Policy and the New International Economics* (Cambridge : The MIT Press, 1986) 참조.

4_ Hansen, Wendy L., " The International Trade Commission and the Politics of Protectionism," *American Political Science Review*, 84-1(March 1990), pp. 21-23.

5_ Baldwin, Robert E., "The Political Economy of Protectionism," Jagdish N. Bhagwati (ed.), *Import Competition and Response*(Chicago : University of Chicago Press, 1982), pp. 265-292 참조.

6_ Bhagwati, Jagdish, "Regionalism and Multilateralism : An Overview," Jaime de Melo and Arvind Panagariya(eds.), *New Dimensions in Regional Integration*(New York : Cambridge University Press, 1993), pp. 22-51, Chase, Kerry A., "Economic Interests and Regional Trading Arrangements : The Case of NAFTA," *International Organization*, 57-1(Winter 2003), pp. 137-174 참조.

7_ Hansen, Wendy L., "The International Trade Commission and the Politics of Protectionism," *American Political Science Review*, 84-1(March 1990), pp. 21-46 참조.

8_ Viner, Jacob, *The Customs Union Issue*(New York : Carnegie Endowment for International Peace, 1950) 참조.

9_ Sohn, Chan-Hyun and Jinna Yoon, "Does the Gravity Model Fit Korea's Trade Patterns?" KIEP Working Paper 01-01 (2001) 참조.

10_ Krueger, Anne, "Political Economy of the Rent-Seeking Society," *American Economic Review*, 64-3(1974), pp. 291-303, Magee, Stephen P., William A. Brock and Leslie Young, *Black Hole Tariffs and Endogenous Policy Theory : Political Economy in General Equilibrium*(New York : Cambridge University Press, 1989) 등 참조.

11_ Gowa, Joanne, *Allies, Adversaries and International Trade*(Princeton : Princeton University Press, 1994) ; Remmer, Karen L., "Does Democracy Promote Interstate Cooperation? Lessons from the Mercosur Region," *International Studies Quarterly*, 42 (1998), pp. 25–52 등 참조.

12_ Stolper, Wolfgang F. and Paul A. Samuelson, "Protection and Real Wages," *Review of Economic Studies*, 9(1941), pp. 58–73 ; Magee, Stephen P., "Three Simple Tests of the Stolper–Samuelson Theorem," Peter Oppenheimer(ed.), *Issues in International Economics*(London : Oriel Press, 1980), pp. 138–153 등 참조.

13_ Rogowaki, Ronald, *Commerce and Coalitions, How Trade Affects Domestic Political Alignments*(Princeton : Princeton University Press, 1989).

14_ Cairnes, John, *Some Leading Principles of Political Economy*(London : Macmillan, 1884); McKeown, Timothy J., "Firms and Tariff Regime Change : Explaining the Demand for Protection," *World Politics*, 36–2(Jan. 1984), pp. 215–233 ; Wallerstein, Michael, "Unemployment, Collective Bargaining, and the Demand for Protection," *American Journal of Political Science*, 31(1987), pp. 729–752 등 참조.

15_ Chase(2003), p. 142.

16_ Midford, Paul, "International Trade and Domestic Politics : Improving on Rogowski's Model of Political Alignments," *International Organization*, 47–4 (Autumn 1993), pp. 535–564 참조.

17_ 몇몇 학자들은 장기적 관점과 단기적 관점을 구분하여 두 모델의 현실적용성을 평가하고 있다. 즉 장기적 입장에서는 계급 간 경쟁모델이 타당할 수 있지만, 적어도 단기적 입장에서는 산업 간 경쟁모델이 타당할 수 있다는 것이다 : Wolfgang, Mayer, "Short–run and Long–run Equilibrium for a Small Open Economy," *Journal of Political Economy*, 82–5(Sept.–Oct. 1974), pp. 955–967 ; Mussa, Michael, "Tariffs and the Distribution of Income : The Importance of Factor Specificity, Substitutability, and Intensity in the Short and Long Run," *Journal of Political Economy*, 82–6(Nov.–Dec. 1974), pp. 1191–1204 참조.

18_ 히스콕스(Hiscox)는 6개국을 상대로 생산요소 이동성과 무역에 관한 정치연합의 관계를 경험적으로 분석하여 이동성이 높을수록 계급적 갈등을 보일 것이라는 점을 주장하고 있다 : Hiscox, Michael J., "Class Versus Industry Cleavages : Inter–Industry Factor Mobility and the Politics of Trade," *International*

Organization, 55-1 (Winter 2001), pp. 1-46.

19_ Magee, Brock and Young(1989), p. 102.

20_ Ladewig, Jeffrey W., "Domestic Influences on International Trade Policy : Factor Mobility in the United States, 1963 to 1992," *International Organization*, 60-1(Winter 2006), pp. 69-103 참조.

21_ Hiscox(2001), pp. 10-12

22_ Olson, Mancur, *The Logic of Collective Action : Public Goods and The Theory of Groups* (Cambridge : Harvard University Press, 1965) 참조.

23_ Hiscox(2001), p. 13.

24_ 예를 들면, 노동이 풍부한 저발전국가들에서 민주화가 진행되면서 무역자유화가 동시에 진행되었다는 주장이 있다 : Milner, Helen V. and Keoko Kubota, "Why the Move to Free Trade? Democracy and Trade Policy in the Developing Countries," *International Organization*, 59-1(Winter 2005), pp. 107-143.

25_ 캐나다와 멕시코의 미국과의 자유무역협정 결정에 있어서 외부 환경, 특히 경제적 충격이 정책경계의 변화를 초래하고 이를 통하여 큰 정책변화가 가능했다는 주장이 있다 : Golob, Stephanie R., "Beyond the Policy Frontier : Canada, Mexico, and the Ideological Origins of NAFTA," *World Politics*, 55(April 2003), pp. 361-398 참조.

26_ 예를 들면 Judith Goldstein and Robert O. Keohane(eds.), *Ideas, and Foreign Policy*(Ithaca : Cornell University Press, 1993) 참조.

27_ Irwin, Douglas A., *Against the Tide : An Intellectual History of Free Trade*(Princeton : Princeton University Press, 1996), p. 183.

28_ Adresa, Alicia and Carles Boix, "Trade, Democracy, and the Size of the Public Sector : The Political Underpinnings of Openness," *International Organization*, 56-2(Spring 2002), pp. 229-263 ; Hays, Jude C., Sean D. Enrlich, and Clint Peinhardt, "Government Spending and Public Support for Trade in the OECD : An Empirical Test of the Embedded Liberalism Thesis," *International Organization*, 59-2(Spring 2005), pp. 473-494 참조.

29_ Kapstein, Ethan B., "Winners and Losers in the Global Economy," *International Organization*, 54-2(Spring 2000), pp. 372-375.

30_ Grossman, Gene M. and Elhanan Helpman, "The Politics of Free-Trade Agreements," *American Economic Review*, 85(1995), pp. 667-690 참조.

31_ Kapstein(2000), p. 376.

32_ Hays et al.(2005)와 Hainmueller, Jens and Michael J. Hiscox, "Learning to Love Globalization : Education and Individual Attitudes Toward International Trade," *International Organization*, 60-2(Spring 2006), pp. 469-498 참조.

33_ 정인교, "무역조정지원제도 : 외국의 사례 및 우리 제도 평가," FTA 무역조정지원제도 Workshop 발표논문(2006. 9), pp. 1-2 참조.

34_ 정인교(2006), pp. 2-3.

35_ 정인교(2006), p. 5.

36_ 재정경제부는 NAFTA가 끼친 효과와 영향에 대한 몇몇 논문을 분석, 정리하여 보도참고자료로 발표하였다 : 재정경제부, "NAFTA가 멕시코 경제에 미친 영향," 보도참고자료(2006.5.18). 이 자료에서 분석한 두 논문은 Kose, M. Ayhan, Guy M. Meredith, and Christopher M. Towe, "How Has NAFTA Affected the Mexican Economy? Review and Evidence," IMF Research Paper와 Lederman, Daniel, William F. Maloney and Luis Serven, "Trade, Doha, and Development," World Bank Report(2005)임.

37_ 정진영, "시장개방, 구조조정, 사회적 보상의 정치경제 : 한국 통상정치의 경우," 『국제정치논총』, 제44집 4호(한국국제정치학회, 2004), pp. 183-186.

38_ Baker, Andy, "Why Is Trade Reform So Popular in Latin America? A Consumption-Based Theory of Trade Policy Preferences," World Politics, 55(April 2003), pp. 423-455.

39_ Hainmueller and Hiscox(2006) 참조.

40_ 허윤, "FTA에 무역조정지원 : 제조업을 중심으로," FTA 무역조정지원제도 Workshop 발표논문(2006. 9), pp. 22-23.

3

한국의 FTA 추진의 국제정치경제 :

FTA 경쟁과 따라잡기의 동학

손 열(연세대학교 국제대학원)

* * *

이 글은 통상정책으로서 FTA 추진과정을 국제정치경제적 관점, 즉 국제정치적 요소와 경제적 요소의 상호작용으로 파악한다. 구체적으로 이 글은 1998년 외환위기 직후 FTA 전략을 추진한 이래 현재 2006년까지 약 8년간의 역사를 사례로 해서 한국의 FTA 전략이 보여주는 특징을 추출한다. 이를 위해서 이 글은 일본, 중국, 미국이란 주변 강대국의 FTA 전략을 비교 분석하고 그 토대 위에서 한국의 특징을 비판적으로 검토한다. 이는 (1) 조급성과 임의성, (2) 탈지역주의적 경향, (3) 국내협상 부족, (4) 거버넌스 역량의 한계로 요약될 수 있다. 끝으로 이 글은 향후 전개될 FTA 추진에 주는 함의를 제시한다. 이는 동시다발적 FTA 전략의 수정, 시장에 대한 믿음의 확인, 정치 리더십의 강조로 요약된다.

주제어 : 동시다발적 FTA, 조급성, 임의성, 국내협상, 거버넌스 역량

1. 머리말

한미 FTA 교섭이 한창이다. 두 정부 대표단은 협상장에서 최선을 기울이고 있고, 길거리에서는 반FTA 시위가 뜨거우며, 책방에는 찬FTA 대 반FTA 서적 간에 치열한 소프트파워 경연이 이루어지고 있다. 이들은 왜 FTA를 해야 하는지 혹은 하지 말아야 하는지를 놓고 치열한 논쟁을 벌이고 있으며, 대체로 FTA의 긍정적 혹은 부정적 효과를 과장하는 경향이 있다. '쇄국 대 개국', '자주 대 종속' 론이 그 대표적 사례이다. 그러나 이 대목에서 우리가 생각해 보아야 할 일은 한미 FTA의 찬반론을 넘어서 FTA를 어떻게 추진할 것인가에 대한 진지한 고민과 성찰이다. 즉 한미 FTA를 포함한 이제까지 FTA 추진사례가 주는 교훈을 찾는 작업이다. 한국이 향후에도 통상정책의 중심으로 FTA를 추진해 나갈 것이라면 미국과의 FTA는 대단원이 아니라 시작이다. 한국은 이제 겨우 칠레와 싱가포르 FTA란 작은 FTA 두 개만을 발효시켜 놓았을 뿐이다. 이제까지 해온 FTA에 대한 차분한 성찰이 필요한 때이다.

FTA는 통상정책의 하나이다. 그리고 통상정책은 세계화에 따른 개방의 속도와 수위를 조절하는 관문의 역할을 수행한다. 이 관문의 조절에는 경제적 이익의 고려뿐만 아니라 외교적 이익, 국내정치적 이해관계를 고려하는 3차 방정식을 푸는 작업이 수반된다. 따라서 통상정책은 서로 다른 이해관계를 면밀히, 종합적으로 계산하고 판단하는 지혜와 이를 통해 국제와 국내 양자협상을 추진하는 능력을 요구한다. 이러한 계산과 판단, 협상력과 리더십은 FTA의 경우 보다 극명하게 드러난다. 왜냐하면 FTA는 상대국을 선정하는 작업으로부터 시작되기 때문이다. 어떠한 상대국을 선정하는가에 따라 손익의 대차대조표가 변하게 되며, 따라서 손익계산이 면밀히 이루어진 후 상대국이 선정되어져야 하는 것이다. 이런 점에서 상대국 후보의 능력과 전략을 파악하는 작업은 성공적인 FTA 추진을 위해 대단히 중요한 과제이다. 주체적 역량과 함께 시대적 흐름, 상대의 의도와 능력의 파악은 협상의 전제이자 성공의 초석이다.

이 글은 통상정책으로서 FTA 추진과정을 국제정치경제적 관점, 즉 국제정치적 요소와 경제적 요소의 상호작용으로 파악하고자 한다. 구체적으로 이 글은 한국이 왜, 어떻게 FTA 상대국을 선정해 교섭해 왔는지, 그리고 그 성과는 어떠한지를 국제정치경제적 관점에서 분석하고자 한다. 이 분석은 1998년 외환위기 직후 FTA 전략을 추진한 이래 현재 2006년까지 약 8년간의 역사를 사례로 해서 한국의 FTA 전략이 보여주는 특징을 추출한다. 이를 위해서 이 글은 일본, 중국, 미국이란 주변 강대국의 FTA 전략을 비교 분석하고 그 토대 위에서 한국의 특징을 비판적으로 검토한다. 이는 (1) 조급성과 임의성, (2) 탈지역주의적 경향, (3) 국내협상 부족, (4) 거버넌스 역량의 한계로 요약될 수 있다. 끝으로 이 글은 향후 전개될 FTA 추진에 주는 이론적 · 실천적 함의를 도출해낼 것이다.

2. 지역주의의 확산과 FTA 따라잡기

WTO 하에서 각국의 통상정책은 다자적 무역자유화 교섭을 중심으로 이루어져 왔다. 이는 세계시장의 확대와 국내규제 개혁을 통한 경쟁력 제고 등을 목표로 추진되어 온 것이다. 그러나 1990년대 들면서 이와 동시에 지역무역협정(RTA)의 수가 대폭 증가하였다.[1] 1948년부터 1990년까지 GATT에 보고된 FTA가 30건이었다면 1990년부터 WTO가 설립된 1995년간 무려 79건이 추가되었으며, 이후 2000년까지는 155건, 2005년에는 213건으로 급증의 추세에 있다.

개별국가들에게 WTO보다 FTA가 주 통상정책의 대상이 된 이유는 WTO 하에서의 무역자유화보다 FTA에서의 합의가 보다 단시일 내에 이루어질 수 있다는 측면, WTO에서 다자 간 룰의 대상으로 잡지 못한 분야를 대상으로 삼을 수 있는 장점(예컨대 투자, 환경, 노동기준, 전자상거래 등), 민감부분에 대한 예외조항의 설치 등 상대적으로 유연한 개방안을 마련할 수 있다는 장점 등이 거론된다. 이런 속에서 FTA는 하나의 메가트렌드로서 전 세계에 확대되었다. 이는 역으로 FTA로부터 배제될 경우 시장접근 기회를 상실함으로써 국익에 손해를 가져오는 문제가 등장한다는 뜻이 된다.

동아시아가 전형적인 사례이다. 2000년대에 들기 이전까지 동아시아는 사실상 FTA의 무풍지대였다. 1993년 아세안 가맹국인 브루나이, 인도네시아, 말레이시아, 필리핀, 싱가포르, 태국 등 6개국이 AFTA를 발족하기로 결정한 것이 유일하다.[2] 반면 1985년 유럽공동체(EC)가 시장통합백서를 유럽의회에 제출하고 1993년 EU와 함께 완전한 시장통합의 길을 걷게 되면서 미국 역시 이러한 흐름에 동참하여 1989년 미-캐나다 FTA를, 1992년에는 멕시코를 포함한 NAFTA를 결성하게 된다. APEC의 차원에서 1994년 "자유무역과 투자지역"의 창설을 계획했을 때 미주의 가맹국들만이 적극적으로 행동하여 NAFTA와 함께 칠레-멕시코 FTA, 칠레-캐나다 FTA 등이 성사된 사실은 동아시아 국가들에게 적지 않은 자극으로 다가왔다. 유럽과 미주에서의 FTA 붐은 동아시아 국가들로 하여금 반응적(reactive) FTA를 촉진하게 한 것이다. 이는 "FTA 추격(catch-up)"전략으로서 전 세계적 흐름에 적극 동참하여 FTA 선진국을 따라잡겠다는 의식의 발로였다.

FTA의 전 세계적 확산이 가져다 준구조적 압력은 지역의 수준에서 경험한 미증유의 경제위기, 즉 동아시아 금융위기와 중첩되어 더욱 큰 FTA 추동력으로 작동하게 된다.[3] 1997년 외환위기로 인해 동아시아 국가들은 달러 부족을 해소하기 위해 더 많은 수출과 더 많은 해외투자를 유치해야 했다. 특히 외환위기로 동아시아 시장이 침체되면서 개별국가들은 역외 수출시장의 확보를 위해 나서야 하는 상황이었다. 여기서 역외시장이 FTA에 의해 차별적으로 구획되어지고 있다는 사실, 그리고 동아시아 국가들이 그 어느 FTA 지대에도 속해 있지 못하다는 사실은 이들로 하여금 적극적으로 FTA를 결성하게 하는 주요한 동인이 되었다.[4] 즉 금융위기의 영향을 받지 않은 주요 시장과의 관계를 강화할 수 있는 수단으로서 FTA는 경제위기 극복의 주요한 관건이었던 것이다.

나아가 FTA에 의해 유럽과 미주에서 지역경제권이 형성되게 됨에 따라 동아시아 국가들은 서로가 지역을 단위로 한 FTA를 결성하지 않으면 세계시장에서 협상력(bargaining power)을 잃게 될 것이라 믿게 되었다.[5] 동아시아 금융위기가 역내국가들에게 "전염(contagion)효과"를 통해 서로 간에 경제적 상호 의존이 대단히 심화되어 있음을 상기시켜 준 계기였던 만큼이나 역으로 위기는 이들 간의 협력의 필요성을 인식시킨 계기였던 것이다.[6]

국내적으로 금융위기는 경제개혁의 급박성(urgency)을 인식시켜 주었다. 한국, 인도네시아, 태국 등 동아시아 국가들은 IMF 구제금융을 받는 대가로 고수준의 경제개혁을 요구받았고, 외국투자자본은 이 개혁을 주의깊게 지켜보는 상황이었다. 투자(inward FDI)가 경제회생의 지름길이었던 당시 개혁의 성공적 수행을 위해 FTA는 유용한 수단으로 인식되었다. 왜냐하면 상대국과의 법적 구속력을 갖는 FTA는 국내개혁을 안착시키는 방편이었기 때문이다.[7] 그리고 이는 비단 IMF 체제를 받아들인 국가들뿐만 아니라 일본 등에게도 적용되는 것이었다. 요컨대, FTA의 전 세계적 확산이란 구조적 압력은 경제개혁—신자유주의적 개혁—이란 국내적 조건과 맞물려서 동아시아 국가들에게 FTA 체결을 추동시켰다.

끝으로 WTO 등 기존 다자기구의 무역자유화 실패는 FTA의 추진을 가속화시켰다. 1999년 시애틀에서 뉴 밀레니엄라운드가 실패한 이래 DDA 협상이 지지부진하고 APEC이 자유화를 추동하지 못함으로써 한계를 드러내는 속에서 동아시아 국가들은 양자 FTA를 통해 시장의 확보를 꾀하지 않을 수 없는 환경에 처하였던 것이다.[8] FTA의 동아시아적 특징은 바로 이런 상황적 제약 하에서의 추격/따라잡기 의식의 발로였다.

금융위기가 휩쓸고 간 동아시아는 APEC과 ASEAN이란 지역 다자기구가 작동하지 못하여 이들의 무용론이 팽배한 속에서 개별국 단위로 한 양자적 접근이 대두되기 시작했다. AFTA의 경우를 예로 들면 금융위기 하에서 아세안 국가들은 국내 경제문제에 경도되어 지역단위의 협조 노력에 전혀 힘을 기울이지 못하였으며, 나아가 위기 후 아세안의 경제적 가치가 실추됨에 따라 특정국(싱가포르와 태국)은 그 돌파구를 역외국가와의 양자 FTA에서 찾으려 하였다. 싱가포르는 호주 및 뉴질랜드와 양자협상을 추진하여 후자와 FTA를 체결하였고(2000), 일본과 FTA 협상을 개시하였으며, 태국 역시 일본과 교섭을 개시하였다. 한국은 칠레와 교섭을 개시하는 한편 거대시장인 일본과 FTA를 위한 공동연구를 개시하였다.

이와 함께 지역을 단위로 한 다자적 구상 역시 등장하게 된다. 앞서 언급하였듯이 APEC이 한계를 노정하는 속에서 그 대안으로 1997년 “ASEAN+3(APT)” 정상회의가 탄생하여 비로소 동아시아 지역주의의 제도틀 하에서 FTA가 모색되었다. 일본의 하시모토(橋本) 수상의 주도로 이루어진 APT는 한중일 정상이 한 자리에 할 수 있었다는 데에서 의미를 찾을 수 있었던 동시에, 당시 아시아 금융위기 속에서 미국과 IMF의 가혹한 채찍에 신음하던 동아시아 국가들이 무력한 APEC 대신 눈길을 돌린 새로운 대안이었다. APT는 일본에게 금융위기 속에서 실추된 역내 리더십을 만회할 기회를 주는 장으로 인식되었던 동시에, 중국 역시 금융위기 당시 인민폐의 평가절하를 고려하지 않는 의지를 보임으로써 국제적으로 높은 평가를 받는 속에서 이 국제적 존재감을 아세안으로 확장할 수 있는 기회의 장으로 삼으려 했다.

APT는 김대중 대통령의 제안으로 동아시아비전그룹(EAVG)을 설치하여 지역주의의 제도화에 대한 본격적 논의를 시도하였고, 동아시아연구그룹(EASG)에서 자유무역, 투자구상, 동아시아정상회의 등을 검토하기 시작하였다. 지역을 단위로 한 FTA의 구상은 2000년을 전후로 대두되는 것이다. 1999년 11월 APT에서 한중일 3국 정상들은 김 대통령이 제안한 3개국 경제협력의 공동연구 제안을 받아들여 공동연구를 진행하였고, 그 결과는 2001년 정상회담에 제출되었다. 여기서 주룽지 수상이 3국 간 FTA를 제안하였으나 일본은 중국이 WTO에 가입한 이후에 고려하겠다는 입장, 한국 역시 공동연구의 지속을 지원한다는 입장 등 수동적 태도를 표명함으로써 더 이상의 진전은 이루지 못하였다.

그런데 싱가포르, 한국, 일본을 중심으로 적극화된 양자 FTA 교섭의 동향을 가속화하는 결정적 계기를 제공한 것은 중-ASEAN FTA였다. 중국의 주룽지 수상은 2000년 APT에서 중-ASEAN 자유무역권 구상을 제안하였고, 이듬해인 2001년 중-ASEAN FTA 선언을 내놓았다. ASEAN을 배후지라 여겨온 일본에게 중-ASEAN FTA는 충격적인 현실이었다. 고이즈미(小泉) 수상은 곧바로 2002년 1월 아세안 국가들을 순방하면서 일-ASEAN 포괄적 경제연휴 구상을 제안하면서 같은 해 9월, 10년 이내 FTA를 체결하기로 합의하였다. 한편 중국은 ASEAN에게 2004년부터 농산물 관세인하 개시를 약속하였고, 2002년 11월 APT에서 조기관세인하 농산물 8품목 이외의 품목에 대해서도 원가맹국(6개국)에 대해서는 2010년까지, 신규가맹국(4개국)에 대해서는 2015년까지 관세철폐를 약속하여 FTA를 완성하겠다고 선언하였다. 이러한 중국의 공세적 FTA는 일본의 경쟁을 불러일으켰을 뿐만 아니라 한국에도 압박의 요인으로 작용하였다. 한국이 한-ASEAN FTA 교섭에 서둘렀음은 주지의 사실이다.

동아시아에 있어서 뒤늦은 FTA 따라잡기 움직임 속에서 역내주 핵심국인 일본과 중국의 FTA 정책은 어떻게 전개되어 왔는가? 그리고 역외의 사활적 중요성을 갖는 미국의 움직임은 어떠한가?

3. 주요국 FTA 전략

1) 일본의 FTA 전략

일본 정부가 본격적으로 FTA에 나선 시기는 한국과 FTA 공동연구를 선언한 1998년 말이다. 이를 계기로 2000년 통상백서에서 경제산업성(당시 통산산업성)은 중층적 통상정책으로의 전환, 즉 WTO를 축으로 하는 다자틀을 기본으로 하면서 이를 보완하는 기제로 지역 간, 2국 간의 FTA를 전략적으로 활용하자는 정책을 내걸었다. 2000년대 들면서 WTO 뉴라운드가 선진국과 개도국, 그리고 세계화론자와 반세계화론자 간의 대립과 충돌로 난항을 겪고 있는 가운데 경제산업성은 2001년 통상백서에서 "21세기에 있어서 대외경제정책의 도전"이란 부제 하에 "WTO라는 장에 의존하는 것이 '일본경제의 재활성화' 라는 국가목표를 확실하고 신속히 달성하기에 필요충분조건이 되지 못한다"고 기술하면서 FTA를 "국익의 추구"인

동시에 "WTO에의 공헌"을 위한 정책적 수단으로 자리매김하였다.[9] 외무성 역시 이런 차원에서 2002년 "일본의 FTA 전략"을 내놓는다.[10] 주요 외교수단으로 FTA를 인식한 것이다. 경제산업성은 이어 2003년 통상백서에서 FTA가 "동아시아 비즈니스권의 제도화"에 주요 수단임을 강조하게 된다.[11]

이러한 FTA로의 정책전환의 이면에는 앞서 언급하였듯이 1990년대 말 두 가지 상황인식이 작용하였다. 동아시아 외환위기의 경험으로부터 지역적 제도화가 필요하다는 인식, 즉 미국 주도의 세계화에 대한 일정한 안전망 확보라는 차원에서의 지역주의 고려, 그리고 당시 세계적 규모에서 적극적으로 진행되고 있던 FTA란 시대적 흐름에 일본이 뒤져 있다는 인식이 그것이다.[12] 이런 상황에 대한 대응으로서 일본은 FTA에 적극적으로 임해왔다. 일본은 싱가포르, 멕시코, 말레이시아, 필리핀과의 FTA를 성사시켰고, 태국과는 타결을 앞두고 있으며 한국, 인도네시아, 아세안 등과 교섭을 진행 중이다.[13]

일본은 2000년대 들면서 명확히 FTA를 통상정책의 중심에 위치시켰다. 다만 외무성이 양자 FTA에 치중하여 외교전략적 효과를 기하고자 하였다면 경제산업성은 지역수준에서의 다자 FTA로 경제적 이득을 극대화하고자 하였다. 이런 정책적 차이는 현실성의 측면에서 전자, 즉 양자 FTA의 추진으로 정리가 이루어지게 된다.[14] 일본은 인도, 칠레, 호주, 스위스와 정부 간 공동연구를 시작하였으며, 한중일 투자협정, 동아시아 FTA도 시야에 넣고 있다.

< 표 1> 일본의 FTA 교섭 및 결과

교섭국가	진행상황	비고
싱가포르	발효 (2002.11)	2007년 개정 예정
멕시코	발효 (2005.4)	
말레이시아	교섭 합의 및 서명(2005.12)	조기 발효
필리핀	교섭 합의 및 서명 (2006.9)	조기 발효
태국	교섭 중 (2004.2 -)	타결 임박
인도네시아	교섭 중 (2005.7 -)	
한국	교섭 중 (2003.12 -)	교섭 중단(2004.11)
ASEAN	교섭 중 (2005.4 -)	2년 내 교섭종료 목표
인도	산관학 공동연구 (2005.7 -)	
칠레	교섭 중 (2006.2 -)	
호주	정부 간 공동연구 (2005.11 -)	
스위스	정부 간 공동연구 (2005.10 -)	
한중일 투자협정	정부 간 협의 (2005.5 -)	
EAFTA	민간연구회 (2005.4 -)	2006년 ASEAN+3 보고 예정

일본의 FTA 전략을 검토해 보면 다음과 같은 특징을 발견할 수 있다. 첫째는 중층적 성격이다. 일본은 여전히 WTO 하에서의 다자질서 구축에 일정한 중점을 두고 있다. WTO 하에서의 다자적 룰 책정이 난항을 겪고 있는 와중에서도 일본은 FTA를 "WTO의 보완", "WTO의 촉진", "WTO에의 공헌"수단으로 인식하는 경향을 여전히 보여주고 있다. '경제적' 국익의 추구라는 측면에서는 WTO 체제의 유지와 발전이 여전히 중요하다는 데 대한 인식으로서 일본 정부가 제정한 〈FTA/EPA 추진의 기본방침〉의 3대 원칙 중의 첫 번째로 꼽고 있다.[15]

둘째는 지역주의적 성격이다. 일본은 공식적으로 FTA가 지역주의 추구의 수단임을 천명하고 있다. 일본은 교섭상대국을 우선적으로 동아시아란 지역으로, 차후 역외 주요국으로 확대한다는 방침을 정해놓고 있다. 일본은 한국을 비롯하여 싱가포르, 말레이시아, 태국, 필리핀 등 역내국가와의 FTA 교섭을 우선시해 왔고 실제 성과 역시—멕시코를 예외로 한다면—이 지역에 집중되어 있다. 〈표 1〉에서 보듯이 일본이 성취한, 그리고 현재 진행하고 있는 교섭상대는 멕시코와 스위스를 제외하면 전부 동아시아 국가들이다(물론 호주, 뉴질랜드, 인도는 일본이 주창하는 동아시아공동체의 일원이다). 멕시코와 인도, 칠레는 각각 거대경제권에의 교두보 역할을 하는 국가로 지정되어 교섭되어 왔다.

셋째는 전략적 성격이다. 일본의 FTA 추진은 경제적 효과만큼이나 혹은 그보다는 전략적, 즉 정치외교적 효과를 기하는 측면이 강하다. 앞서 〈FTA/EPA 추진의 기본방침〉은 무역촉진효과, 구조조정효과와 더불어 "정치외교상 일본에게 유익한 국제환경의 형성"이란 목표를 명시적으로 제시하고 있다. 2002년의 〈일본의 FTA 전략〉에서도 상대국 선정의 기준으로서 정치외교적 기준, 즉 "경제관계 강화에 의한 우호관계의 강화, 경제관계의 정치전략적 활용, 정치적 안정성, 통치능력, 민주화의 정도"를 제시한 바 있다. 예컨대 1998년경 일본이 한국을 선택한 이유는 "일정한 정치력을 갖춘 동아시아 역내국과의 정치동맹으로서 FTA 체결"의 의미가 강하다는 것이었다.[16] 일본이 ASEAN 국가들과의 FTA에 열심인 이유 역시 중국 주도권에 대한 견제, 그리고 그들이 주창해 온 동아시아공동체의 추진을 위한 외교적 목표를 달성하는 수단이기 때문이었다. 현재까지 일본의 FTA정책의 역점은 한국과 더불어 ASEAN 국가들과의 개별적 양자 FTA에 두어왔다고 볼 수 있다.

넷째는 반응적(reactive) 성격이다.[17] 그 상징적 사례는 일본이 최초로 시작한 FTA 교섭상대국과의 관계이다. 한국, 싱가포르, 멕시코과의 FTA 교섭은 모두 상대국의 제안에 응한 형태였다. 또한 2002년 이래의 적극적 행보 역시 아세안에 대한 중국의 선제행위에 대한 반응의 성격을 띠는 것이었다. 이러한 반응성은 일본이 갖고 있는 대내적 장애요인에서 비롯되는 측면이 있다.[18] 일본의 대외개방에 있어서 아킬레스건인 농업부문 개방이 문제되지 않는 싱가포르와 말레이시아, 한국, 농산물을 예외품목으로 처리할 수 있는 필리핀, 태국 등의 사례에서 보듯이 일본은 당장 하기 쉬운 상대를 골라 FTA를 추진하는 모습을 보여주고 있다. 그러나 이는 역으로 FTA의 본래적 효과를 간과하는 오류를 범하는 것이란 지적도 제기되고 있다.

요컨대, 일본에 있어서 FTA 추진의 동력(engine)은 강력하지 못하다. 기왕의 FTA 체결 사례는 이관되게 자유화의 정도가 낮은 수준의 FTA였던 사실에서 보듯이 FTA를 원하는 재계(수출업계)의 요구에 비해 시장개방에 저항하는 집단의 정치적 능력이 만만치 않기 때문이다. 이런 점에서 지난 수년간 일본이 기울여 온 FTA 노력은 기본적으로 FTA가 가져다 주는 기대효과와는 거리가 있다는 이른바 "조제난조(粗製亂造)"라는 비판이 제기되고 있다.

그렇다면 일본의 경우 FTA는 정치외교적 효과에 대한 평가가 주요한 관건이 될 것이다. 다시 말해서 낮은 수준의 FTA를 하면서 정치외교적 성과를 기대할 수 없다면 FTA의 추진은 크게 의미를 찾기 어려운 작업이 되기 때문이다. 일본이 갖고 있는 딜레마는 정치외교적 효과를 기대하며 진행하는 FTA가 오히려 정치외교적 긴장 때문에 진전되지 못하고 있다는 데 있다. 지역주의를 염두에 둔 FTA라면 우선적으로 한국과 중국이 파트너가 되어야 할 것이고, 경제적 효과를 염두에 둔다면 최대 수혜를 기대할 수 있는 국가는 단연 중국이다. 그럼에도 불구하고 한·중과의 외교적 마찰은 FTA 교섭의 진전을 방해하고 있다. 한국과의 FTA를 원하는 일본의 마음과는 대조적으로 중국에 대한 태도는 외교적 경쟁이란 전략적 상황을 반영하고 있다.

일본은 중국을 "'한·중·일+ASEAN' 경제연휴(經濟連携)를 형성하는 관점에서 장래 FTA의 가능성을 시야에 두면서 당장은 WTO 협정의 이행상황, 중국 경제의 동향을 포함한 일중관계 전체의 상황, 또한 WTO 뉴라운드 및 아세안, 한국과의 EPA/FTA 교섭의 결과 및 현실적 가능성에 의한 기준 등"을 종합적으로 놓고 판단하겠다는 대단히 조심스러운 태도를 견지하고 있다.[19] 이에 더하여 사실 일본의 입장에서 대중국 FTA의 경우 상품무역보다는 투자에 대한 제도적 조정(harmonization)이 필요하나 각 성마다 서로 다른 제도적 현실에서, 또 법치(rule of law)의 수준이 낮다는 평가 속에서 FTA가 양자 간 무역자유화에 얼마만한 의미를 가질 수 있을까 하는 의문도 제기하고 있다. 요컨대 일본은 중국에 대해 대단히 전략적인 판단으로 FTA를 고려하고 있는 것이다.

이와 더불어 일본은 FTA를 할 만큼 했다는 인식이 대두되고 있다. 동아시아지역의 틀 속에서 한국과 중국을 제외하면 대상은 결국 아세안 국가이며, 이들 중 주요 4개국(태국은 성사단계)과 FTA가 성사된 속에서 남은 것은 인도네시아 정도이다. 호주, 뉴질랜드, 인도 등이 뒤를 이을 것이지만 당장의 과제는 아니다. 미국으로부터 FTA 제안은 유보하고 있다. FTA 교섭에는 적지 않은 비용을 치러야 하나—많은 시간과 인력이 요구되나—이러한 행정적 비용에 비하면 얻는 실익은 크지 않다는 인식과 함께 글로벌, 다자협상과의 균형을 유지하려는 정책적 흐름도 일어나고 있는 것이 오늘의 현실이다.

2) 중국의 FTA 전략

1978년 개혁개방 이래 고도성장을 거듭해 대국의 길을 걷게 된 중국은 기왕의 전방위 독립자주 외교를 기본으로 하면서 1990년대 중후반부터 지역외교에 적극적인 관심을 보이기 시작하였다. 1997년 동아시아 금융위기 당시 위안화 평가절하 압력을 견뎌내면서 주변국 및 미국으로부터 존재감을 과시할 수 있었던 중국은 지역문제에 대해 "책임 있는 대국"임을 강조하면서 지역주의에 정책의 비중을 두기 시작했다.[20] 대미위협 인식의 증대 속에서 지역주의 정책은 대미관계의 불안정성에 대한 위험분산(hedging)의 성격을 갖는 동시에, 인접국들 간에 점증하는 중국 위협론을 억제하는 주요 수단이기도 하였다. 중국의 부상에 따른 딜레마(평화와 발전의 딜레마)를 타개하는 방법으로 자유무역권의 창설과 지역협력의 추진을 고려하게 된 시기가 바로 1990년대 말이었다.

물론 중국 역시 지구적 수준에서의 FTA 흐름에 동참함으로써 배제의 위기를 회피하겠다는 반응적 고려, 경제협력을 통한 경제적

부의 증대라는 목표가 작동해 왔다. WTO 가입 이후 각국과 경제협력을 진행할 수 있는 기회가 더욱 많아졌다는 인식 하에서 중국은 지난 5-6년 사이에 아시아지역을 중심으로 FTA를 적극적으로 추진하고 있다. 〈표 2〉에서 보듯이 중국은 아세안과 이미 FTA를 체결하여 2005년 7월부터 일부 내용이 발표되었고, 그밖에도 칠레, 뉴질랜드, 페르시아만협력회의(GCC), 파키스탄과도 FTA를 위한 논의를 시작했다. 한중일 FTA 논의도 그 중의 하나이다.

< 표 2> 중국의 최근 FTA 추진현황

대상국가(지역)	주요 내용
ASEAN	- 2005년부터 단계적 관세인하 및 2010년 완전자유화 실현을 위한 공식적 합의(2004년 11월 29일, 원자바오(溫家寶) 총리, ASEAN+1, ASEAN+3 정상회담)
칠 레	- FTA 공식협상 개시 선언 [2004년 11월 18일, 후진타오(胡錦濤) 주석 중남미 순방]
뉴질랜드	- FTA 공식협상 개시 임박 선언 [2004년 11월 19일, 후진타오(胡錦濤) 주석 APEC 정상회의]
GCC (페르시아만 협력회의)	- 중국-FTA 협상방법, 범위, 일정 등에 대한 논의 진행 [2004년 11월 23일, 후즈잉(傅自應)-Yusef Al-Sadoon 회담]
파키스탄	- 2004년 10월 18일 FTA 타당성 공동연구 합의 [탕자쉬(唐家璇)- Pervez Musharraf 파키스탄 대통령 회담]

▶ 출처 : 지만수, "중국의 FTA 정책" ; 김은국, "최근 중국의 FTA 추진현황"(KIEP 자료).

중국은 표면적으로는 FTA 추진 배경으로 경제적 상호 보완성이나 인접성 등 순수한 경제적 요소를 강조하지만, 동시에 동아시아에 있어서 FTA 추진 흐름 속에서 주도권을 확보해야 한다는 의도를 숨기지 않는다. 동아시아 역내 FTA의 주도권을 놓고 일본과 벌이는 경쟁에서 우위에 서려는 자세를 보이는 것이다. 일본과 싱가포르의 FTA 체결 협상은 중국이 ASEAN과 FTA를 서둘러 체결하게 하는 하나의 자극제가 되었고, 결국 2001년 아세안과의 FTA 선언이 이루어지게 된다.[21]

둘째는 아세안에 대한 중국 위협론의 해소란 측면이다.[22] 동아시아 금융위기 발생 이후 부각된 중국의 영향력에 대해 아세안 국가들은 위협을 느끼게 되었다. 대내직접투자의 흐름이 그들로부터 중국으로 전환되는 현상에 직면하여 아세안은 중국의 위협을 본격적으로 느끼게 되었다. 이에 대한 대응으로 중국은 아세안과의 협조적 관계를 모색하여야 했고, FTA가 주요 수단으로 부각되었다. 즉 FTA를 통해 국내시장을 ASEAN에 개방함으로써 보다 긴밀한 경제관계를 구축하고 위협론을 불식하고자 하는 의도가 작동한 것이다. 사실, 중국과 ASEAN 국가들 간에는 경제의 발전단계나 산업구조가 비교적 유사하여 상호 보완관계가 높지 않은 현실에서 FTA 체결에 따른 경제적 기대효과는 그다지 높지 않았던 것으로 평가된다. 그럼에도 불구하고 중국이 전향적으로 양보하면서 이들과 FTA를 성취한 데에는 이상과 같은 전략적 고려가 담겨져 있는 것이다.

셋째, 중국이 추진하고 있는 FTA 상황을 보면 에너지 자원과 식량 확보를 중시하고 있다는 인상을 받게 된다. 중국과 ASEAN이 FTA를 체결할 경우 중국은 ASEAN으로부터 주로 천연자원 수입이 확대될 것이고, 노동집약적 상품의 수출이 증대될 것으로 예측된다는 보고서가 있다. 즉 중국은 ASEAN과의 FTA 체결에서 경제적 측면에서는 에너지와 식량 등 원료 확보를 중시하고 있다. 중국이 상하이협력기구(SCO)(러시아 및 중앙아시아 지역의 석유와 천연가스 확보), 호주와 뉴질랜드(철광석, 곡물 등 확보), 라틴아메리카 일부 국가(석유와 광물자원 확보)와 FTA 협상을 진행 중인 것도 같은 맥락에서 이해할 수 있다.

종합하면 FTA 협상에 있어서 중국이 중시하는 FTA 체결 우선순위가 드러난다. 우선, 중국이 가장 중시하는 경제통합 지역은 소위 '대중화경제권(Greater China)', 즉 홍콩, 마카오, 대만이다. 중국은 홍콩과 마카오를 대상으로 WTO 협정보다 훨씬 유리한 특혜를 제공하는 경제무역관계강화협정(Closer Economic Partnership Agreement : CEPA)을 2003년에 체결했고, 그 협정은 2004년 1월부터 발효되었다. 이는 홍콩과 마카오 지역에서 제기되는 중앙정부에 대한 반발과 민주화 요구를 경제적 특혜조치를 통해 해결하려는 의도에서 나온 것이다. 또한 중국은 대만에 대해서도 대만 경제를 중국 경제에 종속시킴으로써 독립경향을 억제하기 위해 일종의 '통일비용' 차원에서 1980년부터 여러 가지 특혜조치(예를 들어, 내국인 대우 등)를 실시했고, 이는 지금도 지속되고 있다. 그 결과 중국과 대만의 경제관계는 더욱 밀접해졌고, 대만 경제의 대중국 종속도 심화되고 있다. 중국과 홍콩, 마카오, 대만을 잇는 대중화경제권 건설은 현재 상당히 진행된 상태로 볼 수 있다.

중국이 대중화권 다음으로 중요시하고 실제로도 최우선 FTA 추진지역으로 선정 및 추진하고 있는 지역은 앞서 언급한 대로 ASEAN이다. 이런 가운데 중국의 전문가들은 동아시아 지역 전체, 또는 한중일 삼국을 중심으로 한 동북아시아 FTA 체결은 최소한 당분간(10년 이내)은 실현 불가능하다고 판단한다. 한중일 FTA가 체결된다면 경제적인 면에서 중국에게 매우 큰 이익이 될 것을 알고 있지만 실현 가능성 면에서 그렇게 되기 쉽지 않다는 것이다. 여기에는 3국의 경제발전 수준 차이, 중일 간의 군사 · 안보적 대립과 갈등, 한일 · 중일 간의 역사문제, 그리고 미국의 반대와 미일 · 한미동맹 등의 미국 변수가 작용하기 때문이다. 대신 가장 현실성이 높은 것은 ASEAN과 한중일 3국이 각자 FTA를 체결하는 것이다. 즉 3개의 ASEAN+1 FTA가 존재하는 것이다. 이후 일정한 경험을 축적한 이후에 ASEAN과 한중일 3국이 하나의 FTA를 체결하는 것이다. 마지막으로 이것을 토대로 해서 아시아지역 전체를 대상으로 하는 FTA를 체결하는 것이다.

마지막으로, 한미 FTA에 대한 중국의 입장이 흥미롭다. 한미 FTA의 진전은 중국에게 도전이다. 특히 농산물 시장이 개방될 때 중국의 대한 농산물 수출은 타격을 받게 될 것이고, 그 타격은 지역적으로 동북3성 등 경제적으로 낙후된 지역이 입게 된다. 화개사회(조화사회)를 내걸고 있는 현 정권 입장에서 한미 FTA는 전략적 의미 못지않게 경제적 의미를 띠게 된다. 최근 중국이 한중 FTA에 적극적으로 나오는 이유는 여기에 있는 것으로 판단된다.

3) 미국의 FTA 전략

미국의 통상전략은 기본적으로 세계화의 추진 그리고 시장개방에 있어 왔으며, 그 수단으로서 WTO와 APEC에서의 다자협상과 일방주의적 보복을 동반하는 양자협상이 주류였다. 이런 차원에서 미국은 NAFTA를 예외로 하면 양자 FTA의 후발국이다. 2001년까지 미국은 이스라엘(1985)과 요르단(2001) 두 국가와 FTA를 체결했을 뿐이다. 1999년 APEC에서 뉴질랜드가 'Pacific 5'(싱가포르, 호주, 뉴질랜드, 칠레, 미국)를 제안했을 때 미국만이 이에 주저하여 진전되지 못했던 사례가 있을 만큼 미국은 FTA에 미온적이었다. 이스라엘과 요르단의 사례에서 보듯이 이는 경제적 실리의 차원이 아닌 전략적 상징성을 노린 것이었다. 반면 NAFTA는 분명 경제적 이익을 염두에 두면서 추진한 것이다. 미국에게 있어서 제1의 수출시장(캐나다)과 제3의 수출시장(멕시코)을 개방하려는 목적은 물론이고, 자동차산업의 경우는 생산설비를 멕시코로 이동시켜 그 저렴한 노동력을 이용하여 국제경쟁력을 획득하려는 의도도 게재되었다.[23] 또한 여기에는 당시 우루과이라운드의 정체를 타개하려는 의도도 개입되어 있었다.

미국이 양자 FTA에 적극적인 자세로 전환하게 된 것은 WTO와 APEC의 한계가 현저하게 드러나면서부터인 2001년경이었다. 부시 정부는 지구적 · 지역적 · 양자적 차원이란 3층위에서 경쟁적 자유화(competitive liberalization)를 추동하고자 하였다. 여기서 정책의 중심은 지구적 · 다자적 접근에 두고 양자 FTA로 이를 보완하려는 시도를 보이고 있다. 즉 양자 FTA는 다자 간 자유화로 수렴되는 수단으로 인식되는 것이다.[24]

미국은 지난 5년간 적극적으로 양자 FTA협상에 임하여 12개국과 FTA를 성사시켰다. 이들 대다수가 중남미국가(칠레, 엘살바도르, 온두라스, 니카라과, 과테말라, 코스타리카, 도미니카공화국)이며, 기타는 중동/이슬람국가(바레인, 요르단, 모로코)와 싱가포르, 호주 등이다. 이를 보면 미국은 지역주의를 강화하려는 의도로써 중남미국가와 전략적 접근을, 또 대테러전을 염두에 두면서 이슬람국가와 전략적 접근을 하고 있음을 알 수 있다. 미국에게 양자 FTA는 다자적 자유화를 위한, 즉 대형 무역협상을 위한 플랫폼의 의미를 갖는 동시에 전략적 고려의 대상이기도 하다.[25] 그럼에도 불구하고 역시 양자 FTA의 주 목표는 상대국의 시장개방을 통한 수출의 확대임은 두말할 나위가 없다.[26]

이런 점에서 한국은 미국에게 있어서 양자 FTA로는 최대 경제국(미국의 7번째 교역국)으로 그 경제적 효과는 이제까지의 FTA와는 비교할 수 없을 정도로 크며, 전략적으로도 한미동맹을 강화할 수 있는 수단, 동아시아 및 한국에서 중국의 점증하는 영향력을 견제할 수 있는 수단으로서 간주되기도 한다. 동아시아 지역주의가 제도화의 길을 걷는 추세 속에서 한미 FTA는 미국이 이 지역에 제도적 개입을 가능하게 하는 초석이 될 수 있다는 것이다.[27]

4. 한국의 FTA 전략

1) 중상주의의 정치경제

한국의 경제성장전략은 기본적으로 수출지향적 산업화(export-led industrialization)였다. 산업화는 남미형(혹은 이승만기)의 수입대체(import substitution)가 아니라, 세계시장으로의 진출을 의식적으로 염두에 둔 일본형의 수출 주도(export promotion)였고, 그 대내전략이 산업/금융정책적 개입이었다면 대외전략은 중상주의적 통상정책(import protection for export promotion)이었다. 더 많이 수출하고 더 적게 수입함으로써 무역차액을 확대하자는 사고인 중상주의는 정책적으로 국내적으로는 닫힌 시장, 국제적으로는 열린 시장을 원하는 이중적 조건을 원하는 것이었다. 그렇다면 중상주의적 통상정책의 성공여부는 특정한 대외적 조건, 즉 개방적 국제무역체제, 안정적 국제통화체제와 더불어 자국의 일탈행동(즉, 보호주의)이 일정하게 용인되는 외적 환경이 부여되는가 여부에 달려 있다고 볼 수 있다.

한국의 고도성장기는 제2차 세계대전 후 세계경제가 양적 · 질적으로 확대되는 시기와 대체로 중첩된다. 팍스 아메리카나라 불리는 이 시기에는 미국의 패권 하에서 제도적으로—GATT 체제 하에서—무역과 투자의 자유화가 진전되었고, IMF 주도 하에 국제통화체계의 안정이 이루어져 제조업을 중심으로 한 산업발전에 대한 안정적 조건이 제공되었으며, 개도국에 대한 국제적 지원의 틀(World Bank)도 마련되었다.[28] 다시 말해서 수출을 위한 외부환경이 구비된 동시에 냉전이란 지정학적 환경은 한국에게 미국의 시장과 기술에 대한 특혜적 접근을 가능케 하였다. 반공의 보루로서 한국은 동아시아지역에 있어서 미국의 지정학적 이익을 수호하는 역할을 담당하였고, 따라서 자유화의 흐름 속에서 수출시장으로서 미국 시장을 확보할 수 있었던 동시에 수입억제—즉 자유주의 레짐 하에서의 일탈행동—를 용인받을 수 있었다. 동북아에서 냉전이란 지정학적 환경은 한국에게는 미국에 더 많이 팔고 더 적게 수입할 수 있는 조건이었던 것이다.

< 표 3> 한국 통상정책의 변화추이, 1950-1980년대

	해방 이후 1950년대	1960-1970년대	1980년대
통상정책 기조	외자유입	중상주의적 정책	개방화/자유화 모색
통상정책 기본방향	-생존 위한 외자도입 -수입 위한 수출 -원조자금의 확보	-경쟁 위주 통상정책 -수출지원 · 수입규제	-자유무역정책으로 전환 모색 -통상마찰 심각화 -소극적 통상정책
통상정책 세부방향	-자원수출 통한 소요 외자 확보 -생필품 수입 확대 -다자협상에 무관심	-수출 통한 경제성장 전략 추진 -수입규제 및 국내산업 보호 -다자협상에 수동적 참여	-무역확대에 관심 -수입의 긍정적 측면 -통상마찰 해소 노력 -시장개방 확대 -APEC 발족에 기여

▸ 출처 : 외교통상부, 『중장기통상정책』, 1998.

2) 자유무역의 정치경제

1980년대 이후는 경제성장과 함께, 혹은 그 대가로 미국의 통상 압력에 본격적으로 노출되는 시기였다. 또한 한국은 다자주의협상에 적극적으로 임해야 했다. 다시 말해서 수출 확대를 위해서 수입 보호를 일정하게 희생해야 하는 단계에 진입한 것이다. 한국 경제성장의 단계(성숙단계)는 지구적 환경변화와 맞물리게 된다. 신자유주의적 세계화가 그것이다. 통상정책의 변화는 새로운 국내·국제적 환경 하에서 새로운 경제전략의 모색과 관련되는 과제였다. 이는 곧 기왕의 중상주의적 발전전략을 어떻게 할 것인가 하는 질문과 결부되는 것이다.

1990년대 들면서 점증하는 새로운 모색의 요청에 대해 한국은 능동적으로 대응하지 못하였다. 우루과이라운드 협상을 둘러싼 국내적 대립, OECD 가입 후 세계화 정책으로서 불균등한(uneven) 개방, 국내적 구조조정의 지연 등 지연된 대응은 미증유의 경제위기를 불러왔다. IMF 통치 하에서 한국은 금융시장의 개방과 더불어 "수입다변화조치"의 폐지 등 원치 않는 무역자유화를 추진하지 않을 수 없었다.

한국이 중상주의적 통상정책에서 벗어나 FTA를 추진하고자 한 시기는 바로 이때였다. 김대중 정부가 FTA를 통상정책의 주요 수단으로 인식하게 된 직접적인 계기는 IMF 관리체제로 상징되는 경제위기였다. '경제위기 극복을 위한 수출증대 방편으로서의 FTA 추진'이 그것이었다. 외환위기 극복이 절대과제였던 김대중 정부는 전 세계적인 지역주의 확산으로 인한 대외 수출여건의 악화를 방지하고, 국내시장 확대에 의한 투자증진효과를 얻기 위하여 적극적으로 FTA 체결을 추진키로 하였다. 또한 외환위기에서 벗어나기 위한 길로서 대내직접투자 유치가 사활적인 관건으로 대두되었고, FTA는 이를 위한 제도적 수단으로 인식된 측면도 있었다.

이러한 FTA 추진정책은 1998년 11월 국무총리 주재의 대외경제조정위원회에서 결정되었으며, 한국 FTA의 첫 상대국으로는 칠레가 지목되었다. 칠레를 첫 상대로 선택한 것은 무엇보다 칠레의 수출입 상품 구조를 볼 때 FTA로 인한 국내 사회경제에 대한 부담이 비교적 적을 것이며, 반면 칠레의 개방 정도를 고려할 때 FTA의 학습효과는 충분히 거둘 수 있으리라고 판단했기 때문이었다. 한-칠레 FTA는 1999년 9월 뉴질랜드 APEC 정상회의에서 이루어진 양국 정상들의 합의에 따라 그해 12월부터 정부 간 협상에 들어갔으며, 그 타결은 2002년 10월에 이루어졌다.

칠레를 첫 FTA 상대국으로 결정한 거의 같은 시기 일본과의 FTA 체결 논의도 진행된다. 1998년 말 한일 FTA 공동연구가 양국에 의해 개시되었고, 2000년 9월에는 '한일 FTA 비즈니스 포럼'이 설치되었으며, 2002년 3월에는 양국 간에 '산·관·학(産官學) 공동연구회'가 발족되어 정부 간 협상의 준비작업에 들어가게 된다. 세계 최대의 자본 보유국임과 동시에 세계 제2의 소비시장을 형성하고 있는 일본과의 FTA 체결은 한국에 필요한 대규모의 투자 유치와 수출 증대를 보장받는 최선책으로 여겨질 만한 것이었다. 더구나 한일 FTA는 동아시아 지역주의의 발전 토대가 될 것으로 평가되기도 하였다. 한일 FTA가 한중일 FTA, 그리고 동아시아 FTA로 확대될 수 있으리라는 막연한 기대가 존재했던 것이 사실이었다.

2002년 10월 칠레와의 FTA 협상이 타결된 후 정부는 그동안 비교적 조심스러웠던 FTA 정책에서 탈피하여 보다 과감한 추진을 결정한다. 소위 'FTA 확산정책'이 채택된 것이다. 이 정책은 2002년 12월에 개최된 대외경제장관회의에서 세계적인 지역주의 추세에 능동적으로 대처하고 한국의 FTA 효과를 극대화하기 위하여 여러 국가들과 FTA를 추진하기로 함으로써 공식화되었다. 따라서 이미 타결되었거나 진행 중인 칠레, 일본, 싱가포르 등과의 FTA 외에 멕시코, ASEAN, 중국, 미국 등과의 FTA, 그리고 더 나아가 동아시아 지역주의를 염두에 둔 한중일 및 동아시아 FTA도 공동연구 등을 통해 타당성을 검토한다는 정책방향이 결정되었다. 특히 FTA 확산을 동아시아 지역주의의 발전과 연계하여 추진한다는 구상은 주목을 끌 만한 것이었다. APT에서 한국은 동아시아비젼그룹(East Asian Vision Group : EAVG)과 동아시아 연구그룹(East Asian Study Group : EASG)을 통한 동아시아 자유무역지대(East Asian FTA : EAFTA)의 형성 제안 등을 통해 동아시아 지역협력 강화를 주도하고자 하였다.

노무현 정부는 기본적으로 김대중 정부의 통상정책을 계승하였다. 다만 차이점이 있다고 한다면 한편으로 FTA 정책이 보다 적극적 · 공세적으로 발전했다는 것이며, 다른 한편으로는 지역주의 정책이 동아시아가 아닌 '동북아'에 초점을 두어 재구성되고 있다는 점이다.[29] 외교통상부 내의 FTA국 발족과 동북아경제중심추진위원회 및 그 후신인 동북아시대위원회의 출범이 그러한 변화를 대표한다. 그러나 동북아로의 지역적 영역의 축소는 일관된 정책기조는 아니었다. 왜냐하면 한국의 FTA 정책이 동북아 FTA를 궁극적 지향점으로 삼은 것이 아니기 때문이다. 오히려 FTA는 지역주의 추진의 수단이라기보다는 전 세계를 상대로 한 무차별적 확장의 성격을 띠게 된다. 이를 재현하는 정책언어는 이른바 '동시다발적 FTA'이다.

노무현 정부는 2003년 8월 대외경제장관회의를 개최하여 한국의 FTA 추진 로드맵을 확정하였다. 이 로드맵에 따르면 한국은 향후 전 세계의 여러 나라들을 대상으로 소위 '동시다발적' FTA를 추진한다는 것으로서, 궁극적으로는 거대 선진 경제권인 미국, 일본,

중국, EU 등과의 FTA 체결을 지향하며, 그것의 성공적 추진을 위해 최종 타깃 국가들의 주변 국가들과의 FTA 체결에도 전력을 기울인다는 것이다. 현재 한국의 FTA 추진은 상당한 진전을 보여 칠레 및 싱가포르와의 FTA는 이미 국회에서 비준되었으며, ASEAN 및 EFTA와는 기본 협정안에 정식 서명을 마친 상태에 있다. 캐나다와는 6차 협상을 끝냈으며, 인도와는 4차 협상 중, 그리고 일본과는 6차 협상을 마친 후 중단상태에 있다. 2006년 현재 미국과의 FTA 협상을 진행하고 있으며, 그외에도 멕시코, 브라질, 아르헨티나, MERCOSUR, 중국 등과 FTA 체결을 위한 공동연구를 진행 중에 있다. 다음 〈표 4〉는 이러한 현황을 정리한 것이다.

〈표 4〉 한국의 FTA 추진현황

진행정도	협상국가	현재 진행상황
기체결된 FTA	한-칠레 한-싱가포르 한-EFTA	2004.04 발효 2005.12 국회비준안 통과 2005.12 협상타결 및 정식서명
정부협상 중	한-일 한-아세안 한-캐나다 한-미국 한-인도 한-멕시코	2004.11 제6차 협상. 현재 중단상태 2005.12 기본 협정안 정식서명 2006.10 제6차 협상 2006. 2 협상 개시 2006. 10 제4차 협상 2006. 10 제4차 협상
공동연구 중	한-멕시코 한-인도 한-브라질 한-아르헨티나 한-MERCOSUR 한-중 한-중-일	2005.08 제6차 전문가회의, 공동연구보고서제출 2005.08 제3차 공동연구 2004.11 공동연구 개시 합의 2004.11 공동연구 개시 합의 2005.08. 제2차 공동연구 2005. 향후 2년간 공동연구 추진 합의 2003년 3년 일정으로 공동연구 개시

5. 한국의 FTA 추진전략의 특징

1) 조급성과 임의성

한국에서 FTA 추진을 시작한 동력은 외환위기 극복을 위해 수출 확대와 해외직접투자를 유치해야 하는 절대적 과제에 있었다. 여기에는 또한 당시 동아시아 국가들 간에 공유된 이른바 "FTA 따라잡기"전략, 즉 유럽과 북미를 중심으로 진전되어 온 지역주의에 대한 대응으로서 의미도 내재되어 있었다. FTA 후진국으로서 시대적 흐름을 좇아야 한다는 조급함, 또 위기 극복을 위해 모든 수단을 강구해야 하는 급박함 속에서 FTA는 체계적인 접근보다는 조급성이 담긴 임의적 접근의 모습을 띠어왔다.[30] 다음과 같은 정부의 설명은 정책의 조급성을 잘 드러내 주고 있다. 정부는 "동시다발적 FTA 추진전략을 바탕으로 FTA 네트워크를 구축해 나가려 하며 … 이러한 전략을 채택한 가장 큰 이유는 그동안 지체된 FTA 체결 진도를 단기간 내에 만회하여 세계적인 FTA 확산추세에 따른 우리 기업들의 기회비용을 줄이기 위해서인데 … 차례차례 주요 교역과의 FTA를 추진할 경우 상당한 기간이 소요되며, 그동안 우리 기업이 해외시장에서 치러야 할 기회비용은 더더욱 증가할 수밖에 없기 때문"이라는 것이다.[31]

이러한 조급성은 정책을 임의적으로 추진하게 만드는 결과를 가져오기 마련이다. FTA는 전체적 전략을 수립한 위에서 추진되는 것이 아니라 임의적으로 추진되는 성격이 상대적으로 강했다. 정부의 공식적 FTA 추진 로드맵이 나온 것은 실제 FTA를 추진하기 시작한 1998년에서 5년이 흐른 2003년이며, 이것이 대외적으로 알려진 시기는 극히 최근이다. 다시 말해서 한국 정부는 상당기간 FTA 추진의 전략과 로드맵을 갖지 못한 상태에서 FTA 교섭을 진행해 온 것이다.

한편, 2003년 수립된 통상전략으로서 '동시다발적 FTA 전략'은 "여러 개의 FTA를 동시다발적으로 추진하여 발효시킴으로써 각 협상별로 부정적인 효과를 상쇄하여 전체 이익을 극대화할 수 있다는 장점"이 있어 "순차적으로 협상을 진행하는 것보다 한꺼번에 진행하는 것이 각 협상의 부정적 효과를 상쇄하여 무역수지의 균형을 잡아갈 수" 있다고 그 의미를 부여하고 있다. 그러나 이는 파생되는 부작용, 예컨대 스파게티볼 효과(spaghetti bowl effect), 중복과잉보상의 가능성 등에 대한 면밀한 검토, 더 나아가 전체적 시점에서 개별 FTA들에 대한 이익과 보상의 균형을 계산하는 고도의 전략적 판단이 전제되어야 하는 전략이다. 그러나 한일 FTA를 제외한 다수의 FTA는 치밀한 계산보다는 상황논리에 따른 조급한 결정과 과감한 실행이란 모습을 공통적으로 보여준다. 다시 말해서 동시다발적 FTA의 효과를 기하는 조직적인 정책 전개로 보기는 어렵다는 것이다.

이 동시다발적 FTA에도 일정한 로드맵이 세워져 있다. 다시 말해서 무차별적 다발전략은 아닌 것이다. 정부는 중장기적으로는 거대 · 선진 경제권과의 FTA를 지향하되 단기적으로는 거대 · 선진 경제권으로 가는 교두보가 될 만한 주변 국가들 중 협상 개시가 가능한 국가를 우선 선정하여 그들과의 FTA 체결을 먼저 추진한다는 점을 명시하고 있다. 거대경제권에 접근하기 위하여 이들의 주변 국가들과의 FTA 선 체결을 통해 교두보를 구축함과 동시에 거대경제권과의 직접적인 협상을 위한 국내외적인 여건을 조성해 놓는다는 것이다. 예를 들면, ASEAN을 겨냥하여 싱가포르와 미국을 겨냥하여 캐나다 및 멕시코와, 그리고 EU를 향하여 EFTA와 먼저 FTA를 체결한다는 것이 그것이다.

많은 진전을 보이고 있는 한-아세안 FTA는 이 원칙을 임의로 무너뜨린 사례이다. 로드맵에 따르면 아세안으로의 진출에 있어 교두보 국가는 싱가포르이다. 한국은 싱가포르와 교섭을 거쳐 협정문안에 가서명한 2005년 4월이 되기 이전인 2003년 8월 대외경제장관회의에서 ASEAN과의 공동연구 제안을 결정하였고, 2004년 3월 전문가회의 개최, 2005년 2월 제1차 공식협상을 개시하여 협상을 진행해 오고 있다. 이런 행보 뒤에는 중국과 일본이 경쟁적으로 아세안에 접근 FTA를 추진하자 한국이 소외될 수 없다는 상황논리에 근거하여 임의적으로 급속하게 추진하는 사연이 있다. 또 다른 사례로 인도는 애당초 로드맵상 교섭대상이 아니었으나 2004년 5월 단기 FTA 추진국으로 확정하여 현재 정부 간 제4차 협상의 단계에 와 있다. 그러나 무엇보다도 FTA 로드맵에서 결정적으로 벗어난 사례는 현재 뜨거운 논쟁의 중심에 있는 한미 FTA이다. 미국은 애당초 거대경제권으로서 멕시코나 캐나다 등 교두보 국가와의 FTA 이후 고려되는 중장기 추진대상이었다. 그러나 2006년 2월 미국과의 FTA 협상이 급작스럽게 추진되는 속에서 기존의 캐나다 및 멕시코와의 교섭은 뒤로 밀려난 형편이다.

2) 탈지역주의적 경향

김대중 정부는 동아시아 FTA를, 노무현 정부는 동북아시대를 주창한 바 있다. 그러나 이러한 지역주의는 수사의 차원에 그치고 있다. 애당초 한국은 칠레와의 FTA로 시작하였고, 지역주의가 FTA 추진의 로드맵으로 작용하지 못하고 있다. 이는 FTA를 지역주의 추구의 일환으로 명시한 일본과 중국의 경우와 대별된다. 사실 한국의 동시다발적 FTA 전략은 탈지역적 성격을 보이고 있다. FTA의 궁극적 목표는 거대경제권으로의 진출이며, 따라서 동아시아뿐만 아니라 미주 및 유럽, 남미가 모두 대상이 되고 있다. 이를 위해 교두보 국가와의 FTA를 추진해야 하므로 단기적으로도 지역을 넘는 FTA를 다발적으로 추진하고 있는 것이다.

이는 역으로 일본과 중국이 전략적으로 FTA를 고려하고 있음을 의미하는 동시에 한국은 경제적 효과, 즉 수출시장의 확보란 차원에서 FTA에 접근하는 경향성을 보여주는 것이다. 한미 FTA 역시 한미동맹의 강화를 기하는 전략적 효과를 기대하고 있는 동시에 미국시장에의 접근 및 국내 서비스 시장의 경쟁력 강화란 경제적 효과에 경도되어 있음을 알 수 있다.

3) 국내협상 부족

FTA가 조급하고 임의적으로 추진되는 만큼 국내 이해당사자들과의 협상이 상대적으로 소홀하게 되는 것은 필연적이다. 현 정부의 동시다발적 FTA 원칙이 수립된 이후 FTA 교섭의 과잉이 일어나고 있다. FTA는 양면게임이란 대단히 큰 시간적 · 물리적 비용을 지불하는 프로젝트여서 한 국가가 원활히 FTA를 수행할 수 있기 위해서는 동시추진의 숫자가 제한적일 수밖에 없다. 조제남조(粗製濫造)의 우려가 나오는 것은 바로 이 때문이다. 이 과정에서 국내 이해당사자들과의 협상은 상대적으로 소홀하게 될 수밖에 없다. 사실 국내협상의 중요성은 2003년 한-칠레 비준을 놓고 극심한 홍역을 치른 이후에 본격적으로 제기되었다. 이후 일본과의 협상을 거치면서 국내협상의 문제는 더욱 확대되어 지적되고 있음에도 불구하고 현재 추진되고 있는 한미 FTA 협상의 경우 여전히 이 문제가 제기되고 있는 형편이다.

4) 거버넌스 역량의 한계

실제 정부가 국내협상의 중요성을 인지하고 나서더라도 복수의 국내 이해당사자들과 효과적인 협상을 위해서는 일정한 제도적 조건이 요청된다. 거버넌스 역량(governance capability)이 그 하나이다. 분산된 행위자들을 상대적으로 수평적이고 유연한 네트워크로 엮어 통합과 조정을 이루어내는 능력을 말한다. 이는 정책 네트워크(policy network)로도 표현된다. 이는 "특정한 정책목표의 해결을 위하여 분산된 자원을 동원하는 비교적 안정적이며 지속적인 그물망(Marin and Mayntz 1991, 36)"이다.[32] 여기서 특정한 목표(goal)를 성취하기 위해 행위자 혹은 조직들은 자원을 교환해야 하며, 그들 간의 상호 의존적인 관계를 그물망의 형태로 형성하고 상호작용하는 것이다. 예컨대, FTA 추진이란 목표 하에서 국가는 개방에 영향을 받는 다양한 사회세력과 정당, 국가 내 부처들은 서로 상호 의존적 관계의 그물망 속에서 협조와 조정을 이끌어내는 능력을 보여야 한다.

노무현 정부에 들어서 발생한 일련의 사건들—화물연대파업, NEIS 구축 논란, 원전센터 건립 논란, 한-칠레 FTA 반대시위, 국가보안법 파동, 천성산 및 사패산 사건, 한탄강댐 건설사례 등—을 보면 국가의 사회조정 및 통합능력은 대단히 취약한 것으로 보인다. 극단적으로 말해서 참여는 있되 조정은 없는 현실이 그것이다. 한미 FTA에서 보여지는 국내협상의 부족은 정부의 관심 부족이란 측면도 있지만 보다 근본적으로는 정부역량, 즉 거버넌스 역량의 한계에 기인한다. 이런 속에서 사회세력들은 제도권에 진입하여 문제를 해결하려 하기보다는 재야에서, 거리에서 압력을 가하는 노선을 선택하기 마련인 것이다.

쿡과 모건(Cooke and Morgan)이 지적하듯이 정책적 혁신(innovation)은 단순히 개인적(entrepreneurial) · 기업적 · 산업적 · 관료적 현상이 아니라 보다 넓은 체계적 현상이다. 다시 말해서 한 사회의 거버넌스 역량은 국가뿐만 아니라 개별조직 및 제도 간의 결사능력(associative capacity) 혹은 네트워킹 능력에 달려 있다.[33] 예컨대 사회집단 역시 조직화의 정도, 결사능력의 정도가 상대적으로 향상되어야 정부의 거버넌스 역량 혹은 정책 네트워크 역량이 향상되는 것이다. 이런 점에서 볼 때 한국에 있어서 FTA의 대내협상은 결코 호의적이지 않은 제도적 환경에 직면해 있다고 볼 것이다.

6. 결론 : 이론적 · 실천적 함의

앞서 언급하였듯이 FTA 추진을 통해 본 한국의 통상정책은 분명히 자유화와 개방으로 전환하고 있다. 21세기 한국은 중상주의를 넘어 자유주의적 통상정책을 추진하고 있다. 문제는 동시다발적 개방이 수반하는 사회적 동의의 부재이다. 오래 전 폴라니(Karl Polanyi)가 날카롭게 지적하였듯이 시장화는 사회적 긴장을 불러오기 마련이고, 따라서 사회의 동의를 요구한다. 사회의 동의가 결여되어 있는 조건 하에서 개방의 진전은 강력한 사회적 저항을 초래하게 된다. 한국사회는 개방과 시장화를 받아들일 자세가 구비되어 있지 못하다. 다시 말해서 정부와 사회 간의 철학적 · 정책적 괴리가 존재하는 것이다. 이 괴리를 메워줄 수 있는 것은 한국사회의 결사능력, 그리고 정부의 거버넌스 능력이다. 그러나 앞서 예를 보았듯이 정부의 거버넌스 능력과 사회의 결사능력은 과거 고도성장기 한국의 이미지와 달리 상당히 취약하다. 민주화와 탈산업화/정보화, 세계화를 겪으면서 이런 능력이 취약해지고 있고, 이는 FTA 추진사례를 속에서 여실히 드러나고 있다.[34]

현재 정부가 추진하고 있는 한미 FTA가 성사될 경우, 한국은 사회적 합의가 충분히 이루어지지 않은 채 전면적 개방의 길로 갈 것이다. 앞서 언급한 대로 한국은 중국 및 일본과의 FTA 협상으로 이끌려 갈 가능성이 대단히 높다. 중일 양국은 한미 FTA 체결에 따른 무역전이효과(trade diversion effect)를 우려하여 적극적으로 FTA를 요구할 것이며, 한국이 이를 거절할 명분은 쉽게 찾아지지 않을 것이다. 그렇다면 한국은 긍정적으로 보면 동북아에 있어서 'FTA 허브'의 위상으로 발돋움할 것이고, 부정적으로 보면 'FTA 소용돌이'에 말려들 것이다. 전자는 외교전략적 이득, 후자는 국내정치적 손실의 의미를 갖는 것이다. 전자, 즉 개방을 선도하는 "모범의 전략(lead by example)"은 한국이 소프트 파워(soft power)를 얻는 주요한 원천이 될 수 있지만 여기에는 국내적 조건이 마련되어져야 한다. 미, 일, 중이라는 세계 3대 경제대국과의 FTA를 내부에서 감당하지 못하고—사회적 동의를 얻어내지 못하고—극심한 조정비용을 지불하게 될 경우, 이는 오히려 한국의 소프트 파워를 축소시키는 원천으로 전화될 것이다.

그렇다면 향후 어떻게 대응해야 할 것인가? 첫째, 전략 차원에서 요구되는 과제는 앞서 언급한 세 가지 부정적 요인(조급성과 임의성, 대내협상 부족, 거버넌스 역량 부족)을 시정하는 일이다. 이는 일차적으로 전방위, 동시다발적 FTA 전략에 대한 수정으로부터 시작된다. 기본적으로 FTA 협상은 상당한 시간과 인적 · 물적 투자를 요구하는 프로젝트이다. 이는 한편으로는 상대방의 의도와 능력을 면밀히 관찰하고 손익계산을 하는 대외협상의 측면과 국내 이해당사자와의 사전협의와 조정 · 타협을 하는 대내협상을 동시적으로 진행하는 프로젝트이다. 따라서 이를 동시다발로 추진한다는 것은 한국이 이제까지 성사시킨 칠레와 싱가포르 FTA 등 소형 FTA의 경우는 가능할지 몰라도 2006년 12월 현재 걸려 있는 대형 FTA 상대국(미국, 중국, 일본, 캐나다, 멕시코, 인도 등)과의 동시적 추진은 부실 혹은 조제남조를 낳을 가능성이 높음을 의미한다.

충실한 대내협상을 위해서도 FTA 대상국의 우선순위가 가려져야 한다. 이는 다시 말해서 적어도 대형 FTA의 경우는 동시다발형(big push)으로부터 순차형(linkage)으로의 전략적 전환을 요구하는 것이다. 순차형 전략에서 협상국의 순서 정하기는 핵심적 사안이다. 수순에 따라 결과가 크게 달라질 수 있기 때문이다. 예컨대, 중국과 미국을 대상국으로 삼을 경우, 중국은 전략적으로 낮은 수준의 FTA를 추진해 왔으며, 한중 FTA의 경우도 농수산물 부문의 예외조항을 허락하는 낮은 수준의 FTA를 제시해 왔다. 반면 미국은 대단히 고수준의 FTA를 추진해 온 것으로 정평이 나 있다. 만일 중국에 이어 미국과 FTA를 추구하는 경우, 한국은 중국과 상대적으로 저수준의 조정비용을 치르면서 차후 미국과의 협상에 임할 수 있는 반면, 미국에 이어 중국과 FTA를 추구하는 경우 미국에 대한 고수준의 개방이 초래하는 무역전이효과를 고려하여 중국 역시 한국에게 고수준의 개방을 요구하는 FTA를 추진할 가능성이 높다. 그렇다면 한국은 심대한 조정비용을 지불해야 할 것이다. 이런 점에서 대형 FTA 간의 순서정하기는 경제적 · 외교적 · 국내정치적 조정비용을 고려한 면밀한 전략적 분석이 요구되는 과제이다.

둘째로 중요한 점은 정해진 로드맵의 실천이다. 스스로 만들어 낸 로드맵 따로, 현실논리 따로 간다면 전략은 부재한 것이나 다름없다. 2003년 로드맵은 대외홍보도 부족했을 뿐만 아니라 그 실행은 구상과 상당한 괴리를 보여왔다. 로드맵의 실천으로 정책의 예측 가능성(predictability)이 높아질 때 사회적 지지가 담보될 수 있다. 이 점에서 로드맵을 충실히 이행해 온 일본이 귀감이 될 수 있다.

셋째는 전략의 기반이 되는 철학적 차원의 문제이다. 이는 시장개방에 대한 근본적 성찰과 관련된다. 왜 FTA를 해야 하는지에 대한 주체적 성찰이다. 남들이 하고 있고 뒤쳐지고 있다는 "따라잡기 의식(catch-up mentality)", 수출시장을 확보하지 않으면 생존할 수 없다는 절박함으로 FTA를 추구할 때 중상주의(사실상 보호주의)적 국익추구 경향으로 FTA에 접근하는 오류에 빠질 가능성이 있다. 더 적게 개방하고 더 많이 얻고자 하는 것이 FTA 협상의 모든 것이지만, 이 속에는 기본적으로 시장개방을 통한 윈-윈(win-win)의 결과를 기하는 자유주의적 철학이 깔려 있어야 한다. 시장에 대한 기본적인 믿음이 전제하지 않는다면 의미 있는 FTA 전략은 성립될 수 없다. 협상에서의 밀고 당기기는 개방의 폭과 속도를 조절하자는 것이지 자기는 개방 않고 상대방을 개방시켜 수출시장을 확보하겠다는 FTA 협상이어서는 곤란하다. 그럴 경우 결국 FTA 경쟁에서 뒤쳐지고 고립되게 될 것이다.

시장개방이 영미식 자본주의로의 수렴이라 단정할 수 없다. 경제적 거래에 있어서 시장 메커니즘(가격기구의 작동)의 확대는 기존 제도와의 복합화 과정을 통해 국가별로 서로 다른 모습으로 드러나고 있으며, 이는 "자본주의의 다양성(varieties of capitalism)"론으로 확인되고 있다. 보호장벽을 낮추어 시장 메커니즘을 확대하되 특정 사회가 지향하는 사회적 가치를 지켜나갈 여지는 현실적으로 존재한다. 여기서 경계해야 할 점은 이러한 주장이 개인 혹은 집단이기주의(자기이익 보호)를 포장하는 도구로 이용되지 않도록 하는 것이다.

끝으로, 이러한 과제는 현명한 리더십에 의해 수행되어질 수 있다. 전략의 수립능력 그리고 이해당사자들을 그물망으로 엮어내는 거버넌스 능력은 일차적으로 관료의 일이지만, 민주사회에서 관료는 국민의 주권을 위임받은 정치가(선출직 정치가)에 의해 감시되고 훈육되어진다. 정치의 리더십이 요청되는 것은 이런 까닭이다. 1998년 FTA 정책의 시발, 2002년 FTA의 확산정책, 2003년 FTA 로드맵 그 어느 하나도 정치가 혹은 국회에 의해 사전적 혹은 사후적 감시가 이루어지지 못하였다. 지난 10개월간 한미 FTA가 온 사회를 뜨겁게 달구어 왔음에도 불구하고 국회가 이를 공론화하여 진지하게 검토했다는 얘기를 들어본 적이 없다. 이는 관심의 부재라기보다는 난제(뜨거운 감자)를 떠안지 않으려는 일종의 책임회피로도 보여진다. 제도권 정치의 부재는 길거리 정치를 가져오게 마련이다. 한미 FTA의 전도는 극히 불투명하다. 그러나 한국에게는 앞으로 여러 대형 FTA 협상이 기다리고 있다. 또 한미 FTA가 불발되더라도 한국이 FTA를 통상정책의 중심으로 추구하는 한 미국과는 결국 다시 만나게 되어 있다. 보다 긴 시간틀 속에서 개방의 철학과 수순을 모색하여야 하며, 그 주체는 관료가 아닌 선출직 정치 리더이다.

주

1_ GATT/WTO에서는 지역무역협정을 RTA라 하여 이 속에 FTA와 관세동맹을 포함하고 있으나 이들 대부분이 FTA이며, 특히 동아시아의 경우 FTA가 RTA의 동의어가 되고 있어 이하 FTA로 통일하기로 한다.

2_ AFTA는 발족 후 10년 후인 2002년 완성되었다.

3_ Kevin Cai, "Is Free Zone Emerging in Northeast Asia in the Wake of the Asian Financial Crisis?" *Pacific Affairs*, 74(1), pp. 7-24 ; W. Dobson, "Deeper Integration in East Asia," *World Economy*, 24(8); D. Webber, "Two Funerals and a Wedding? The Ups and Downs of Regionalism in East Asia," *Pacific Review*, 14(3).

4_ Naoko Munakata, "Has Politics Caught Up with Markets?" Peter Katzenstein and Takashi Shiraishi (eds)., *Beyond Japan : Dynamics of East Asian Regionalism*(Ithaca : Cornell University Press, 2006), pp. 145-46.

5_ Munakata(2006), p. 146.

6_ 통화부문에서의 협력이 그 대표적 사례이다. Richard Higgott, "From Trade-Led to Monetary-Led Regionalism," UNU/CRIS e-Working papers 2002-1 ; T. J. Pempel, "East Asia Institutionalizes Finance," Paper presented at Conference on "Regionalization and the Taming of Globalisation?" held by CSGR at the University of Warwick, October 2005.

7_ Christopher Dent, "Networking the Region," *The Pacific Review*, 16(1) (2003), p. 11.

8_ Dent(2003), p. 7 ; Dobson(2001), p. 1004.

9_ 經濟産業省, 『2001年 通商白書』.

10_ 外務省, 『日本のFTA戰略』

11_ 經濟産業省, 『2003年 通商白書』.

12_ 예컨대, 浦田秀次郎 編, 『日本のFTA戰略』(日本經濟新聞社 2002); 浦田秀次郎 編, 『東アジアのFTA戰略』(日本經濟新聞社 2004) ; 渡邊利夫, 「東アジア經濟連携の時代」(東洋經濟新報社 2004).

13_ 한국과의 FTA 협상은 2004년 11월 중단되어 아직까지 재개되지 못하고 있다.

14_ 2002년경 이래 통산성(차후 경산성)이 제시한 동아시아 비즈니스권 구상이란

지역적 다자주의 구상에 외무성이 지속적으로 반대해 온 이유는 다자주의보다 양자주의에 의한 FTA 추진이 전략적 관점에서 우선시되어야 한다는 것이었다. 이 논쟁은 결국 외무성의 승리로 귀착된 것으로 보인다.

15_ 外務省, 『FTA/EPA 推進の基本方針』(http : //www.mofa.go.jp/mofaj/gaiko/fta/pdfs/kyotei_0602.pdf)

16_ 渡辺利夫, 『東アジア市場統合の道』(東京 : 勁草書房, 2005), p. 53. 또한 김호섭, "아시아경제위기 이후의 일본의 지역주의 : 한일자유무역협정 논의의 전개를 중심으로," 『한국정치학회보』(2001 봄), pp. 253-67.

17_ 일본의 통상정책에 있어서 반응적 성격에 관해서는 Kent Calder, "Japanese Foreign Economic Policy Formation : Explaining the 'Reactive State'," *World Politics,* 40(Jury 1988) 참조.

18_ 최태욱, 『세계화시대의 국내정치와 국제정치경제』(한국학술정보 2003), 특히 제3부. 또한 김호섭, "일본의 FTA정책과 국내정치," 『일본연구논총』 제19호(2004).

19_ 外務省, 『日本のFTA戰略』.

20_ Gerald Segal, "Overrating China is a Bad American Habit," *International Herald Tribune*(June 22, 1998), p. 8 ; Gerald Baker, "Fed Official Confident over China Currency," *Financial Times*(June 24, 1998), p. 4.

21_ Munakata(2006), p. 151.

22_ David Shambaugh,"China EngagesAsia," *International Security,* Vol. 29, No. 3(Winter 2004/05), pp. 75-6.

23_ Ronald Cox, "Explaining Business Support for Regional Trade Agreements," Ronald Cox (ed.), *Business and the State in International Relations*(NY : Westview 1996).

24_ Atsushi Yamada, "The United States' Free Trade Agreements," Jiro Okamoto (ed.), *Whither Free Trade Agreements?*(Chiba : Institute of Developing Economies, 2003), p. 139.

25_ Dent(2003), p. 19.

26_ USTR 홈페이지(http : //www.ustr.gov/assets/Document_Library/Fact_Sheets/2006/asset_upload_ file289_9645.pdf)

27_ Mark Manyin and William Cooper, "The Proposed South Korea-U.S. Free Trade Agreement," CRS Report for Congress, May 24, 2006, p. 9.

28_ 伊藤 修, "高度成長の國際環境と日本型經濟システム," 澁谷博史 外 編, 『市場化とアメリカのインパクト』(東京 : 東京大學出版會 2001), pp. 61-84. 전후 미

국패권에 의한 값싼 석유의 공급과 세계 자본주의 팽창의 관계에 대해서는 Daniel Yergin, *The Prize*(NY : Touchstone, 1991).

29_ 최태욱, "한국의 동북아통상정책에 대한 중국과 일본의 의미"(미발간보고서, 2006).

30_ 정책수행에 있어서 조급성과 임의성은 비단 통상정책뿐만 아니라 산업정책 전반에 걸친 특징이기도 하다. 이런 측면을 강조한 대표적 저작으로 하용출, "산업화와 한국관료제의 탈관료화," 『정신문화연구』 19(1) (1996).

31_ http://www.fta.go.kr/fta_korea/policy.php

32_ B. Marin, and R. Mayntz, *Policy Network : Empirical Evidence and Theoretical Considerations*(Frankfurt : Campus-Verlag 1991), pp. 36.

33_ P. Cooke and K. Morgan, *The Associational Economy : Firms, Regions, and Innovation*(Oxford : Oxford University Press, 1999).

34_ 손열, "IT시대와 국가-시장-시민사회의 협치"(정보통신정책연구원 21세기 메가트렌드 시리즈 II 05-13, 2005).

4

한국의 FTA 정책과 이익집단정치

최태욱(한림대학교 국제학대학원 부교수)

* * *

FTA 정책의 성공적 추진을 위해서는 국제협상 못지않게 국내협상을 잘 이끌어내야 한다. 국내협상이 원활하게 이루어지기 위해서는 사회-정부 간 의사소통 채널이 제대로 작동되어야 한다. 특히 FTA 반대세력과의 의사소통은 매우 중요하다. 그것이 안 될 경우 사회적 저항과 반발로 인해 FTA 추진 자체가 어려울 것은 물론 잘못하면 사회적 불안과 정치적 혼란이 야기될 수도 있다. 대의제 민주주의에서 사회와 정부 사이를 매개하는 가장 중요한 채널은 물론 정당이다. 사실 정당의 제일 기능은 이러한 매개자 역할을 수행함으로써 사회통합을 유지케 하는 것이다. 그런데 한국의 정당들은 이 기능을 제대로 수행하지 못하고 있다. 주요 정당들이 이념이나 정책보다는 인물이나 지역 중심으로 형성되어 운영되고 있기 때문이다. 그렇다고 합헌적인 비정당적 채널이 제대로 작동되고 있는 것도 아니다. 더구나 농민이나 노동 등과 같은 사회경제적 약자집단들이 상시적으로 활용할 수 있는 비정당적 채널은 거의 존재하지 않는다. 결국 약자집단들에게 남아 있는 채널은 데모, 파업, 파괴, 폭동, 테러 등과 같은 소위 '강압적 채널'뿐이다. 이러한 채널 미비의 문제는 한-칠레 FTA 추진과정에서 그대로 드러났다. 농민단체들로 구성된 반FTA 집단은 강압적 채널을 가동키 위해 연일 거리로 나섰다. 정치사회적 혼란과 불안은 당연한 결과였다. 이러한 현실은 최근 정부가 급속도로 추진하고 있는 한미 FTA에 대해 깊은 우려를 낳게 한다. 사회세력들의 이익표출과 집약기제는 여전히 미비한 상태이나, 미국과의 FTA 추진과정에서 발생할 사회적 저항과 반발은 칠레와의 경우와는 비교가 안 될 정도로 거세고 대규모적일 것이 확실하기 때문이다. 이 조건 하에서라면 한국사회의 혼란상은 이미 예정된 것이나 다름없다.

이 문제를 해결해 줄 수 있는 가장 효율적이고 궁극적인 방안은 이론과 경험이 공히 증명하듯 정당의 제 기능을 회복시키는 일이다. 정부-사회 간 의사소통 채널의 제도화가 필요하며, 그것은 바로 정당의 구조화를 통해 완성할 수 있다는 것이다. 한국의 FTA 확산정책이 순조롭게 진행되기 위해서는 이념과 정책 중심의 정당 구조화 작업이 선행되어야 한다.

주제어 : 자유무역협정, 이익집단정치, 한-칠레 FTA, 한-미 FTA, 정당정치, 국내협상

1. 들어가는 말

FTA는 국내정책적인 성격이 매우 강한 대외경제정책이다. 사회세력들이 FTA 체결의 승자와 패자로 분명히 나뉘어져 그들 사이의 정치적 갈등과 대립이 첨예화되기 때문이다. 따라서 민주국가에 있어 FTA 정책의 성공적 추진은 국제협상보다는 국내협상에 달려 있는 측면이 강하다. 그리고 그 국내협상의 주 대상은 일반 시민들보다는 FTA 정책에 대한 분명한 선호를 갖고 있는 조직화된 이익집단들이다. 결국 FTA의 추진은 이익집단정치와 밀접하게 연관되어 진행된다는 것이다. 본고에서는 FTA 정책을 둘러싼 정부와 이익집단들 간의 정치적 관계를 양측 간에 존재하는 의사소통 채널을 중심으로 살펴보고자 한다.

FTA 정책에 대하여 분명한 선호를 갖고 있는 이익집단들은 무수할 것이나 그들 중 의미 있는 정책 영향력을 행사할 수 있는 집단은 소수에 불과하다. 어느 나라에서나 그렇듯이 한국 이익집단들의 개별적 정책 영향력은 천차만별이다. 그들의 정책 영향력을 결정하는 가장 중요한 변수 중의 하나는 바로 정부와의 효과적인 의사소통 채널의 확보 정도이다. 다시 말해서 정부에 대한 정치적 접근(political access) 기제가 무엇이며 그것이 어느 정도 잘 가동되는지에 따라 각 이익집단들의 정책 영향력은 달라진다는 것이다. 각 집단들이 확보할 수 있는 정치적 접근 정도를 큰 틀에서 규정하는 것은 물론 정치제도이다. 한국의 FTA 정책을 설명하고 예측하면서 이익집단 변수와 함께 정치제도 변수를 고찰해야 하는 이유는 여기에 있다.

이하에서는 우선 2절에서 한국의 정부-사회 간 관계를 의사소통 채널의 개설 정도를 중심으로 하여 개괄하고, 거기서 밝혀진 일반적 문제점들이 실제 FTA 정책의 수립과 추진과정에 있어 구체적으로 어떻게 나타나는지를 3절에서 한-칠레 FTA를 사례 삼아 알아본다. 그리고 4절은 이 사례연구에 기초하여 한국의 FTA 정책이 순조롭게 추진될 수 있는 국내조건 중의 하나가 정부-사회 간 의사소통 채널의 제도화이며, 그것을 위해서는 궁극적으로 정치제도의 개혁이 필요하다는 주장을 펼친다. 마지막인 5절은 이상의 논의가 한미 FTA 사례에 주는 시사점을 짚어보며 이 글을 맺는다.

2. 한국의 정부-사회 간 관계

1) 정당 채널의 미비

민주국가의 정부-사회 간 관계를 논할 때 논자들의 관심은 당연히 정당의 역할에 집중된다. 정부와 사회세력들 간을 연결하는 핵심 고리는 정당이기 때문이다. 정당은 사회의 제 세력들이 표출하는 다양한 이익과 요구들을 집약하여 그것들을 정책 대안으로 전환시키는 역할을 한다. 대의민주주의 정책결정 과정의 요체인 사회세력들의 이익표출과 그것의 집약과정이 정당을 중심으로 하여 일어난다는 것이다. 사회와 국가를 연결해 주는 이러한 매개자 역할로 인해 정당은 사회통합의 유지기능을 담당하는 핵심 존재로 평가받게 된다.

FTA 정책과 관련하여서도 정당이 자신의 역할을 제대로 수행할 수 있다면 FTA로 인한 사회분열이나 정치적 혼란상황은 상당 부분 미연에 방지할 수 있을 것임은 물론이다. FTA를 찬성하는 쪽이나 반대하는 쪽 모두 자신의 이익을 대변해 주는 정당을 향하여 자신들의 선호를 분명하게 표출하고, 정당은 다시 그 선호가 정책결정과정에 반영될 수 있도록 정치권력을 행사할 것이기 때문이다. 물론 정당체계의 완비에도 불구하고 이익집단들은 여전히 정당외적 채널을 사용하여 자신들의 이익을 표출해낼 때가 있다. 유럽의 정치 선진국들에서도 이익집단들의 정책 관련 시위나 집회는 흔히 목격되는 바이기도 하다. 그러나 그것은 (기존의 정책 채널이 작동되지 않는 비상시가 아니라면) 어디까지나 보완적 혹은 상징적 정책활동에 불과할 뿐임을 잊어서는 안 된다.

2004년 민주노동당(민노당)이 국회에 진입하기 이전까지 한국의 정당체계는 이념적 측면이나 정책적 특성에 큰 차이가 없는 인물이나 지역 중심의 정당들로 이루어져 있었다. 산업화와 민주화를 거쳐 이미 상당 정도의 다원주의 사회로 발전한 한국의 정치경제 현실에 부합하기 어려운 전근대적 정당체계가 유지되고 있었다는 것이다. 이익집단들의 수와 종류는 날이 갈수록 늘어갔고 그들이 표출해내는 이익은 다종다양한 것이 되었지만, 한국의 정당체계는 도저히 그들의 이익을 수용해낼 수 있는 능력을 갖추지 못하였다. 정당들은 압력이나 정책 건의 등으로 나타나는 이익집단들의 이익표출을 다룰 수 있는 조직구조도 갖추지 못했고 그러한 일을 담당할 전문가도 확보하지 못했다.[1] 그러한 정당들이 이익집단들을 위한 이익집약 기능을 제대로 수행했을 리는 더욱이 없었다. 결국 한국의 정당들은 이익집단들과는 별 상관없이 존재하고 있었다는 의미이기도 하다. 애당초 한국의 정당체계는 이익집단들과의 연계 속에 형성되었거나 유지되었던 게 아니었다. 한국의 정당들은 이익집단들의 정책 선호 패턴이나 이념 지향에 민감하기보다는 지역과 인물에 중심을 둔 정치행위에만 몰두하였다. 이익집단들이 정당을 상대로 한 이익표출에 큰 관심을 기울이지 않는 이유이기도 하였다.

민노당이 국회의석을 몇 석 차지했다고 해서 한국의 현 정당정치 구조가 과거와 전혀 다른 것이라고 생각하는 것은 오판이다. 민노당은 원내 교섭단체도 구성하지 못하는 군소 정당에 불과할 뿐이며, 현 선거제도가 유지되는 한 민노당과 같은 이념 혹은 정책정당의 미래 의석이 증대될 것을 기대하는 것도 무리한 일이다. 한마디로 현 상황 하에서의 이익집단정치 역시 과거와 다를 바가 별로 없다는 것이다. 그렇다면 정당정치를 통한 이익표출과 집약이 제대로 이루어지지 않는 한국적 정치경제 상황에서 이익집단들은 어떠한 방식으로 정부의 정책결정 과정에 영향을 미치고 있는가?

2) 비정당적 채널

정당이 제 기능을 못한다 할지라도 비정당적 채널이 잘 발달되어 있다면 의사불통의 문제는 상당히 줄어들 수 있다. 예컨대, 제도화된 공청회나 청문회 등이 제대로 작동된다면 사회세력들의 이익표출은 그 경로를 통하여 행정부 등 비정당 기구에 의해 집약될 수 있을 것이고, 그렇다면 사회-정부 간의 의사소통은 가능할 것이기 때문이다. 일본의 심의회는 좋은 예에 해당한다. 심의회는 일본의 정부-사회 간 관계에 있어 공식적인 상설 정책 채널의 역할을 수행한다. 심의회는 사회의 목소리를 정책결정 과정에 반영하며 정책 수립에 있어 나타나기 마련인 이익 간 갈등을 사전에 조정함을 목적으로 하고 있다. 이러한 역할로 인해 일본의 심의회는 정부와 시장을 연결하는 커뮤니케이션의 장 또는 이익집단들 간의 이해조정의 장으로 긍정적으로 평가되어 왔다.[2]

그러나 한국에서는 일본의 심의회와 같은 제도가 잘 발달되어 있는 것도 아니다. 물론 한국에도 비슷한 제도로서 정부부처 산하에 각종 위원회들이 있으나, 한국의 위원회는 그 일차적 기능이 정부와 민간의 쌍방향 의사소통 채널이라기보다는 정부정책의 정당화와 정책집행의 효율성 확보를 위한 수단이었다고 해석할 수 있다. 한국의 경우 위원회의 공무원 비중이 과거 권위주의 정부(47.1%, 1989년)에 비해 많이 감소하기는 하였지만 민주화 이후(39.7%, 1998년)까지도 그 비중이 일본에 비해 압도적으로 큰 '관료주도 모델'에 해당한다.[3] 1998년 자료에 의하면 일본 심의회의 공무원 비중은 8.2%에 그치고 있으며, 해당 위원회의 활동과 밀접한 관련이 있는 이해당사자들이라고 할 수 있는 사업자단체, 노조, 민간기업, 민간연구소를 합한 비율은 43.6%(교수 제외)에 달하고 있다.[4] 일본 심의회는 한국과 달리 민간주도로 이루어지고 있는 그야말로 '업계주도 모델'에 해당한다. 이러한 면에서 일본과 달리 한국의 위원회는 "정부의 입장을 각 이익집단들에게 통보 지시하는 기능을 수행하고 있다"는 지적은 아직도 유효하다 할 것이다.[5)]

그렇다고 행정부나 의회를 상대로 하는 다른 채널, 예컨대 건의나 청원 등이 한국의 모든 이익집단들에게 유효한 소통기제가 되어주는 것도 아니다. 물론 한국의 이익집단들이 가장 자주 이용하고 있는 정책 통로는 바로 이 유형이다.[6)] 그러나 이러한 유형의 채널은 상당한 정치사회적 혹은 사회경제적 영향력을 갖고 있는 소수의 이익집단들만이 효과적으로 활용할 수 있다는 불균형한 측면이 있다. 예를 들면, 한국의 재벌집단들에게 이 채널은 매우 유용한 것이었다. 그들은 공식적이거나 비공식적인 여러 형태의 모임을 통해 정책결정권자들과 수시로 접촉할 수 있었으므로 건의나 청원 등은 그들에게는 늘 열려 있는 채널이었다. 최근까지도 현격했던 재벌집단들의 강력한 정책 영향력은 바로 이러한 특권적 채널에 유지된 바 크다. 그러나 노동이나 농민, 혹은 소상공인들과 같은 사회경제적 약자집단들이 이러한 채널을 활용하여 정책 영향력을 발휘할 수 있는 여지는 매우 제한적이었다.

결국 약자집단들에게 남아 있는 비정당적 채널은 소위 '강압적 채널(coercive channels)' 뿐이다. 정당이나 공청회, 청문회, 또는 위원회 등을 통한 의사소통이 '합헌적 채널(constitutional channels)'의 활용이라고 할 때 데모, 파업, 파괴, 폭동, 테러 등과 같이 물리적 힘 혹은 폭력으로 자신들의 의사를 표현하고 이익을 표출하는 행동은 강압적 채널의 이용에 해당된다. 사실 어느 나라에서건 합헌적 채널이 제대로 가동되지 않을 경우, 이익집단들은 비합법적일지라도 권력

수준 혹은 대중 수준에서 강압적 전략을 구사하게 된다.[7] 한국에서는 민주화 이후 오히려 이러한 강압적 채널의 가동이 더욱 빈번하게 일어나고 있다.[8] 권위주의 시대 하에서는 정부의 강력한 통제로 인해 강압적 채널마저도 동원하기 어려웠던 이익집단들이 민주화 이후 자유로워진 집단행동 환경을 누리게 되자 합헌적 채널의 미비라는 빈 공간을 강압적 채널로 채워가고 있기 때문이다.

3. 한-칠레 FTA의 이익집단정치

1) 한-칠레 FTA 체결과정

한-칠레 FTA는 1999년 9월 뉴질랜드 APEC 정상회의에서 이루어진 양국 정상들의 합의에 따라 그해 12월부터 정부 간 협상에 들어가게 되었다. 김대중 정부가 FTA를 대외통상정책의 일환으로 추진키로 결정한 후 칠레를 그 첫 상대로 선택한 것은 국내 사회경제에 대한 부담이 비교적 적을 것인 반면, (칠레의 개방 정도를 고려할 때) FTA의 학습효과는 충분히 거둘 수 있으리라고 판단했기 때문이었다. 물론 농업부문에 대한 부정적 영향에 대하여 고민하지 않은 것은 아니었다. 그러나 정부의 최종 결론은 큰 영향이 없다는 것으로 내려졌다. 포도 등 주요 수입 농산품의 생산시기가 다르며 수입되는 농산물 수가 적기 때문이라는 것이었다. 가장 큰 문제가 될 수 있는 농업부문에 대한 영향이 그리 심각한 것이 아니라면 한국의 첫 FTA는 순조롭게 추진될 수 있으리라는 것이 당초 정부의 생각이었다. 그러나 그것이 그렇게 쉬운 일은 아니었다. 당초 2001년 7월 발효를 목표로 시작한 한-칠레 FTA는 2002년 10월 양국 간 국제협상이 타결될 때까지만 꼬박 3년 가까운 시간이 걸렸다. 그리고 국회비준을 거쳐 2004년 4월 1일 발효되기까지에는 추가로 1년 반 가량의 국제협상보다 더욱 험난한 국내협상 과정을 겪어야 했다.

국제협상이 그토록 오래 걸렸던 이유는 농업부분에서의 충돌 때문이었다. 모든 농산물을 자유화 대상에 포함시켜야 한다는 칠레 측 입장과 쌀, 사과, 배, 포도 등 소위 민감 품목들은 예외로 처리해야 한다는 한국 측 입장 차이가 좁혀지지 않았기 때문이었다. 양국 정부의 양허안이 교환되어 그에 대한 양측의 검토가 이루어진 것은 2000년 6월 3차 협상에서였다. 칠레 측 양허안은 협정발효 즉시 관세철폐 품목 40%, 5년 내지 10년 이내 단계적 철폐 품목 59%, 예외품목 1%로 이루어져 있었다. 이에 반해 한국의 농산물 관세양허안은 협정발효 즉시 관세철폐 품목 15%, 5년 내지 15년 이내 단계적 철폐품목 49.7%, 철폐 예외 품목 1.3%와 철폐 계획 제시 없이 WTO 농산물 협상 이후 논의하자는 민감 품목 34% 등으로 작성되었다. 칠레가 전체 상품 중 1%만을 예외로 하자고 한 반면, 한국은 농산품의 35.3%를 사실상의 예외 품목으로 인정해달라고 한 것이었다.

칠레의 입장에서는 자국이 최대의 관심을 기울이고 있는 주요 농산물의 대부분이 FTA 대상에서 빠져 있다는 것에 대해 당연히 불만을 품었고, 이러한 갈등요소는 2000년 12월의 4차 협상에서도 별로 개선되지 않았다. 결국 4차 협상 이후 양국 간 협상은 교착상태에 빠져들었다. 2001년 5월에는 칠레 정부가 양국 간 FTA 추진은 더 이상 어렵다는 외교전문을 보내옴으로써 한동안 한-칠레 FTA는 성사 불가능한 것이 아니냐는 비관론이 지배적 분위기가 되기도 하였다. 사실 한국 측이 제시한 양허안은 칠레로서는 받아들이기 어려운 것이기도 하였다.[9]

통상교섭본부장의 칠레 방문, 양국 정상회담, 그리고 LA에서의 별도 고위급 협의 개최 등과 같은 한국 측의 적극적인 외교 노력으로 가까스로 양허안 협상이 재개된 것은 1년 8개월 만인 2002년 8월의 일이었다. 이후 두 차례 이어진 공식협상에서 한국 측은 쌀, 사과, 배 등만을 제외하고 포도, 토마토, 키위, 쇠고기 등 여타 주요 농산물은 관세철폐 대상으로 인정하며, WTO 이후에 논의하자던 민감 품목의 비중도 34%에서 26%로 대폭 줄이는 등 개선된 농산품 관세철폐 계획을 제시하였다. 이러한 양보에 따라 양국 간 FTA 협상은 2002년 10월에야 최종 타결되었다. 이 과정에서 한국 측은 공산품 분야에서도 세탁기와 냉장고 등 한국의 주 관심 품목 5가지를 FTA 예외 품목으로 인정해 주어야 했다.

국회비준을 목표로 하는 국내협상 과정은 새로 들어선 노무현 정부 하에서 진행되었다. 정부는 당초 2003년 6월 11일에 FTA 비준안을 임시국회에 제출한다는 입장이었다. 그러나 예상보다 훨씬 거센 농민들의 반발과 이들의 표를 의식할 수밖에 없는 상당수 국회의원들의 반대가 심하자 비준안 제출을 망설이게 되었다. 비준동의안은 결국 한 달 뒤인 2003년 7월 8일에야 해당 상임위원회인 통일외교통상위원회(통외통위)에 제출되었다. 그러나 그 비준안이 통외통위를 통과하여 국회 본회의에 상정되는 데에만도 무려 6개월에 가까운 시간이 걸렸다. 통외통위 위원들이 농민들의 반발을 우려하여 처리를 늦추었기 때문이었다. 후술하겠지만, 농민단체들이 이 기간 중에 벌인 반FTA 활동은 강압적 및 합헌적 양 차원에서 상당히 위력적인 것들이었으며, 특히 국회의원을 대상으로 한 한-칠레 FTA 비준 반대 서명운동은 많은 의원들을 위축시키기에 충분하였다. 통외통위 위원들에 대한 설득 노력이 대통령, 국무총리, 국회의장 등 정계의 최고위층에 의해 지속적으로 경주되고, 전국경제인연합회(전경련), 한국무역협회, 대한상공회의소 등 한국 재계의 대표기관들에 의한 문제제기가 이어지며, 언론과 일반 시민들 그리고 국회 내부에 FTA 대세론이 어느 정도 자리잡은 후에야 통외통위는 비준안의 국회 본회의 상정을 가결시킬 수 있었다. 2003년 12월 26일 한-칠레 FTA 비준 동의안이 찬성 12, 반대 7, 기권 1, 불참 3이라는 표결로 통외통위를 통과했다.

통외통위를 통과한 FTA 비준안은 본회의 처리과정에서 다시금 난항을 겪게 된다. 불안해진 농민들의 '표심'을 읽은 각 당의 농촌지역구 국회의원들이 이른바 "농촌당"이라고 불리는 초당적 연대를 형성하여 비준안 저지에 적극 나선 것이다. FTA 비준동의안은 당초 12월 29일 처리될 예정이었다. 그러다 당일 한나라당과 민주당의 농촌 출신 의원들은 본회의장을 점거해서라도 비준동의안 처리를 "육탄 저지하겠다"고 위협했으며, 실제 한나라당 이규택 의원 등 10여 명은 의장석 점거를 위해 의총장을 뛰쳐나가기도 하였다.[10] 결국 박관용 국회의장은 비준동의안 상정 직전 4당 총무들을 불러 비준안 처리를 일단 미루기로 합의하였다. 다음날에도 상정 시도가 있었으나 '농촌당' 의원들은 의장실을 점거하는 등의 실력 저지로 맞섰고, 결국 비준동의안의 2004년도 처리는 무산되고 말았다.

다음해인 2005년에 들어서도 상황은 크게 바뀌지 않았다. 비준동의안을 상정키로 한 1월 8일 오전 노무현 대통령은 국회를 전격 방문하여 국회의장, 한나라당 대표, 민주당 대표, 열린우리당 공동의장 등을 만나 비준안 처리를 위한 협조를 요청했다. 대통령이 국정연설이 아닌 정책 협조를 구하기 위해 국회를 방문한 것은 한국 헌정사상 최초의 일이었다. 그러나 오후에 열린 국회 본회의에서 FTA 비준동의안의 처리는 또다시 무산됐다. "농촌당" 의원들의 집단적 실력 저지를 당해내지 못한 것이다. 세 번째 비준동의안 처리 시도는 2월 9일에 있었으나 그 역시 무산되었다. 비공개 무기명투표, 공개 기명투표, 그리고 전자투표라는 표결방식 선택에 대한 공방의 와중에 표결 자체가 다시 연기되고 만 것이다.

국회 본회의 처리가 세 차례나 무산되자 국회에 대한 여론의 질타가 심해졌다. 국회의원들은 당장 코앞에 닥친 선거와 자신들만의 이익을 추구할 뿐 국가 전체의 중장기적 이익은 무시하는 행태로 일관하고 있다는 비난이 쏟아졌다. 특히 조선일보와 동아일보 등 한국 언론의 선도 매체들은 연일 국회와 정당, 그리고 정치가들에 대한 비판적 보도를 심층적으로 다룸으로써 비준동의안의 조기 처리를 촉구하는 여론을 형성하였다.[11] 사실 한-칠레 FTA에 대한 여론의 지지는 거의 압도적이었다. 제조 대기업이나 무역업체, 그리고 정치경제 전문가들뿐만 아니라 사회 일반의 분위기는 일반 시민들에서부터 학생에 이르기까지 한-칠레 FTA의 체결은 필요하며 또한 불가피하다는 것이었다.[12] 국회의원들, 특히 각 당의 지도부는 이러한 국민적 비난 여론에 민감하지 않을 수 없었다.

가장 적극적 태도를 보인 것은 당시 국회의석의 과반을 점하고 있어 국회에 대한 사회적 비난에 가장 큰 부담을 느낀 한나라당이었다. 한나라당은 네 번째의 국회 본회의 처리 시도일인 2004년 2월 16일, 본회의에 앞서 예정에 없던 의원총회를 두 차례나 열어 표단속을 벌였다. 최병렬 당대표는 그 자리에서 "오늘 통과되지 않으면 원내 1당인 한나라당은 회복불능의 타격을 입는다. 당의 명운이 걸린 문제다"라고 말하며, "명백히 반대 입장을 밝힌 25명 외에 기명투표에서 반대표를 던지는 의원에게는 응분의 책임을 묻겠다"는 말로 공천카드를 사용한 '협박에 가까운' 당내 압박을 가하였다.[13] 결국 권고적 찬성 당론을 정한 것이었다. 한편 여당인 열린우리당은 찬성을 당론으로 결정하여 소속 의원들을 독려하였다. 자유투표로 임하기로 한 민주당도 조순형 대표가 상임운영위에서 "소신이 다르겠지만 국가 전체를 봐서 투표해야 한다"며 반대 의원들을 압박했다. 각 당 지도부의 이러한 노력에 힘입어 결국 비준안은 표결 20분 만에 가결되었다. 의원정수 271명 가운데 234명이 출석, 찬성 162명, 반대 71명, 기권 1명이라는 결과를 만들어낸 것이다. 도시지역 의원은 대부분 '가(可)'표를, 농촌지역구인 의원들은 '부(否)'표를 던진 것으로 파악되었다. 이러한 국내과정을 거친 한-칠레 FTA는 2004년 4월 1일자로 발효되었다.

2) 찬FTA 집단 대(對) 반FTA 집단의 대립

이상에서 우리는 한-칠레 FTA의 국제협상과 국내비준 과정을 살펴보았다. 본절에서는 이 과정 중에 발생한 한국의 이익집단정치를 분석해 보고자 한다. 한-칠레 FTA의 경우, 한국의 찬FTA 집단을 구성하는 핵심 이익집단은 대부분의 제조 대기업들이며 반FTA 집단은 대부분의 농민집단들로 구성되었다.

한국의 대기업들 중 특히 자동차, 휴대폰, 엘리베이터, 그리고 대부분의 가전제품 제조업체들은 칠레와의 FTA 체결로 자사 제품의 수출이 크게 증대될 것을 기대하였다. 예컨대 자동차, 전자렌지, 세탁기, 식기세척기, 엘리베이터 등의 한국 제품은 현지에서 이미 일본 등과 시장점유율 1, 2위를 다투고 있는 상황이었다.[14] 이들 제조기업들의 경우 FTA 체결이 자신들의 현지 시장 입지를 더욱 강화시켜 줄 것임을 확신한 것이다. 반면, 한-칠레 FTA로 인한 손해를 우려했던 대표 산업은 과수농가를 중심으로 한 농업이었다. 과수농 중에서도 특히 포도재배업자들이 가장 큰 손해를 볼 것으로 예상되었는데, 포도를 제외한 대부분의 과수 품목들은 이미 미국이나 뉴질랜드 등에서의 수입이 이루어지고 있어 거기서는 대체로 수입대체 효과만이 일어날 것으로 예측되었기 때문이다.[15]

그러나 이러한 계산이 칠레에 대한 한국의 반FTA 집단이 포도농가가 중심이 되어 형성되었음을 의미하는 것은 아니다. 뒤에 다시 언급하겠지만, 시간이 지나면서 오히려 포도재배업자들은 초기의 반대 입장에서 상당히 후퇴하였고, 반FTA 집단을 주도하였던 것은 농업시장 일반의 개방을 반대하는 전국 규모의 농민단체들이었다. 그들은 한-칠레 FTA를 시발점으로 하여 연이어 체결될 FTA들이 점차 전체 농업시장을 개방시킬 것이며, 결국엔 한국 농업의 퇴출을 결과할 것이라는 불안감에 쌓여 있었다.

3) 찬FTA 집단의 정책 채널

칠레와의 국제협상이 진행되는 동안 대기업을 중심으로 한 찬FTA 집단의 태도는 매우 느긋한 것이었다. 우선 정부가 스스로 정한 첫 FTA 대상국과의 협상에 적극 임하는 터였으므로 정부에 모든 걸 맡겨도 좋다는 태도였다. 그러나 국내비준 과정으로 들어온 다음부터는 양상이 조금 바뀌었다. 농민 등 반FTA 집단의 저항과 반발이 갈수록 예상을 뛰어넘는 수준으로 거세지자 찬FTA 집단도 보다 적극적인 이익표출 행위를 시작했다. 그러나 그들의 활동은 어디까지나 합헌적 채널의 활용에 머물렀다.

찬FTA 집단의 구심점 역할은 전경련, 한국무역협회, 대한상공회의소, 중소기업협동조합중앙회(중기협), 한국경영자총협회 등의 회장들로 구성된 '재계5단체장'이 맡았다.[16] 찬FTA 집단이 재계5단체장의 이름으로 조직적 활동을 개시한 것은 정부의 한-칠레 FTA 비준동의안이 2003년 7월 국회 통외통위에 제출된 이후부터였다. 그 이전의 찬FTA 활동은 상기한 대로 거의 존재하지 않았던 것이 사실이다. 그러나 이때부터 익년 2월 비준동의안이 국회 본회의를 통과하기까지 재계5단체장의 명의로 발표된 대정부정책 건의문만 해도 그 수는 총 5건에 달했다.[17] 한국의 재계 대표들이 단일 정책 이슈에 대하여 그 정도의 단기간 사이에 공동 건의문을 5차례나 발표했다는 것은 이례적인 일에 해당한다. 그만큼 반FTA 집단의 반발이 위협적이었음을 반증하는 것이기도 하다.

건의문 발표 외에도 찬FTA 집단은 재계5단체장을 중심으로 대통령, 정당 대표, 중진 국회의원, 고위관료 등 주요 정책결정권자와의 면담을 통해 수시로 자신들의 정책 선호를 표출하였다. 물론 이들이 한-칠레 FTA 문제를 다루기 위한 별도의 공식 모임을 통하여 자신들의 요구사항을 전달한 경우도 있었다.[18] 그러나 사실 찬FTA 집단은 그러한 특별회동에 큰 의미를 두고 있지 않았다. 정계와 재계의 고위급 인사들은 국내외의 각종 공식 및 비공식 모임을 통해 수시로 접촉하고 있던 터였으므로 일부러 자리를 만들려는 노력을 기울이지 않더라도 서로 간의 의견교환 기회는 충분히 있기 때문이었다. 즉 찬FTA 집단에게는 권력수준으로의 직접 채널이 수시로 가동된다는 것이다.

정책과정에 있어 이들이 가진 가장 큰 무기는 무엇보다 사회경제적 영향력이었다. 한국은 소위 '수출로 먹고 사는 나라' 이며 자신들이 바로 그 수출을 담당하는 주체라는 자신감이 그들에게는 있었다. 사실 최근까지도 재벌에 의한 정부의 '포획' 을 우려할 정도로 사회경제적 영향력에 기반을 둔 한국 대기업집단의 정치력은 막강하다. 그것이 대통령이든 장관이든 한국의 책임 있는 정치가나 관료라면 누구도 대기업집단의 이해관계를 정책결정과정에서 무시할 수는 없는 일이다. 그들의 손익이 어떻게 나느냐에 따라 경제성장과 사회안정, 그리고 심지어는 국가 안보가 상당 부분 결정된다는 것을 잘 알고 있기 때문이다. 이것이 채널의 유형이나 형식에 상관없이 대기업집단들, 즉 찬FTA 집단의 이익 취합이 정부에 의해 효과적으로 이루어졌던 근본 까닭이다.

게다가 대기업들의 건의문 발표나 고위 정책결정권자와의 면담 등을 통한 권력 수준으로의 주장은 대부분 대중 수준으로의 정책 활동으로 자동 전환되는 경향이 있었다. 그 중간 매개역할은 주요 언론들에 의해 수행되었다. 언론매체들의 한-칠레 FTA에 대한 시각, 따라서 그 보도방향은 한마디로 절대적 지지였다. 이는 한국의 5대 일간지의 사설을 분석해 보면 쉽게 알 수 있다.[19] 한-칠레 FTA 이슈가 한국사회의 현안 중 하나로 크게 부각되었던 기간인 2003년 7월부터 2004년 2월까지 5대 일간지의 동 이슈 관련 사설은 총 35건이었다. 이 중 FTA 반대를 분명히 하는 내용의 사설은 전혀 없었으며, 오직 한겨레신문의 2건만이 신중한 자세를 촉구하는 정도였다.[20] 나머지 33건, 즉 전체 사설의 94%는 적극 지지를 표명하는 내용이었다. 언론들의 이러한 태도는 찬FTA 집단에게 매우 유리한 것이었다. 대기업집단 등에 의해 전개되는 FTA 지지 논리나 명분, 그리고 그 필요성과 당위성에 대한 주장은 주요 일간지나 TV 매체 등을 통해 상세히 보도되었으며, 그것은 바로 일반 시민들에게 정책정보로서의 기능을 하였다. 다시 말하자면, 대기업집단들의 이익표출 내용이 언론의 선택적인 정보제공 행위를 거쳐 찬FTA 여론 형성에 기여했다는 것이다.

4) 반FTA 집단의 정책 채널

① 강압적 채널의 활용

대기업단체들과는 달리 반FTA 집단의 핵심 구성원인 농민단체들의 이익표출은 대부분 강압적 채널을 통해 이루어졌다. 이것은 반FTA 운동을 시종일관 주도했던 한국의 대표적 농민단체 중의 하나인 한국농업경영인중앙연합회(한농연)의 인터넷 홈페이지에 개설되어있는 「성명/보도 자료실」을 일별 해봐도 쉽게 알 수 있는 일이다. 동 자료실에 근거하여 2002년 10월 한-칠레 FTA 국제협상이 타결된 이후 2004년 2월 국회비준을 획득하기까지의 국내협상 기간 동안 한국의 농민단체들이 벌인 반FTA 활동을 합헌적인 것과 강압적인 것으로 분류할 경우 후자의 비율은 무려 76%에 이른다.[21] 총 17건의 이익표출 활동 중 오직 4건만이 농림부장관 면담, 국회의장과의 간담회(2회), 대통령과의 만남 등을 포함한 합헌적 채널의 활용이었고 나머지는 모두 시위, 화형식, 공공시설 점거, 삭발, 단식, 방화 등 폭력적이고 비합법적인 활동들이었다. 물론 한농연 자료실에 나와 있는 것들 외에도 농민단체들의 FTA 관련 활동은 다양하고 무수하게 펼쳐졌지만 전체적인 양상은 한농연의 자료 분석 결과와 크게 다르지 않았다. 즉 강압적 채널의 활용이 지배적이었다는 것이다.

한-칠레 FTA 추진의 전반기, 특히 국제협상 시기 동안 농민들의 이익을 대표한 기구는 한국포도전국협의회와 전국양돈협회 등 주로 품목별 협회 중심의 21개 단체로 구성된 전국농민단체협의회(농단협)였다. 전국 농민의 80-90%를 대표한다는 농단협이 한-칠레 FTA에 대한 강력한 반대 의사를 분명히 표시한 것은 제4차 협상 이후인 2001년 3월 6일이었다. 2,000여 명의 농단협 대표자들은 이날 과천 정부종합청사 앞 광장에 모여 "농업 강국 칠레와 자유무역협정을 체결할 경우 생존권마저 위협받게 된다"며 FTA 협상 중단을 요구하는 시위를 벌였다.[22] 이는 농업의 반발이 포도재배 농가 등 한-칠레 FTA로 인한 직접 피해 농민들에 한정되지 않고 전국 규모의 농민운동으로 확산되고 있음을 보여주는 사건이었다. 그런데 이러한 연대는 농업 내에서만 이루어진 것이 아니었다. 전국 수준에서의 반FTA 연대는 농민단체들 간은 물론 이들과 WTO 협상범국민연대(WTO 국민연대), 전국민중연대, 경제정의실천시민연합(경실련) 등의 시민단체 등과의 사이에도 맺어졌다.

이들 중 특히 전국농민회총연맹(전농)과 WTO 국민연대 등은 한-칠레 FTA는 일과성 문제로 볼 게 아니라 신자유주의적 세계화 음모와 직접 연결된 성질의 것으로 규정해야 하며, 따라서 이를 저지하기 위해서는 필사적인 정치적 투쟁이 필요함을 강조하였다. 그들의 이익표출 수단과 방법이 급진적이며 강압적인 것이었음은 물론이다. WTO 국민연대의 상임공동대표 및 실무자들이 2002년 10월 17일부터 3일간 과천 정부종합청사에 진입하여 한-칠레 FTA 추진 반대를 외치며 농림부 점거 농성을 벌인 것은 한 예에 속한다. 사태가 심각해지자 농림부 장관은 향후 칠레와의 협상과정에 농민단체의 입장을 충분히 반영할 것을 약속해 주었고, 당시 여당인 민주당과 제1야당인 한나라당 의원들까지도 점거 농성장을 찾아와 국회의원들을 대상으로 한-칠레 FTA 반대 서명운동을 벌이겠다는 언질을 주어야 했다.

칠레와의 국제협상이 마침내 타결될 기미를 보이면서부터 농민들의 집단행동은 주로 이들 과격성향의 단체들에 의해 주도되었다. 2002년 10월 22일의 전국농민총궐기대회는 한농연이 주최하였는바, 이날 서울 보라매공원에서는 농민 1,000여 명이 모여 한-칠레 FTA 추진의 즉각 중단 등을 요구하며 거친 시위를 벌였다. 농민들은 집회를 마친 뒤 여의도까지 거리행진을 벌였는데, 이 과정에서 시위가 과격해지며 농민들과 진압 경찰 간의 충돌로 부상자가 발생하기도 했다. 한편 이날 경부, 호남, 영동고속도로 등 전국의 주요 고속도로와 국도에서는 농민들의 도로점거 시위로 전국 곳곳에서 극심한 교통체증이 빚어지기도 했다.[23] 그러나 농민들의 이러한 강력한 반발에 관계없이 결국 한-칠레 FTA 협상은 타결되었고, 그후 농민단체들의 저항은 더욱 거세어 갔다. 전농은 2002년 11월 13일 한강둔치에서 'WTO 쌀수입 개방 반대 전국농민대회'를 개최하였는데, 이 대회에는 전국에서 무려 7만여 명의 농민이 참가하여 쌀시장 개방 반대와 한-칠레 FTA 비준 중단 등을 촉구하였다. 이날 행사에 참여했던 노무현 당시 대통령 후보가 농민이 던진 계란에 맞는 일까지도 벌어졌다.[24]

한-칠레 FTA 국내비준을 반대하는 농민단체들은 2003년 5월 전국농민연대(전농연)라는 이름으로 재집결하였다. 전농연은 기존 농단협의 온건노선에 불만을 품은 전농, 한농연, 한국가톨릭농민회(가농) 등 9개 농민단체가 분가하여 조직한 급진적 농민연합단체로서 출범하였다. 이들은 농단협은 단순 생산자 단체로서의 성격상 반FTA 활동을 효과적으로 주도하기에는 한계가 있으며, 농민들의 정치적 이해관계까지도 염두에 두는 농민운동단체인 자신들이 투쟁의 전열에 서야함을 주장하였다. 농단협이 21개 농민단체를 거느린 것에 비해 농민연대는 오직 9개 단체로만 구성되어 그 규모는 훨씬 작았으나 강경 농민단체들이 하나의 조직으로 결집되면서 반FTA 활동은 보다 과격한 양상으로 전개되어 갔다.

이들의 주도 하에 온갖 형태의 물리력이 동원되는 강압적 반FTA 활동은 2004년 2월 한-칠레 FTA 비준안이 국회를 통과할 때까지 지속적으로 일어났다. 사회혼란상은 말할 것도 없었다. 그러나 농민단체들이 강압적 채널만을 이용한 것은 물론 아니었다. 비록 그 이용도는 매우 낮았지만 합헌적 채널에의 의존심리도 상당히 있었던 것이 사실이다. 다만 실제로 그 활용 여지가 매우 협소했다는 것이다.

② 합헌적 채널의 활용

농민단체들의 합헌적 채널 이용은 칠레와의 국제협상 시기, 특히 한국 정부의 양허안 작성기에 주로 일어났다. 이 시기 동안 농단협을 중심으로 한 농민단체들은 자신들의 요구사항을 직간접적으로 농림부에 전달하였고, 성명서나 건의문의 제출 등을 통해 농림부의 양허안 작성 과정에 일정한 영향력을 행사할 수 있었다. 당시 농림부는 농민단체들의 이익 반영에 매우 적극적이었다. 농림부는 양허안 작성을 위해 정책협의회를 수차례 개최하여 그 자리에 농민단체들을 초대하였고, 그들의 요구를 근거로 하여 양허안의 내용을 여러 차례 수정하는 절차를 밟아갔다. 양허안 작성뿐만 아니라 칠레와의 협상과정 중에도 농림부는 지속적으로 농민들의 이익을 대변하는 자세를 견지하였다. 외교통상부, 그리고 심지어는 재정경제부의 견제를 당할 정도로 농림부는 칠레의 주 관심사인 주요 농산물의 관세철폐 예외 입장을 고수하였던 것이다.

그러나 농민들의 대행정부, 더 정확히는 대농림부 편중 로비는 애당초 큰 효과를 기대하기 어려운 전략이었다. 농림부가 FTA 예외품목을 임의로 정할 수 있는 것도 아니며, 그렇다고 한-칠레 FTA 추진을 지연 혹은 중단시킬 수 있는 권력 위치에 있는 것도 아니기 때문이다. 그나마도 농림부 상대의 반FTA 활동은 국제협상이 타결된 이후에는 전혀 의미가 없는 것이 되었다. 상기한 대로 협상타결 이후 반FTA 활동의 주도세력은 농단협에서 전농연으로 바뀌었고, 주 채널은 합헌적이기보다는 강압적인 것으로 굳혀졌다. 유일하게 의미 있는 합헌적 채널은 농림부 관료들이 아닌 국회의원들을 향해 열려 있는 것이었다.

정당기능이 실종된 상황에서 농민단체들의 국회의원 압박은 정당이 아닌 지역구 혹은 개인 차원에서 이루어졌다. 물론 농민단체 대표들이 정당방문 등을 통해 자신들의 요구사항을 전달하는 경우도 있었으나 그것은 예외적인 일이었고, 농민단체들 스스로도 별 기대를 걸지 않는 활동이었다. 어차피 친농민 색채가 분명한 정책이나 이념정당이 있는 것도 아닌 터라 그들의 방문은 주요 정당 모두를 대상으로 하는 단발성 형식행위에 불과했다. 당시 여당이던 민주당이 한-칠레 FTA 문제를 논의하기 위한 최초의 당정협의회를 열어 농민들의 피해에 대한 우려를 표시한 것은 이미 5차 협상을 앞두고 있는 2001년 3월의 일이었다. 이때는 벌써 농민단체들의 반발이 거세져 농촌지역구 출신의 자당 소속 국회의원들이 일종의 위기감을 느끼고 있을 때였다. 그러한 지체는 한나라당의 경우도 마찬가지였다. 만약 이들 정당들이 농민들과의 상시적 대화창구를 개설하고 있었더라면 정당 차원에서의 정책분석과 연구는 일찍이 이루어졌을 것이며, 그에 근거한 당론이 세워지고 적절한 대응책이 마련되었을 것이다. 그러나 어느 당도 당론은 없었고, 다만 개별 국회의원들의 지역구 표 관리 행위만이 있었을 뿐이었다.

개별 국회의원들을 타깃으로 하는 전농연의 압력행사는 2003

년 들어 "한-칠레 FTA 국회비준 거부 국회의원 서명운동"으로 구체화되었다. 한농연이 중심이 되어 시작된 이 운동에는 2003년 1월에 농촌지역 출신 의원 60여 명이 일찍이 참여하였고, 그러한 서명인원은 동년 4월 7일 117명, 6월 3일 140명, 그리고 7월 21일 147명으로 늘어갔다. 상술한 2003년 6월 11일 국회비준 동의안의 임시국회 상정 중단도 이 운동과 무관하지 않은 사건이었다. 숫자만으로는 이미 국회비준이 불가능한 정도의 의원들이 동참한 상태였기 때문이다. 이러한 성과를 거둘 수 있었던 것은 당연히 지역구의 표 때문이었다. 해당지역 유권자 중 상당수가 농민단체 회원이고, 이들은 국회에서 FTA가 비준될 경우 다음 총선에서 반농민적 국회의원을 낙선시키겠다고 공언하는 상황이었기에 농촌 출신 국회의원들은 모두 당적과는 상관없이 이러한 압박에 민감할 수밖에 없었다. 물론 이 운동에 참가한 모든 의원들이 자신들의 서명에 구속되어 실제 국회비준 과정에서 반대표를 던진 것은 아니었지만 전농연의 국회의원 압박전략은 국회 본회의 처리를 세 차례나 무산시킬 정도의 위력은 가지고 있었다.

전농연이 마지막 카드로 사용한 합헌적 채널은 대통령과의 면담이었다. 2004년 1월 6일 전농연 소속단체 대표들은 노무현 대통령에게 FTA 비준은 농업에 막대한 피해를 줄 것이라며 재검토를 요청하였다. 그러나 그들이 찾아간 사람은 열성적인 FTA 추진론자였다. 노무현 대통령은 이들의 요구에 대해 "현 시점에서 수용하기 어렵다"는 입장을 분명히 하며, "개방은 거스를 수 없는 대세"라는 점을 들어 이들을 오히려 설득하였다.[25] 흥미로운 것은 노 대통령이 다음날인 7일 또 다시 농민단체 대표들을 만났다는 것이다. 그러나 그들은 한-칠레 FTA를 찬성하는 농단협 소속 농민대표들이었다. 노 대통령은 이들과 오찬을 함께 하며 FTA 비준동의안 처리에 관한 정부의 확고한 입장과 대책 등을 설명하고 농민 보상책의 마련에 대하여 논의하였다. 한-칠레 FTA 추진의 최종 결과는 결국 이들 후자들과의 대화내용이 현실화된 것이었다.

4. 의사소통 채널의 제도화 필요성

이상 기술한 한-칠레 FTA의 국내정치 과정을 일별해 보면, 대기업 중심의 찬FTA 집단은 상대적으로 매우 느긋하고 점잖게 이 문제를 다룬 반면, 농민단체를 주축으로 하는 반FTA 집단은 시종일관 좌충우돌하며 성급하고 거칠게 행동했다는 인상을 받게 된다. 무엇이 이러한 차이를 발생케 하였는가?

한-칠레 FTA의 체결로 인해 개별 농민들이 받을 피해는 그로 인해 개별 대기업들이 얻을 이익보다 훨씬 클 것이라는 불안감이 그러한 피해 예상 농민들의 집합체인 반FTA 집단으로 하여금 합헌적 채널을 통한 점잖은 정책활동에 머무르지 못하게 했을 거라는 해석도 물론 가능하다. 그러나 그러한 해석이 타당하기 위해서는 우선 한국의 정치경제 구조에서 양 집단이 확보할 수 있는 (정책결정부로의) 정치적 접근 정도는 동일하다거나 혹은 적어도 심각한 정도의 차이는 없다는 구조적 조건이 선행돼야 한다. 만일 어느 한쪽 집단의 정치적 접근이 차단돼 있거나 혹은 구조적으로 크게 제한돼 있는 것이라면 예상 피해나 이익의 대소에 크게 관계없이 그 집단의 정책활동은 주로 강압적이며 비합법적일 수밖에 없을 것이기 때문이다.

2절에서 언급했듯이 한국의 정당 채널은 사실상 그 기능을 발휘하지 못하고 있다. 비정당적 채널 중에서도 농민이나 노동 등과 같은 사회경제적 약자집단들이 상시적으로 활용할 수 있는 효과적 채널은 거의 존재하지 않는다. 이러한 채널 미비의 문제는 한-칠레 FTA 추진과정에서 그대로 드러났다. 농민단체들로 구성된 반FTA 집단이 손쉽게 사용할 수 있는 비정당적 정책 채널은 대부분 강압적인 것들뿐이었다. 거리로 나설 수밖에 없었다는 것이다. 반면, 대기업집단들로 구성된 찬FTA 집단의 사정은 달랐다. 그들 역시 정당 채널을 활발하게 이용할 수는 없었으나 대신 그들에게는 (비록 제도에 의해 보장된 것은 아닐지라도) 다양한 비정당적 정책 통로가 제공되었다. 기본적으로 그들의 월등한 사회경제적 영향력이 허락해 준 일종의 정치적 특혜였다. 정부와 사회세력들 간의 의사소통 채널이 민주적 제도화 단계에 이르지 못한 상태에서 결국 이익집단들이 누릴 수 있는 정치적 접근 정도는 스스로들이 보유하고 있는 사회경제적 실력 정도에 비례했던 것이다. 농민집단과 대기업집단이 확보할 수 있는 정치적 접근의 정도 차이는 당연히 큰 것이었다.

농민집단의 정치적 약세는 스스로의 구조적 한계에서 기인한 바도 물론 크다. 이익집단으로서의 정치력 확보 조건 중의 하나는 조직력이다. 이익집단의 조직력 혹은 결집력은 전국 규모의 정상단체(peak association)가 존재할 때 극대화된다. 한국의 농민집단은 정상단체는커녕 너무 많은 세부 단체로 나뉘어져 이익집단으로서의 결집된 영향력을 발휘하기가 어려운 구조를 갖고 있다. 한-칠레 FTA의 경우에서도 위에서 본 바와 같이 국제협상기의 농민활동 주도권은 농단협에 의해 발휘되었다. 그러나 국내비준 과정에 들어가면서 그것은 전농연으로 넘어갔다. 전농연이 정치적 투쟁을 통해 한-칠레 FTA 비준 반대만을 고집스럽게 외치고 있는 사이 정부는 보다 온건한 노선을 지향하는 여타 농민단체들에 대하여 중단기적인 금전적 보상을 내세워 회유책을 구사하였다. 그것이 효과를 발휘하며 한-칠레 FTA를 수용하겠다는 업종별 농민단체들이 늘어갔고, 그들이 대부분을 차지하는 농단협 자체가 FTA 찬성 입장으로 돌아섰다. 농단협의 요구는 이제 FTA 반대가 아니라 충분한 보상을 제공하라는 것으로 바뀌었다. 이리하여 농민집단 전체의 힘이 분열되고 약화되자, 즉 온건단체의 규모가 커지자 정부는 결국 나머지 과격단체의 요구는 무시할 수 있는 위치에까지 가게 되었다. 이것이 3절 마지막 부분에 기술한 전농연 대표들에 대한 대통령의 단호한 태도의 배경이었다.

사실 농민들이나 농민단체 일각에서 결국 FTA 수용이 대세라는 목소리는 일찍이 한-칠레 FTA 협상안이 타결된 직후부터 나오기 시작했고, 그 목소리는 국민 여론의 형성 추세와 그 궤를 같이 하며 커갔다.[26] 이러한 추세를 증명하는 확실한 사건은 2003년 11월 13일에 벌어졌다. 농단협 소속 19개 농민단체 대표들이 농림부 기자실에서 한-칠레 FTA의 조속한 국회비준을 촉구하는 성명서를 발표한 것이다. 특히 여기에는 한국포도전국협의회의 대표도 참가하여 눈길을 끌었다. 한-칠레 FTA 체결의 최대 피해집단일 것으로 거론되던 바로 그 이익집단이 오히려 FTA 찬성 대열에 섰다는 것이 의미하는 바는 컸다. 한편, 2004년 1월 한국 정부는 한-칠레 FTA 비준안에 반대하는 농민단체는 오히려 소수에 불과하다는 통계를 내놓았다. 그것에 따르면 전국 27개 농민단체 중 반FTA 단체는 1월 현재 전농연 소속 7개 단체뿐이며, 그 단체들의 총회원 수는 17만 명 선에 불과하여 전국 농민 360만 명의 4.7%에 해당할 뿐이라는 것이었다.[27] 이같이 국제협상 타결 후 FTA를 지지하는 농민단체들이 늘어났던 것은 농민들의 상당수가 비준안 통과 후에는 정부로부터 상당한 규모의 농가 보조금과 세제혜택 등을 받을 수 있을 것이라 믿었기 때문이었다.[28] 보상 제공을 앞세운 회유책이 상당한 효과를 냈다는 것이다.

보상의 제공으로 상당수에 달하는 온건 농민단체들을 회유 또는 설득할 수 있었고, 따라서 한-칠레 FTA가 가능했었다는 평가가 틀린 것은 아니다. 그러나 이 보상이 농민들의 중장기적 국제경쟁력 확보에 상당한 도움이 될 거라는 평가는 어디에서도 나오고 있지 않다. 결국 돈으로 무마하는 차원에서 국내비준이 가능했고, 중장기적 해결방안은 나오지 못했다는 것이다. 그렇다고 한다면 사실 농민 전체의 입장에서도 유의미한 보상을 받은 것이라고 할 수는 없다. 한국 농업의 국제경쟁력이 이 상태에 머문다면 [그리고 농민들의 대정부 채널은 현재와 마찬가지라고 한다면] 한국 정부가 여타 농산품 수출국과 새로운 FTA 체결을 추진할 때마다 농민들은 또 다시 길거리로 나서 태우고, 부수고, 소리치고, 울부짖어야 할 것이다. 그들에게 진정 필요했던 것은 자신들의 자생력과 경쟁력을 확보하고 제고하는 데에 뒷받침이 되어줄 체계적이고 중장기적인 창조적 보상정책이었다.

결국, 그들이 과격단체에 속하든 온건단체에 속하든 한국의 농민들은 누구도 자신들이 진정 원하던 것을 얻지 못했다고 할 수 있다. 전농연 등 과격 농민단체들이 반대했던 한-칠레 FTA는 발효되었고, 농단협 등 온건 농민단체들에게 진정 필요했던 농업경쟁력 제고 방안은 제대로 제공되지 못하였다. 이는 상기한 대로 한국 농민집단 자체의 분열구조의 문제이기도 하며, 한국의 정부-사회 간 정책통로 미비의 문제이도 하다. 농민들이 하나의 이익공동체로서 자신들의 집단적 정체성과 결집력을 확보하고 있었더라면 그들은 자신들이 원하는 것을, 그것이 FTA 체결의 반대 혹은 연기이든 아니면 의미 있는 보상책의 제공이든 상당 부분 얻었을 가능성이 크다. 하나로 결집된 농민집단을 금전적 회유책으로 분열시키기는 어려웠을 것이며, 보상책을 논한다 할지라도 그 정도의 일회성 금전 지급만으로는 만족시키지 못했을 것이기 때문이다. 또한 정부와 농민집단 간의 의사소통 채널이 제대로 가동되기만 했더라도, 그리하여 농민들이 충분한 시간을 갖고 자신들과 국가 전체에게 진정 필요한 것이 무엇인지를 정부 관계자들과 솔직하게 토론하고 심도 있게 논의할 수 있었더라면 보다 창조적인 보상방안이 도출될 수 있었을 것이다.

여기서 우리는 다시 한국 정당체계의 전근대성 문제로 돌아가고자 한다. 이념과 정책에 기반한 정당체계 구조화가 이루어져 각 정당들이 제 기능을 발휘할 수 있었더라면 농민들에게 대의민주주의적으로 제도화된 정책 통로가 제공됐을 것이며, 그 경우 비록 농민집단의 조직화가 미비하다 할지라도 농민들의 이익표출과 이익집약은 보다 체계적 · 중장기적으로 이루어질 수 있었을 것이다. 그리고 사실 구조화된 정당체계가 갖추어졌더라면 농민단체의 조직화도 보다 일찍이 효과적으로 진행되었을 것이다. 자신들의 이익을 효과적으로 대변할 수 있는 정당이 존재한다면 분열된 이익집단들이 그 정당을 중심으로 모여들어 하나의 집단으로 결집될 수 있기 때문이다.

사실 한국의 기존 정부-사회 간 관계에서 농민의 경우는 그래도 그나마 나은 편에 속한다. 농민들에게는 우선 농림부라고 하는 명백한 농민 이익 대표 부처가 있다. 한-칠레 FTA의 경우에서도 농림부는 국제협상 시기에는 반FTA 농민집단의 편에 서서, 그리고 국내비준 협상시기에는 농민들을 위한 보상책 확보방안을 위해서 최선의 노력을 기울였다. 그러나 한국사회에 존재하는 다른 약자집단들의 경우는 이와 다르다. 제조산업과 서비스업 영역에서의 약자 그룹, 예컨대 중소상공인이나 사양 제조업자의 이익은 딱히 보호해 줄 수 있는 중앙부처가 정해져 있지도 않은 상태이다.

또한 농민들은 여전히 전근대적인 한국의 정당구도 하에서도 정치권에 의한 상당한 보호를 받을 수 있는 위치에 있다. 애당초 이념이나 정책정당이 아닌 한국의 주요 정당들은 어느 당도 FTA 정책에 대한 공식 당론을 분명하게 가지고 있지 못하였다. 그러나 한-칠레 FTA의 경우에서 보았듯 농민들의 이익 보호라는 문제에 대하여는 모든 정당들이 민감했다. 각 당에 산재해 있는 농촌지역구 출신 국회의원들의 존재 때문이었다. 한-칠레 FTA 비준동의안 처리과정에서도 모든 정당들은 사실상 특정한 당론이 없이 각 의원들에게 재량권을 부여했고,[29] 따라서 거의 모든 농촌 출신 의원들은 자신들의 소속 정당과 무관하게 실질적인 '농촌당' 소속으로서 행동하였다. 여기서 여야당의 구별이나 진보 · 보수의 차이는 없었고, 즉 정당 변수란 존재하지조차 않았고, 다만 지역구 농민들의 거센 반대를 의식한 농촌 출신 의원들과 그로부터 자유로운 비농촌 출신 의원들이 있을 뿐이었다. 사정이 이렇다면 한국의 현 정당구도도 농민의 이익 보호에 관한한 상당한 역할을 할 수 있다는 점은 인정해야 할지 모른다.

그러나 다른 이익집단들의 경우 문제는 달라진다. 농민과 같이 지역에 기반을 두고 있는 계층이 아닌 노동이나 중소기업 등 직능기반형 이익집단들은 현재의 지역 중심 정당구도 하에서는 자신들의 이익을 체계적으로 대변해 줄 정치적 대리인을 확보하기 어렵기 때문이다. 2004년의 총선 이후 민노당이 국회에 진입하였다고는 하나 지금의 비례대표 의석 비중으로는 더 이상의 의미 있는 약진을 기대하기는 사실상 어렵고, 따라서 가까운 미래에 노동의 이익이 효율적으로 대변될 가능성은 매우 낮은 형편이다. 중소 상공인의 경우는 문제가 더욱 심각하다. 노동은 비록 아직까지는 민주노총과 한국노총으로 갈려져 있지만 현재로서도 그 나름대로의 결집력이 상당한 상태이다. 그러나 중소 상공인들의 경우는 정당 연계는커녕 이익집단으로서의 기본 조건인 조직화조차도 매우 낮은 상태에 있다.[30] 효과적인 의사소통 채널을 가동할 수 있는 기제가 이들에게는 거의 존재하지 않는다는 것이다. FTA의 최대 피해집단 중의 하나일 것으로 늘 거론되면서도 막상 어떠한 FTA 추진과정에서도 중소기업집단들의 의미 있는 이익표출 행위를 발견하지 못하고 있는 이유는 여기에 있다. 막상 한일이나 한미 FTA 등 이들에게 엄청난 손실을 끼칠 거대 · 선진 경제권과의 FTA가 체결된다고 할 때 벼랑 끝에 몰릴 이들이 어떠한 행동양상을 나타낼 것인지는 상상하고도 남음이 있다. 아마도 과격한 중소기업단체가 급조될 것이며, 그들이 택할 행동은 십중팔구 강압적 채널의 활용일게다.

재차 강조하지만, 이 문제를 해결해 줄 수 있는 가장 효율적이고 궁극적인 방안은 이론과 경험이 공히 증명하듯 정당의 제 기능을 회복시키는 일이다. 정부-사회 간 의사소통 채널의 제도화가 필요하며, 그것은 바로 정당의 구조화를 통해 완성할 수 있다는 것이다. 한국적 정치현실에서 이념과 정책 중심의 정당 구조화 작업이 가능하기 위해서는 무엇보다 선거제도의 개혁이 선행되어야 한다. 지역주의와 연계되어 운영되고 있는 작금의 소선거구 일위대표제 하에서는 정책이나 이념 중심의 신생 정당이 부상할 가능성이 매우 희박하기 때문이다. 민주노동당의 제도권 진입도 비례대표제의 부분적 도입 덕이었음은 잘 알려진 사실이다. 결국 한국 정부의 FTA 추진이 사회적 혼란을 야기함이 없이 순항하기 위해서는 정부와 이익집단 간에 효과적인 의사소통 채널이 제도화되어야 하며, 그를 위해서는 우선 정치개혁이 필요하다는 것이다.

5. 맺는 말

한국의 이익집단정치와 관련된 지금까지의 논의는 최근 정부가 급속도로 추진하고 있는 한미 FTA에 대해 깊은 우려를 낳게 한다. 한국의 정당정치 구조는 한-칠레 FTA의 추진시기와 달라진 것이 전혀 없으나, 즉 사회세력들의 이익표출과 집약기제는 여전히 미비한 상태이나 미국과의 FTA 추진과정에서 발생할 사회적 저항과 반발은 칠레와의 경우와는 비교가 안 될 정도로 거세고 대규모적일 것이 확실하기 때문이다. 한미 FTA의 체결로 피해가 예상되는 집단은 과수농 정도에 그치는 것이 아니라 농업의 전 부문과 서비스업의 대부분, 그리고 제조업의 상당 부문이 될 것으로 예상된다. 그리고 각 집단이 입게 될 피해의 정도도 막대한 것이 될 가능성이 높다. 그렇다고 이 수많은 집단들의 엄청난 손해를 적절하게 다독여줄 건실한 보상체계가 준비돼 있는 것도 아니다. 이 조건 하에서라면 한국사회의 혼란상은 이미 예정된 것이나 다름없다.

한국사회에서는 협상이 개시되기 이전부터 대규모의 조직적인 한미 FTA 반대 움직임이 일었고, 그것은 지금까지 계속되고 있다. 대표적인 것이 300여 개의 경제 및 시민사회단체들로 구성된 '한미 FTA 저지 범국민운동본부(범국본)'를 중심으로 한 반대 운동이다. 출범 초기 범국본이 밝힌 자신들의 의사표출 방안은 한국 이익집단 정치의 문제점을 그대로 드러내고 있다.[31] 범국본의 계획대로 한미 FTA 반대 운동이 진행된다면 문제가 해결되는 시점까지 한국의 정치사회는 상당한 혼란상태에 빠져 있을 것이 예상된다. 그들의 행동계획서 어디에도 정당이나 국회 또는 여타의 합헌적 채널을 통한 권력 수준에서의 반대의사 표출방안은 존재하지 아니한다. 합헌적인 것이 있다면, 대중 수준에서 언론매체의 활용방안이 언급돼 있을 뿐이다. 나머지는 거의가 강압적 채널의 활용이거나 혹은 종국에는 결국 그리되게 수밖에 없는 이익표출 방안들을 명시적으로 열거하고 있다. 그런데 상기했듯 한국적 현실에서는 이 강압적 채널의 활용이 이들에게는 거의 유일한 의사표출 방안으로 남아 있다. 따라서 그들은 결국 '강압적으로' 행동할 수밖에 없을 것이고, 그렇다면 한국사회의 혼란은 피할 수 없는 것인지도 모른다. 한국의 정당 발전 정도로는 우리 사회가 한미 FTA를 넉넉히 감당해내기는 어려울 것이라는 전망이다.

주

1_ 이정희, "한국 이익집단과 정당의 상호 연계구조," 『21세기 정치학회보』 12집 2 (2002), p. 33.

2_ 정상호, "사업자단체를 통해서 본 한국과 일본의 이익정치," 『아세아연구』 통권 105호 (2001), p. 76.

3_ 정상호, "한국과 일본의 정부 위원회 제도의 역할과 기능에 대한 비교 연구," 『한국정치학회보』 37집 5호 (2003), p. 305.

4_ 정상호(2001), p. 80.

5_ 정영국, "이익집단의 발전과 역할," 안병준(외), 『국가, 시민사회, 정치 민주화』(서울 : 한울아카데미, 1995), p. 150, 정상호(2001), p. 85에서 재인용.

6_ 김왕식, "한국의 정부-이익집단의 관계 패턴," 안병준(외), 『국가, 시민사회, 정치 민주화』(서울 : 한울아카데미, 1995) ; 정상호, "한국 중소기업 집단의 이익정치: 중기협을 중심으로," 『한국정치학회보』 36집 4호(2002).

7_ Gabriel A. Almond and G. Bingham Powell, Jr., *Comparative Politics Today : A World View* 4th. ed.(Boston : Scott, Foresman and Company, 1988), pp. 71-76.

8_ 노동의 경우만 보더라도 이러한 경향은 매우 뚜렷하다. 1981년과 1986년의 7년 동안 한국의 노동쟁의는 총 1,026건에 불과했다. 그러나 민주화 시기에 들어간 초기 3년간인 1987년에서 1989년 사이 그 건수는 무려 7,200건에 달했다. 연 평균 노동쟁의 건수가 민주화 이후 16배 이상 증가한 것이다. Robin Broad, John Cavanagh, and Walden Bello, "Development : The Market Is Not Enough," *Foreign Policy*, 81 (Winter 1990-1991).

9_ 유현석, "한-칠레 자유무역협정 협상의 국내정치 : 국내협상의 이해집단과 국내제도를 중심으로," 『한국정치학회보』 36집 3호(2002), pp. 186-191.

10_ 한겨레신문, 2003년 12월 30일.

11_ 2월 9일 이후 한국의 양대 신문인 동아일보와 조선일보는 분석기사와 일반 칼럼은 물론 거의 매일 한-칠레 FTA의 국회비준 필요성을 강조하는 사설을 올림으로써 사태의 중요성과 긴박성을 알리는 데 앞장섰다.

12_ 2002년 12월 한국경제신문사와 LG경제연구원이 공무원, 기업인, 대학교수, 연구원 등 경제 전문가집단을 대상으로 공동 실시한 설문조사(응답자 3백 명)에서는

68.3%가 FTA 등의 시장개방 조치는 적극 추진돼야 한다고 응답했다(한국경제신문, 2002년 12월 24일). 한편, 한국무역협회가 2003년 10월 말 무역업계를 대상으로 설문 조사한 결과 응답업체(261개사)의 89%가 '한-칠레 FTA 비준에 찬성한다' 고 대답했다(세계일보, 2003년 11월 10일). 이같은 경향은 대학생들에게서도 동일하게 나타나는 것으로 밝혀졌다. 2004년 1월 전경련이 대학생 237명을 대상으로 설문조사를 실시한 결과 그들의 90% 이상이 한-칠레 FTA 체결을 지지한다고 답한 것이다(조선일보, 2004년 2월 16일).

13_ 문화일보, 2004년 2월 16일.

14_ 정인교 · 이경희, "한 · 칠레 자유무역협정의 추진배경, 경제적 효과 및 정책적 시사점," 『대외경제정책연구원 정책연구』 7(2000).

15_ 안세영, "자유무역협정에 대한 국내 이해집단의 반응에 관한 연구 : 한 · 칠레 FTA 협상사례를 중심으로," 『무역학회지』 28권 2호(2003), p. 65.

16_ 이들 중 대한상공회의소와 중기협 회장은 적어도 명목상으로는 중소기업의 대표기능도 수행하는 것이었으나 이들의 이익표출 내용은 대외경제정책 분야에서는 대체적으로, 그리고 특히 한-칠레 FTA 문제와 관련해서는 거의 정확하게 대기업집단 대표들의 그것과 일치했다.

17_ 국회의 비준 동의를 촉구하는 내용의 동 건의문들은 각각 2003년 7월 15일과 10월 20일, 2004년 2월 9일과 11일, 그리고 15일에 발표되었다.

18_ 예컨대, 2004년 2월 8일 재계5단체장은 정동영 의장 등 열린우리당 핵심 간부들과의 간담회를 마련, 한-칠레 FTA의 신속한 국회 비준 처리를 열린우리당 의원들이 적극적으로 노력해달라고 당부했다(매일경제신문, 2004년 2월 9일).

19_ 2002년 9월 현재 구독률 순서에 따른 한국의 5대 일간지는 조선일보, 중앙일보, 동아일보, 한겨레신문, 한국일보 등인 것으로 밝혀졌다(프레시안, 2002년 9월 26일).

20_ 한겨레신문, 2003년 11월 21일과 2004년 2월 11일 사설.

21_ http : //www.kaff.or.kr

22_ 한겨레신문, 2001년 3월 6일.

23_ 경향신문, 2002년 10월 23일.

24_ 매일경제신문, 2003년 1월 9일.

25_ 매일경제신문, 2004년 1월 7일.

26_ 매일경제신문, 2003년 1월 9일.

27_ 매일경제신문, 2004년 1월 7일.

28_ 실제로 국회는 2004년 2월 FTA 비준안을 통과시키고, 그에 이어 「농어민 부채경

감 특별조치법」 개정안과 「농어민 삶의질 향상 및 개발촉진 특별법」, 그리고 「FTA이행 특별법」 등 농어민을 위한 3대 지원 법안을 가결시켰다.

29_ 한나라당의 권고적 찬성 당론은 이미 25명의 반대자를 인정하고 결정한 신축적 당론이었고, 민주당은 자유투표로 임했으며, 오직 열린우리당만이 찬성 당론을 세웠으나 막상 표결 과정에서는 거기서도 3명의 반대자가 나올 정도였다.

30_ 정상호, "한국 중소기업 집단의 이익정치: 중기협을 중심으로," 『한국정치학회보』 36집 4호(2002), p. 196.

31_ 범국본, "한미 FTA 저지 범국민운동본부 발족식 자료," 2006년 3월 28일.

5

협상이론 측면에서 본 한국의 FTA 협상 분석

양기웅(한림대 사회과학대학 정치행정학과 교수)

* * *

이 논문은 한국의 주요 FTA 사례(한-칠레, 한-싱가포르, 한-ASEAN, 한-일, 한-미)의 비교 사례연구를 통해 한국의 FTA 협상전략을 분석한다. 이를 위해 양면게임이론(two-level game approaches)을 응용할 것이며, 특히 국내협상전략을 중점적으로 고찰한다. 한편 이 글에서는 협상에서 '언어정치(language politics)'의 문제를 제기한다. 협상이론은 일반적으로 이해득실이 합리적으로 그리고 명확하게 계산될 수 있음을 전제로 하지만 현실세계의 협상은 종종 그렇지 않다. 이때 이른바 '통설'이 만들어지고 '통설'의 힘이 작동한다. 통설은 과학적이지 않은 이해득실의 계산법을 제시하고 합리적이지 않은 지지-반대의 '연합'을 만들어낸다. 여기서 통설이란 일종의 사이비 '인과관계'를 만들어내는 이론과 설명 등을 의미하며, '언어권력(language power)'은 언어와 상징의 조작을 통해서 이런 통설을 만드는 힘이고, '언어정치(language politics)'는 이런 통설을 만들고 만들어진 통설에 의해 지배받는 정치라고 정의한다. 이 글에서는 어떤 통설이 협상의 정치과정을 불합리하게 지배하고 있는지를 살펴본다.

주제어 : 한미, 한일, 한국, FTA, Negotiation, Strategy, Language Politics, Discourse Analysis

1. 서론

이 글에서는 한국의 FTA 사례들을 비교분석함으로써 한국이 어떠한 협상전략을 채택해 왔는지를 살펴본다. 협상사례로서는 ① 한-칠레 FTA, ② 한-싱가포르 FTA, ③ 한-ASEAN FTA, ④ 한-일 FTA, ⑤ 한-미 FTA 등을 포함한다. 비교사례를 위한 이론틀로서는 퍼트남(Robert D. Putnam)의 양면게임이론을 이용할 것이며, 여기서는 특히 국내 협상전략을 중점적으로 고찰한다.

한편 이 글에서는 협상에서 '언어정치(language politics)'의 문제를 제기한다. 협상이론에서는 일반적으로 당사자들의 이해득실이 합리적으로 그리고 명확하게 계산될 수 있음을 전제로 한다. 하지만 실제로는 이익과 비용의 계산은 복잡하고 불분명해서 협상결과가 자신에게 어느 정도 이익이고 또 손실인지를 판단하기가 쉽지 않은 경우가 많다. 특히 많은 사안이 연계되어 있는 패키지 협상(예를 들어 한미 FTA)의 경우가 더욱 그러하다. 이때 이른바 '통설'이 만들어지고 '통설'의 힘이 작동한다. 통설은 과학적이지 않은 이해득실의 계산법을 제시하고 합리적이지 않은 지지-반대의 '연합'을 만들어낸다. 여기서 통설이란 일종의 사이비 '인과관계'를 만들어내는 이론과 설명 등을 의미하며, '언어권력(language power)'은 언어와 상징의 조작을 통해서 이런 통설을 만드는 힘이고, '언어정치(language politics)'는 이런 통설을 만들고 만들어진 통설에 의해 지배받는 정치라고 정의한다. 이 글에서는 어떤 통설이 협상의 정치과정을 불합리하게 지배하고 있는지를 살펴본다.

2. 이론적 고찰

1) 국제협상과 양면게임이론

한미 FTA를 둘러싼 정치과정에서도 목격하듯이 이제 외교와 내정이 융합되는 시대가 되었다는 것은 상식이 되었다. 양면게임이론(two-level game approach)[1]이 주목받는 까닭이 여기에 있다.[2] 특히 국제협상을 분석할 때 양면게임이론은 상당히 유용한 틀이다. 양면게임이론은 다음의 세 가지 측면에서 기존의 이론과 구별된다. 첫째, 이 접근방법은 국제협상이론(International Bargaining Theory)이다. 둘째, 이 이론은 기존의 이론과 달리 핵심적이며 전략적인 행위자로서 정치가(the Statesman as the Central Strategic Actor)를 강조한다. 셋째, 이 이론의 가장 중요한 특징은 정치가의 전략을 국내정치와 국제정치로부터 오는 제약요인과 기회를 동시에 계산하는 것으로 규정한 데 있다. 양면게임의 이론적인 특징은 협상상황에서 국내적 차원과 국제적 차원을 동시에 이용하는 전략을 분석하고 분류하는 데 있는 것이다.[3]

양면게임이론의 구조를 간략히 소개하면 다음과 같다.[4] 국제협상은 국내적 차원의 게임(Level Ⅱ = 국내의 여러 집단들이 자국정부에 대하여 자신에게 유리한 정책을 채택하도록 압력을 행사함으로써 자기 이익을 추구하는 한편, 정치가는 그 과정에서 지지연합을 재편함으로써 자신의 권력기반의 확대를 추구하는 게임)과 국제적 차원의 게임(Level Ⅰ= 외교상의 불리한 결과를 극소화하고 국내적 압력을 만족시키는 능력을 극대화하는 게임)이라는 두 가지 게임으로 구성되어 있고, 협상자는 이같은 양면게임의 경계에 서서 두 가지 게임을 동시에 운용한다. 협상자는 레벨Ⅰ과 레벨Ⅱ 양 방향의 제약을 받을 수도 있고, 때로는 그러한 제약을 기회로 활용하기도 한다.

양면게임이론에서 국제적 합의란 레벨Ⅰ(국제협상 차원)에서 이루어지지만 그 합의는 레벨Ⅱ(국내정치 차원)에서 비준되어야 한다. 여기에서 비준(ratification)은 합의내용을 수정하지 않는 형태로[5)] 지지 혹은 반대만을 결정하는 양자택일적 정치과정(straight up-or-down voting)을 의미하며, 그 이미지는 의회의 비준과정과 유사하다. 그런데 퍼트남의 비준 개념에는 법률적(공식적) 비준뿐만 아니라 정치적(비공식적) 비준도 포함되어 있다. 양면게임이론의 비준 개념은 국내적 지지를 동원하는 정치과정이라고 말해도 좋다. 따라서 비준자 그룹에는 의회, 관료, 이익집단, 사회적 계급, 여론 등 모든 국내행위자가 포함될 수 있다.

협상자는 레벨Ⅱ의 비준과정에 들어가기 전에 미리 자신이 갖고 있는 협상안의 비준 가능성을 계산할 것이고, 그 계산을 토대로 해서 레벨Ⅰ에서의 행동을 결정할 것이다. 양면게임이론은 '윈셋'(win-set)이라는 주요 개념을 제시한다. 윈셋은 협상자가 가지고 있는 많은 협상안 중에서 비준 가능한 협상안의 집합을 의미한다. "윈셋이란 레벨Ⅱ(국내정치)에서 수정 없는 찬반투표를 할 경우 (비준과정에서) 이길 듯한, 즉 비준에 필요한 과반수를 획득할 듯한 레벨Ⅰ

(국제협상)에서의 모든 협상안의 집합"이라고 정의된다.[6] 퍼트남은 윈셋과 관련된 두 가지 명제를 제시한다.

> "(명제 1) 윈셋이 크면 클수록 레벨 I에서 국제적 합의를 도출할 가능성은 높아진다.
>
> (명제 2) 윈셋 사이즈의 크고 작음은 협상에서 얻을 수 있는 이익이 협상자들 사이에서 어떻게 분배되는가에 영향을 미친다. 즉 윈셋 사이즈가 크게 보이는 협상자는 상대방으로부터 공격을 받을 수 있고, 윈셋 사이즈가 작은 협상자는 협상을 유리하게 하는 조건이 될 수 있다."

두 가지 기본명제에 의하면 국제적 합의는 양자의 윈셋에 교집합(交集合)이 존재하는 경우에만 가능하며, 그 윈셋 교집합(overlap of win-sets)의 사이즈와 합의 가능성은 비례하고 윈셋 사이즈와 협상력은 반비례한다. 협상자에게 합의도출을 위해서는 큰 윈셋이 바람직하지만 상대방과의 흥정과정에서는 큰 윈셋이 불리하게 작용하기도 하는 일종의 딜레마가 성립된다(협상자들은 자신의 윈셋이 작다는 사실을 협상을 유리하게 이끄는 조건으로 활용하기도 하지만 처음부터 지나치게 작은 윈셋은 '비자발적 협정불이행(involuntary defection)' 의 가능성을 높이기 때문에 오히려 상대방에게 '이면보상(side payments)' 을 해야 하는 문제를 발생시키기도 한다). 여하튼 협상에서 자신과 상대방의 윈셋의 크기를 측정할 수 있다면 협상결과를 예측하거나 설명하는 데 아주 유용할 것이다.

그러면 윈셋을 결정하는 요인(determinants of win-set)에는 어떤 것들이 있는가? 첫째는 '비준자의 선호(preferences)와 연합' 이 있다. 여기에는 비준자의 이익과 비용의 분포가 어떻게 이루어지는가, 비준자 그룹의 정치적 영향력은 어느 정도인가, 비준자 간의 연합이 어떻게 형성되어 있는가, 이슈의 성격은 어떠한가(가령 동질적인가, 이질적인가) 등의 변수가 포함된다. 둘째는 비준제도(institutions)가 있다. 여기에는 국가의 자율성, 법적 절차, 협정의 법적 지위, 여당의 당규율 등의 변수가 포함된다. 셋째는 협상전략(strategies)이 있다. 가령 반향(reverberation)전략이나 자기손목묶기전략(tying-hands strategies) 등이 있다.

2) 국내협상전략

협상자는 일반적으로 자신의 윈셋—일종의 협상재량권—을 확대시키고자 하는 동기를 가지고 있다. 윈셋을 확대시키기 위해서 협상자는 국내협상을 성공적으로 운용해야 한다. 위에서 말한 바와 같이 윈셋의 결정요인은 국내 차원에 속하는 것이 대부분이기 때문이다. 윈셋 결정요인을 좀더 구체적으로 살펴보자.

첫째 비준자가 어떤 사회경제적 계층, 산업에 속하는가가 윈셋의 크기에 영향을 미친다. 가령 농민의 경우는 시장개방을 전제로 하는 FTA 협상에 대해서는 이익보다는 더 큰 비용을 발견하게 될 것이고, 다른 조건이 같다면 시장개방 합의에 반대할 것이다. 반대로 수출능력이 있는 제조업자의 경우는 시장개방을 통한 수출증진에 대한 기대감으로 시장개방 합의에 찬성할 것이다(하지만 모든 제조업자가 시장개방에 찬성하는 것은 아니다. 국제적 경쟁력이 없는 제조업의 경우는 농민과 마찬가지로 개방의 비용이 이익보다 더 크다고 판단하고 합의에 반대할 것이다). 따라서 정치가(협상자)들은 비준자의 사회경제적 이익-손실을 잘 분석해야 한다.

둘째, 비준자의 이익과 손실의 '집중-분산도'가 윈셋의 크기에 영향을 미친다. 일반적으로 계량수치상 이익이 손실보다 크면 윈셋이 확대될 가능성이 높다. 하지만 현실에서는 늘 그런 것이 아니다. 이익과 비용을 계산할 때 반드시 고려해야 하는 것은 이익과 손실이 얼마나 집중적이냐 혹은 분산적이냐 하는 것이다. 가령 쌀시장 개방은 농민에게 '집중적인' 손실을 초래하지만 도시생활자에게는 '분산적인' 이익을 가져다 준다. 이익과 손실의 총합에서 비록 이익이 더 크다 해도 이 경우 윈셋은 축소될 가능성이 높다. '집중적인' 손실을 받는 그룹은 잘 조직화되고 효과적으로 동원됨으로써 국내비준 과정에서 더 큰 영향력을 행사할 수 있기 때문이다(가령 쌀시장 개방의 이익이 예상되는 도시생활자들이 시장개방을 지지하는 조직을 만들지 못하는 이유가 여기에 있다). 이익과 손실의 집중-분산도는 결국 잠재적인 비준자들의 비준과정 참여율에 영향을 미침으로써 윈셋 크기에 영향을 주는 것이다. 따라서 정치가(협상자)들은 이익과 손실의 집중-분산도와 비준참여율을 잘 계산해야 한다.

셋째, 비준자의 정치적 영향력이 윈셋의 크기에 영향을 미친다. 합의에 찬성하는 그룹의 영향력이 반대하는 그룹의 그것보다 크면 다른 조건이 같다는 전제 하에서 윈셋의 크기는 커진다. 정치적 영향력은 조직 정도, 동원능력 등의 영향을 받겠지만 소수 그룹이라고 해도 잘 조직되어 있다면 더 큰 영향력을 행사할 수도 있다. 따라서 정치가(협상자)들은 비준자의 정치적 영향력을 잘 계산해야 한다.

넷째, 이슈가 이질적이냐 혹은 동질적이냐가 윈셋의 크기에 영향을 미친다. '동질적 이슈'의 예로서는 영토협상을 전형적인 것으로 들 수 있다. 영토문제를 협상함에 있어서 국내적 비준자들의 이해관계는 동질적이다. 이 경우는 다다익선이 요구될 것이고, 협상자의 윈셋은 극히 제약되기가 쉽다. 한편 '이질적 이슈'의 예로서는 대부분의 시장개방 협상을 지적할 수 있다. 가령 한국-칠레 FTA 협상에서 국내적 이해관계는 이질적으로 나누어졌다. 포도, 배 등을 생산하는 농민들은 협상에 반대했고, 협정체결로 수출증대가 예상되는 제조업체(예컨대 휴대전화 브랜드 등)들은 찬성하는 입장이었다. 다른 조건이 같다면 동질적 이슈보다는 이질적 이슈에서 협상자의 윈셋은 확대될 가능성이 높다. 따라서 정치가(협상자)들은 이슈의 성격을 철저하게 분석해야 한다.

다섯째, 이슈에 대한 정치화의 정도가 윈셋 크기에 영향을 미친다. 정치화 과정은 무관심 계층을 자극하여 합의의 이익이나 혹은 손실의 크기를 증폭시키는 역할을 한다. 가령 어떤 사안이 정치화됨으로써 합의비용에 대한 관심이나 우려가 별로 없던 그룹들이 합의에 대한 불안감을 가지게 되고, 이들이 반대 그룹으로 편입된다면 윈셋의 크기는 축소될 것이다. 반대의 경우도 성립된다. 따라서 윈셋의 크기를 조작하고자 하는 정치가(협상자)들은 사안의 정치화(혹은 비정치화) 전략을 고려해야 한다.

여섯째, 사안 간의 연계가 윈셋의 크기에 영향을 미친다. 단독 이슈라면 반대했을 그룹이 자신들이 선호하는 다른 이슈와 사안이 연계된 패키지 협상이기 때문에 찬성으로 돌아서는 경우가 있다. 가령 한미 스크린쿼터 협상에서 스크린쿼터만이 단독으로 협상된다면 반대하거나 혹은 무관심했을 그룹들이 스크린쿼터의 축소가 한미투자협정의 체결과 연계되자 자신의 선호와 정치적 입장을 변경시킨 것을 들 수 있다. 따라서 정치가(협상자)들은 사안의 연계 혹은 교환을 통한 선호의 재구성 전략을 고려해야 한다.

일곱째, 광범위한 의미의 비준제도가 윈셋의 크기에 영향을 미친다. 앞서도 말한 바와 같이 비준제도에는 '국가의 자율성', '법률적 절차', '협정의 법적 지위', '여당의 당규율' 등 많은 변수가 있다. 하지만 비준제도 자체는 단기간에 변경하기가 어렵기 때문에 협상자에게는 이미 주어진 조건일 가능성이 높다.

3) 협상의 '언어정치(language politics)'

아울러 여기서는 '언어정치가 협상결과 혹은 윈셋 크기에 영향을 미친다'는 예비가설을 제시하고자 한다. 이 부분은 퍼트남의 연구에서도 언급된 바 없고 향후 본격적인 개념화와 가설검증 작업이 필요한 주장이지만 이 논문에서는 일단 문제제기 차원에서 '언어정치' 가설을 제시하고자 한다. 일반적으로 양면게임이론을 포함한 협상이론들은 비준자들의 이해관계가 비교적 명확하게 계산될 수 있다고 전제한다. 하지만 현실세계, 가령 복합적 이슈의 협상의 경우는 사안연계에 따르는 내부적인 선호(preferences)의 교환구조를 가지고 있기 때문에 이익과 손실의 계산이 복잡하고 모호한 경우가 많다. 가령 한미 FTA를 통해서 자신에게 이익이 많은지 손실이 많은지를 판단하기는 쉽지 않다. 이때 이른바 '사이비 인과관계'의 이론이나 주장으로서 '통설'이 등장한다. 통설은 당사자의 이해득실에 대해 비합리적인 계산법을 제시하고(어떤 경우는 손실에 대한 우려를 증폭시키기도 하고 어떤 때는 이익에 대한 기대를 과장하기도 하면서) 혹은 중립적인 무관심층을 동원하여 특정한 연합으로 재편하거나 배제시키는 역할도 한다.

한미 FTA 협상을 지지하는 그룹의 주장에도 반대하는 그룹의 주장에도 '통설'이 존재한다. 가령 찬성하는 그룹의 '한국경제 업그레이드론'이나 반대하는 측의 '양극화심화론'도 일종의 통설일 수 있다. 구체적으로 FTA를 통해서 경제가 어떻게 업그레이드되는지 혹은 어떻게 양극화가 심해질 것인지를 과학적으로 증명하지 않는 한, 이런 주장은 '통설'에 불과하고, 사회를 과잉정치화시키고 비합리적인 정책결정과 불필요한 사회적 분열을 초래할 우려가 있다. 이 글의 후반부에서 '쌀의 관세화 유예조치'의 언어정치적 측면을 살펴보는 것으로 이 글의 문제제기를 부분적으로나마 정당화하고자 한다.

3. 한국의 FTA 협상사례

1) 한-칠레 FTA 협상

① 협상과정

1998년 11월 5일 대외경제조정위원회는 범세계적인 지역주의 확산에 적극 대응하고, 안정적인 수출기반을 확보하며, 해외투자의 적극적 유치를 위하여 FTA를 추진하기로 하고, 첫 대상국으로 칠레를 선정하였다.[7] 1999년 9월 APEC 정상회의에서 양국 정상회담을 통해 FTA 협상의 개시가 합의되었고, 1999년 12월부터 2000년 12월까지 4차례 협상이 개최되었다. 2000년 11월 브루나이 APEC 정상회의에서 양국 정상들은 회담을 통해 한-칠레 FTA 협상의 조기타결을 합의하였고, 2002년 8월 제5차 협상이 산티아고에서 개최되었다. 그리고 2개월 후인 10월 칠레와의 FTA 협상이 마침내 타결되었다.

② 협상쟁점

양국 간 협상에 3년 가까운 시일이 소요된 첫 번째 이유는 투자 및 서비스, 무역규범 등 대부분의 분야에서 쉽게 합의에 도달하였으나 농업부문과 공산품 부문의 의견차이로 한때 협상이 교착에 빠졌기 때문이었다. 칠레는 모든 농산물을 자유화 대상에 포함시켜야 한다고 요구한 반면, 한국은 민감한 쌀과 사과, 배, 포도 등 일부 과실류를 자유화 대상에서 완전히 제외시키자는 입장이었다. 이후 칠레는 2001년 2월, 한국산 수입공산품에 대한 관세를 유지하는 안을 다시 제시하였다. 칠레 측 양허안은 그동안 언급하지 않았던 냉장고, 세탁기 등 257개 품목을 협상대상에서 제외하거나 10년 동안 연차적으로 관세를 내리자는 안을 포함하고 있었다. 이 양허안은 칠레의 주력 수출품인 농산품에 대한 관세철폐 예외 인정을 담은 한국 측 요구안에 대한 맞대응으로 파악되었으나 공산품 수출을 증대시키려는 한국으로서는 받아들일 수 없는 것이었다. 하지만 제5차 협상에서 양국은 서로의 핵심 요구를 수용하는 입장을 보였고, 2002년 9월과 10월에 열린 상품 양허안 별도 회의에서 한국은 쌀, 사과, 배 등 핵심적 관심품목의 관세철폐 예외를 얻어냈고, 칠레는 한국의 주력 수출품목인 세탁기, 냉장고의 관세철폐 예외를 얻어냈다.[8]

협상의 또 다른 쟁점은 금융 서비스 포함문제에 대한 양국 간 갈등이었다. 제5차 회담이 성공적으로 종료된 후 제6차 협상에서 칠레는 금융 서비스 분야를 FTA에서 제외하자고 주장하였다. 이러한 칠레의 요구에 대해 금융 서비스를 반드시 포함시키자는 한국의 재정경제부와 협상타결을 우선시하는 외교통상부 간에 내부갈등이 빚어지기도 하였다. 이후 한국의 재정경제부는 금융 서비스 분야를 협정 발효 후에 다시 논의하자는 타협안을 제시하였지만 칠레는 자신들의 안이 받아들여지지 않으면 협상결렬도 불사하겠다는 강경입장을 고수하였다. 결국 이 문제는 제6차 협상이 결렬된 후 양국 협상대표단이 이틀간의 의견조율을 통하여 이번 FTA에서는 금융 서비스 분야를 제외하되 4년 후에 포함 여부를 다시 논의하기로 합의하면서 일단락되었다.[9]

③ 협상결과

한-칠레 양국은 제네바에서 개최된 제6차 협상 및 후속 협상을 통하여 금융기관에 대한 투자문제 등 잔여쟁점을 모두 해결함으로써 1999년 12월 시작한 한-칠레 FTA 협상을 타결지었다. 이로써 농산물 · 공산품을 포함한 상품 양허안과 시장접근, 원산지 규정, 투자 · 서비스, 무역규범, 지적재산권, 통관절차, 위생검역조치, 기술장벽, 경쟁정책, 분쟁해결 등 협정문의 모든 분야에 합의를 보았다.

한-칠레 FTA 협상은 양국이 협상타결을 위해 핵심적 관심품목을 관세인하 대상에서 제외시켰기 때문에 이루어질 수 있었다. 칠레 측은 한국의 가장 민감한 쌀, 사과, 배에 대한 예외를 허용했고, 한국 측은 칠레 측에 대해 냉장고 및 세탁기 등에 대한 예외를 허용하였다. 또한 칠레에 대한 농산물 관세철폐가 농산물에 대한 고관세 구조에 영향을 줄 수 있을 뿐만 아니라, 진행 중인 DDA 농업협상에서도 불리하게 작용할 수 있다는 점을 감안하여 가능한 한 민감한 품목에 대해서는 관세철폐 시한을 늦추거나 일정량의 쿼터물량(TRQ)[10]을 칠레 측에 배정해 주는 것으로 합의하였다. 특히 마늘, 양파, 고추, 분유 등 370여 개의 농업품목의 자유화를 DDA 협상이 종료된 이후 논의하기로 합의하였다. 또한 농산물에 대한 양자 간 세이프가드를 협정문에 포함시킴으로써 수입이 급격하게 증가하는 경우를 대비한 조치를 마련하였다.

④ 협상전략

한-칠레 FTA를 거대경제권으로의 진출을 위한 거점기지 마련이라는 측면에서 본다면 협상타결 자체만으로도 한국으로서는 성공적인 결과를 얻었다고 볼 수 있다. 하지만 양자협상의 차원에서 보면 한-칠레 FTA 협상은 협상전략상에서 몇 가지 문제점을 지적할 수 있다.

첫째, 일반적으로 통상협상은 국내적 이해관계가 이질적인 경우가 많다. 한-칠레 FTA도 마찬가지였고 농민들은 패자산업으로, 재계는 승자산업으로 나누어졌다. 그런데 패자산업의 농민들이 이슈를 정치화하고 협상타결에 강하게 반발한 것과는 대조적으로 승자산업의 재계는 협상타결을 위하여 효과적으로 정부를 지지하지 않았다. 농업문제를 포함해서 일부 산업이 쟁점이 되면 경제적 합리성이 극히 제약되고 행위자들은 과잉정치화하는 경향을 보이며, 그 결과 협상자의 재량이 지나치게 제약되어 경직된 협상전략을 채택하게 하거나 패자산업에 대한 지나친 국내적 보상문제가 제기되어 사회적 · 국가적 과잉비용과 '협정의 비자발적 불이행' 가능성을 초래하기도 한다.

둘째, 국회의 비준이 합리적 예측을 넘어서는 수준의 진통을 겪고 난항한 것도 향후 반드시 개선책을 모색해야 하는 중대한 문제점으로 판단된다. FTA와 관련하여 지금 한국의 국회는 통상절차법을 제안하고 있다. 통상절차법은 주로 행정부의 FTA 협상 재량권을 견제하려는 목적을 가지고 있고 조약체결에 대한 국회의 사전동의권을 요구하고 있다. 하지만 지금의 국회로서는 통상절차법이 무리라는 생각이 든다. 자칫하면 대외협상은 더욱 국내적으로 발목이 잡히기 쉽고 정책결정의 합리적 선택이 더욱 어려워질 수도 있다. 국회의 비준기능이 제대로 작동하기 위해서는 한국판 '신속처리법안(fast track)'과 '통상절차법'이 동시에 추진되어야 하고 의원들은 선거구로부터 보다 자유로워져야 한다.

셋째, 협상과정에서 한국 측은 자신의 협상목표를 너무 성급하게 노출시키는 모습을 보였다. 협상 막바지에 금융 서비스에 대한 한국의 요구를 칠레가 협상 자체의 무산도 불사하겠다고 반발하면서 강한 대결전략을 구사했던 것도 이런 맥락에서 이해될 수 있을 듯하다. 협상목표의 조기 노출은 국내 정치상황과도 깊은 연관성이 있기 때문에 다른 사례와의 비교분석이 반드시 필요하다.

2) 한-싱가포르 FTA 협상

① 협상과정

싱가포르는 다른 동아시아 국가에 한발 앞서 신속하게 FTA를 추진하기 시작하여 2004년에 이미 18개국과 FTA를 체결한 국가이다.[11] 한국-싱가포르 FTA 논의는 1999년 9월 APEC 정상회담에서 고촉통 총리가 양국 간 FTA 체결을 제안함으로써 시작되었다. 이후 싱가포르 측에서 적극적으로 추진의사를 밝혀왔고, 이에 2002년 10월 대외경제장관회의에서 싱가포르와의 FTA 추진이 결정되었다. 이어 양국은 2002년 11월 시드니 통상장관회담에서 정부 간 FTA 협상에 앞서 양국 간 FTA 문제를 논의하기 위한 산관학 공동연구회를 출범시켰고, 동 연구회는 2003년 10월 초 최종보고서를 통해 양국 정부에 FTA 협상의 조속한 개시를 권고하였다.[12]

공동연구회의 이러한 권고에 기초하여 양국 정상은 2003년 10월 개최된 정상회담에서 양국 정부 간 FTA 협상을 개시할 것을 선언하였다. 이에 따라 2004년 1월부터 11월까지 본격적인 정부 간 협상을 진행하였다. 제1차 협상에서 양국은 FTA 협상의 효율적 추진을 위해 협상분야를 구성하고, 향후 제1-2차 협상에서는 먼저 협정문안을 협의하고 제3차 협상시부터 상품 양허안 협상을 시작하여 제5차 협상시 주요 쟁점을 타결하는 것을 목표로 하자는 대략적인 일정에 합의하였다. 이에 따라 양국은 제1차 협상시부터 협정문안 협의에 들어가 제4차 협상시까지 상당 부분의 협정문안에 대한 합의를 이루었으며, 제3차 협상시에 상품 양허안, 품목별 원산지 기준안, 서비스 · 투자 유보 리스트 등을 교환하고 이에 관한 본격적인 협상에 돌입하였다. 제5차 회담에서 주요 쟁점사항 대부분에 대해 논의한 양국은 2004년 11월 라오스에서 개최된 ASEAN+3 정상회담 기간 중 개최된 양국 정상회담에서 FTA 협상을 실질적으로 타결하였다.[13]

② 협상쟁점[14]

한-싱가포르 FTA 협상의 가장 큰 쟁점은 상품분야의 양허안과 품목별 원산지 기준안 등을 중심으로 한 한국 측의 시장개방 폭과 서비스 및 투자, 정부조달, MRA 등 여타 분야에서 싱가포르의 개방 수준에 대한 양국의 입장 차이로 정리할 수 있다. 이러한 쟁점에 대한 양국 간 입장 차이가 극명하게 드러남에 따라 가장 본격적인 교섭이 이루어진 협상은 제4차 협상이었다. 제3차 협상까지는 협정문의 기본골격 및 협정문에 포함될 기본원칙을 중심으로 협의하고 쟁점사항은 상품양허안 및 품목별 원산지 기준안에 대한 협의가 어느 정도 완료된 후 논의하자는 데 양국이 동의하였으므로 비교적 순조롭게 진행되었다. 그러나 제4차 협상시부터 협정문 부속서에 들어갈 11,261개 품목에 대한 구체적 개방계획 및 각 품목별 원산지 기준과 함께 제3차 협상 때까지 입장 차이를 좁히지 못했던 협정문안 관련 잔여 쟁점을 본격적으로 논의하게 됨에 따라 양국 간 입장 조율이 난관에 처하게 되었다.[15]

먼저 상품 양허안과 관련하여 싱가포르는 한국이 제시한 양허 수준이 미흡하다는 입장을 보이면서 특히 석유 및 석유화학 제품 등 싱가포르의 주요 수출품목에 대한 추가 양허를 집중적으로 요청하였다. 실제로 양국의 주요 교역품목을 보면 반도체 및 컴퓨터 등 IT 제품이 교역액 중 가장 큰 비중을 차지하고 있는데, 이들 IT 제품의 경우 대부분의 품목에 대하여 이미 무관세가 적용되고 있어 FTA 체결로 인한 추가 개방 부담이 거의 없다. 따라서 현재 관세가 부과되고 있는 교역품목 중 싱가포르가 경쟁력을 가진 석유 및 석유화학 제품 등에 싱가포르 측의 개방 요구가 집중되었던 것이다.[16]

또한 품목별 원산지 기준과 관련하여서도 한국 측이 단순 가공 등을 통한 싱가포르 주변국으로부터의 우회수입을 방지하기 위하여 엄격한 원산지 기준을 제안한 데 대해 싱가포르 측은 가공무역이 발달한 자국의 산업현실을 고려하여 주요 수출 관심 품목을 중심으로 느슨한 기준을 제시하는 등 시각차를 보였다.

상품분야에서는 주로 한국 측의 양허 폭을 중심으로 협의가 이루어졌고, 한국은 여타 분야에서 상품분야 양허에 상응하는 이익을 확보할 수 있도록 싱가포르의 추가 개방을 요구하였다. 즉 서비스 및 투자분야에 있어서 싱가포르의 적극적인 개방을 요구하였으며, 싱가포르 정부조달 시장에 진출하는 건설기업의 어려움을 해소할 수 있도록 제반 요구사항을 제기하고 싱가포르의 전향적인 검토를 촉구하였다.

③ 협상결과

한-싱가포르 FTA 협상결과를 요약하면 다음과 같다.[17] FTA 협상의 핵심이라고 할 수 있는 상품시장 개방의 경우 소주, 맥주 등 주류 6개 품목에 대해 실행관세를 부과 중인 싱가포르는 협정발효 즉시 관세철폐를 약속하였으며, 한국은 품목수 기준으로 91.6%에 해당하는 품목의 관세를 10년 내 철폐키로 하였다. 공산품의 경우는 대부분 개방대상에 포함되었으나 석유화학 제품의 경우 세계 다국적 기업들이 세계적 규모의 생산설비를 싱가포르 내에 갖고 있어 개방할 경우 한국 업계의 피해가 우려되어 상당 부분 예외품목으로 하였다. 아울러 한국 측 내부적으로 민감한 농림수산물의 상당수는 개방대상에서 제외시켰다. 또한 한-싱가포르 간 교역이 이루어지는 상당수의 품목(2003년 기준 75.7%)이 무관세여서 상호 교역이 급속히 늘어날 것으로 예상되지는 않았으나, 협정에 따른 관세철폐나 감축으로 인해 수입이 증가하여 국내산업에 심각한 피해를 초래하거나 피해를 초래할 우려가 있는 경우 양자가 긴급수입제한제도(세이프가드 조치)를 발동할 수 있도록 하였다.

둘째, 싱가포르가 재수출 비중이 높은 중계무역항임을 감안, 우회수입 방지를 위해 비교적 엄격한 원산지 규정을 마련하였으며, 세관이나 상공회의소 등 정부가 지정한 기관에서 원산지 증명서를 발급하도록 하는 기관발급제를 채택하였다.

셋째, 개성공단 등 북한 경제특구 생산제품에 대해서도 한국에서 생산된 제품과 동일한 특혜관세를 부여키로 하였다. 북한산의 경우 주요국들이 상대적으로 높은 관세를 부과하고 있어 수출이 어려운 상황인 점을 감안할 때, 이 규정은 앞으로 개성공단 생산제품의 해외 판로 개척을 위한 선례가 된다는 점에서 큰 의의가 있다고 볼 수 있다.[18]

넷째, 서비스 분야의 경우, 상대국 서비스 공급자에게 내국민대우 및 시장접근 권리를 부여하고 국내규제 투명성을 제고하는 등 양국 간 자유로운 서비스 공급이 가능하도록 하는 제도적 장치를 도입하였다. 한국으로서는 건축, 해상화물 처리, 오락 및 문화 서비스 분야에서 차별조치를 철폐하고 국내기업이 참여할 수 있는 길을 열어두었으며, 한류열풍이 불고 있는 싱가포르 문화시장에 지속적으로 진출할 수 있는 기반을 마련하였다.

다섯째, 양국 간 투자촉진을 위해 투자자유화 및 투자자 보호를 위한 다양한 조치를 규정하여 싱가포르에 투자하는 한국 기업들의 권리를 보호하는 한편, 제9위의 투자국인 싱가포르 기업의 투자 유치를 도모하였다.

여섯째, 정부조달 시장의 상호 추가 개방에 합의하였다. 싱가포르는 동남아 최대 건설시장이자 최근까지 사우디, 리비아에 이어 한국의 제3위의 건설시장으로서, FTA 체결을 통해 연간 57억 달러에 이르는 싱가포르 정부조달 부문의 추가 개방, 기술사 출신 대학 인정범위 확대, 정부조달 협의 채널 설치 등에 합의하여 진입장벽에 따른 기업들의 어려움을 상당 부분 해소하였다.

일곱째, 한국으로서는 최초로 전기용품 안전 및 통신기기 분야 정부 간 기술표준적합성 상호 인정협정(Mutual Recognition Agreement)을 체결하였다. 상호 인정협정이란 제품, 제조공정, 서비스가 자국의 표준 또는 기술규정에서 정한 요건을 충족시킨다는 상대국의 판정결과를 상호 존중하여 인정하는 제도로서, 검사비용 절감에 따른 가격하락과 품질검사 시간 단축으로 싱가포르에 대한 수출 확대를 기대할 수 있게 되었다.

여덟째, 싱가포르는 특허협력조약(PCT)에 따라 한국의 특허청을 싱가포르 국제특허출원에 대한 국제조사기관(ISA) 및 국제예비심사기관(IPEA)으로 지정함과 동시에, 한국 특허청에서 특허권을 부여

받은 경우 이와 동일한 기술에 대하여는 싱가포르에서 실체심사 없이 특허권을 부여하기로 합의하였다.

마지막으로 과학기술, 무역투자 진흥, 방송, 인적 자원 관리개발, 교통, 에너지, 영화, 게임 · 애니메이션 등 여타 분야에서도 양국간에 다양한 경제협력을 추진하기로 합의하였다. 특히, 국산 압축천연가스(CNG) 기술협력 MOU 체결을 통해 국산 CNG 버스의 싱가포르 수출 기반을 마련함으로써 2025년까지 약 3,200억 원의 잠재적 수출효과를 기대할 수 있게 되었다.[19]

④ 협상전략

한-싱가포르 FTA는 한-칠레 FTA와 비교해서 상품분야의 관세철폐뿐만 아니라 서비스, 투자, 정부조달, 지적재산권, 경쟁, 협력 등 9개 분야에 걸친 시장개방을 통해 무역과 투자를 확대하는 한편, 제도를 조화시켜 상호 기업진출을 원활하게 하는 포괄적인 FTA이라는 점이 가장 큰 특징이다. 칠레와의 FTA 협상이 다른 경제권과의 FTA를 염두에 두고 타결 자체를 목표로 이루어진 반면, 싱가포르와의 FTA 체결은 한국 측이 비교우위에 있거나 향후 집중적으로 성장할 것으로 예상되는 분야에서의 협력을 이끌어냈다는 점에서 비교적 긍정적인 평가를 할 수 있다.[20]

한국은 국내적으로 민감한 농산물 분야를 자유화 품목에서 제외시키고 싱가포르가 대부분의 분야에서 이미 무관세라는 점을 강조함으로써 국내협상을 성공적으로 마무리했다고 보여진다. 싱가포르와의 FTA 협상과정에서 농민단체의 반발은 거의 관찰되지 않았고, 재계는 정부의 FTA 협상추진을 독려했다. 실제로 협상타결 이후 국회비준까지는 약 4개월 정도가 소요되었을 뿐이며, 2006년 들어서는 한국 기업이 싱가포르 공장에서 생산한 제품은 원산지가 싱가폴로 표기되어 싱가포르와 FTA를 체결한 ASEAN 국가들에 수출할 때 무관세로 수출할 수 있다는 점으로 인해 싱가포르에 공장을 세우려는 한국 기업들이 늘고 있고 있다.[21]

3) 한-ASEAN FTA 협상

① 협상과정

그동안 ASEAN은 외국인 투자유치 확대와 역내 분업 촉진에 목적을 두고 ASEAN 자유무역지대(ASEAN Free Trade Area : AFTA)를 강화 · 발전시켜 왔다. 외환위기 이후 관세인하를 앞당기는 등 ASEAN 경제통합이 가속화되는 가운데 중국 · 일본 · 인도 등 아시아 주변국들이 경쟁적으로 ASEAN과의 FTA 추진에 합의하면서 ASEAN은 아시아 지역경제통합에서 FTA 허브로 급부상하고 있다.[22] 한국은 2003년 10월 한-ASEAN 정상회의시 한-ASEAN FTA 공동연구 합의를 시발점으로 이들 국가들보다 한발 늦게 FTA 추진 경쟁대열에 뛰어들게 되었다. 2004년 2월부터 8월까지 양국은 5차례의 전문가회의를 거쳐 동년 11월 한-ASEAN 정상회의에서 양국 정상은 2년 내 타결을 목표로 한-ASEAN FTA 협상개시를 선언하였다.

한-ASEAN FTA는 한국과 아세안 총 11개국에 공통으로 적용되는 복수국 간 협정의 성격을 가지게 되며, 경제발전 단계가 상이

한 아세안 10개 회원국과의 FTA를 효율적이고 신속하게 추진해야 한다는 점에서 기본협정을 먼저 체결하고 상품무역협정, 서비스협정, 투자협정을 순차적으로 체결해 나가는 중-ASEAN FTA 모델을 원용한 방식으로 추진되었다. 또한 FTA 협상의 핵심이 되는 상품분야 협상에 있어서는 상품자유화 방식을 채택하였다.[23] 이러한 방식에 따라 한-ASEAN FTA는 기본협정, 상품무역협정, 서비스 협정, 투자협정, 분쟁해결제도 협정으로 구성되며, 2005년 12월 한-ASEAN 정상회의시 기본협정, 분쟁해결제도협정이 정식 서명되었고, 상품무역협정의 본문과 상품자유화 방식에 대한 합의가 도출되어 제1단계 협상이 완료되었다. 2006년 8월의 경제장관회의에서 상품협정 재서명 및 개성공단 제품 특별관세 부여 이행 관련 서한 서명 및 교환이 이루어짐에 따라 한-ASEAN FTA는 이제 서비스 및 투자협정에서의 합의만 남겨두고 있는 상황이다.[24]

② 협상쟁점

한국 측은 제1차 협상부터 개성공단 생산제품에 대해 ASEAN 측이 한국산과 동일한 특혜관세를 부여해 줄 것을 요청하였다. 한국 측은 개성공단의 성공이 한반도 및 아시아지역의 평화와 안정에 미치는 정치적 · 경제적 중요성을 설명하면서 싱가포르가 이미 합의한 것처럼 여타 ASEAN 회원국들도 이러한 요청을 적극 검토해 주기를 희망하였다.[25]

제2차 협상이 열렸던 2005년 4월에는 일-ASEAN FTA 협상이 개시될 예정이었고, 중-ASEAN 상품분야 FTA의 7월 발효 및 인도-ASEAN FTA 추진 등 한국의 경쟁국들이 적극적인 ASEAN 진출을 추진하고 있는 상황이었다. 이러한 상황을 감안하여 한국 정부에서는 2005년 내에 ASEAN과 상품분야 협상의 우선 타결(투자 및 서비스 협정은 2006년 타결목표)을 목표로 하였고, ASEAN과 전체 상품의 80% 이상을 2009년까지 완전 자유화하는 상품분야 FTA를 체결하기 위해 2005년 10월까지 최소한 3차례의 추가적인 협상회의를 개최키로 합의하였다.[26] 이후 제5차 협상까지 양국은 상품분야 FTA에 대한 협상을 계속하였다.

2005년 9월 6일 개최된 제5차 협상은 의미 있는 결과를 남기고 성공적으로 종료되었다. 한-ASEAN FTA는 기본협정문, 상품협정문, 상품자유화 방식, 원산지규정, 분쟁해결절차 등으로 구성되는데, 이번 협상에서 양측은 기본협정문, 상품협정문, 통관절차, 분쟁해결절차 협정문의 대부분에 대해 합의에 도달하였다. 특히 상품협정 본문에 대해 대체적인 합의를 이루는 결과를 만들어냈다. 그러나 양측은 한-ASEAN 간 FTA를 통해 달성할 상품자유화의 시기 및 품목범위, 그리고 민감품목 보호방안과 개성공단 상품을 포함한 일부 원산지 규정에 대해서는 여전히 이견을 보였다.

2005년 10월 11일에 개최된 제7차 협상에서 양측은 방송, 영화, 지적재산권 등을 추가 협력사업으로 규정키로 합의함으로써 한-ASEAN FTA를 계기로 방송 재전송, 지적재산권 보호, 영화산업 협력 등을 통해 동남아지역에 불고 있는 한류열풍을 우리 관련 산업의 이익으로 연계할 수 있는 가능성을 확보하였다. 하지만 핵심이 되는 상품자유화 방식(Modality)의 경우 90% 이상 자유화 달성이라는 기본목표에는 이견이 없었으나 상품자유화 달성 시기 및 범위 그리고 민감품목 보호방안에 대해서는 여전히 입장 차이를 노정하였다. 한국은 전반적으로 높은 수준의 자유화를 추진하되 일부 농수산물 등 초민감품목에 대해서는 자유화 대상에서 제외하는 등 높은 수준의 보호 필요성을 주장한 반면, ASEAN 측의 일부 국가는 전반적인 자유화 수준은 그리 높지 않게 하되 초민감품목 보호 수준도 낮게 할 것을 주장하는 등 의견이 나뉘어 최종 합의 도출에 실패하였다.[27] 한편, 개성공단 제품의 한국 원산지 인정문제는 상당수 회원국의 반대로 인해 합의에는 도달하지 못하였다.

그러나 2005년 12월 9일, 말레이시아 쿠알라룸푸르에서 개최된 한-ASEAN 통상장관회의에서 한국과 ASEAN 9개국(태국 제외) 통상장관은 한-ASEAN FTA의 핵심 내용인 상품자유화 방식(Modality)에 대한 합의를 도출하였다.[28] 양국은 전체 품목 수 및 수입액 기준으로 모든 품목의 97%에 대한 자유화 추진에 합의하였다.[29] 그리고 쟁점이 되었던 나머지 3%의 품목은 초민감품목으로 지정하였다. 이에 따라 한국의 농산물은 다양한 방식으로 보호받을 수 있는 장치를 얻게 되었는데, 특히 쌀을 포함해 자유화에서 완전 제외되는 품목 40개를 인정받았다.[30] 또 다른 주요 쟁점이었던 개성공단 생산제품의 원산지 규정에 대해 한-ASEAN 통상장관들은 한국산과 동일하게 원산지를 인정하여 향후 한-ASEAN FTA 발효시 특혜관세를 부여하기로 합의하고, 2005년 12월 13일 개최되는 한-ASEAN 정상회의에서 이를 최종 확인하기로 하였다.[31]

2006년 2월 4일 개최된 제9차 협상에서 양국은 상품자유화 분야에서 교환된 각국 양허안 초안에 대해 논의하였는데, 한국 측은 ASEAN 측에 대해 자동차, 철강 등 관심품목의 자유화 확대를 요구하였고, ASEAN 측은 한국 측 양허안이 ASEAN 측의 관심품목인 농수산물의 자유화를 충분히 보장하지 않고 있음을 지적하면서 개선을 요구하였다. 이 분야에서의 쟁점은 제10차 협상에서도 그대로 나타났다. 이후 양국은 이 문제를 가지고 집중적 협상에 돌입하였다.

③ 협상결과

제10차 협상까지가 양국 쟁점을 조율하는 과정이었다면, 이후의 과정은 상품자유화 분야에서의 합의 이후의 세부사항에 관한 조율이 주를 이루고 있다고 볼 수 있다. 물론 아직 서비스 및 투자협정에 대한 협상은 진행 중이지만 가장 파장이 크다고 여겨지는 상품자유화 분야에서의 합의는 일단락되었다고 볼 수 있다. 2006년 4월 23일 개최된 제11차 협상에서 양국은 마침내 상품 양허안과 원산지 규정을 포함, 한-ASEAN FTA의 상품무역협정 협상을 타결하였다. 최종 타결된 상품 양허안에 따라 한-ASEAN 양국은 원칙적으로 2010년까지 각각 수입의 90%에 해당하는 품목(수입액, 품목수 기준)에 대해 관세를 철폐하고, 2016년까지 나머지 7%에 대해 관세를 0-5%로 인하하게 되었다. 그리고 나머지 3%에 대해서는 해당 품목에 대한 각국의 민감성을 고려하여 양허 제외, 장기간 관세인하, 최소수입물량(TRQ) 설정 등 다양한 방법으로 보호할 수 있도록 하였다. 특히 상당수 자동차 및 철강제품 등을 비롯하여 한국의 주력 수출상품에 대한 ASEAN 각국의 관세가 철폐되거나 인하되는 성과도 이루었다.

제12, 13차 협상에서는 서비스 및 투자협정에 관한 협상이 본격적으로 이루어졌다. 또한 개성공단 생산제품에 대한 특혜관세 부여가 합의되었으며, 동시에 ASEAN 국가들은 이행상황 평가를 위한 연례 검토, 개성공단 생산제품에 대한 긴급수입제한 조치, 5년 후 심각한 피해발생시 제도 철폐 가능성 등 개성공단 생산제품의 수출로 인한 피해발생에 대한 안전조치 권한을 부여받았다.[32]

④ 협상전략

한-ASEAN FTA 협상과정에서 한국 측은 상황적 맥락에 적응하는 신속성과 유연성을 보여주었다. 제2차 협상이 열렸던 2005년 4월은 일-ASEAN FTA 협상, 중-ASEAN 상품분야 FTA의 발효(7월), 인도-ASEAN FTA 추진 등 한국의 경쟁국들이 적극적인 ASEAN 진출을 추진하고 있는 시점이었다. 한국 측이 신속하게 ASEAN과의 FTA를 추진하면서 우선 합의 가능한 영역부터 합의해 가는 '상품자유화 방식'과 쌀문제로 대립이 있는 태국을 제외하고 FTA를 체결하는 'FTA-1 FORMULA' 방식으로 합의를 도출한 것은 상황적 맥락에 적합한 협상력을 보여준 대목이라고 하겠다.

하지만 ASEAN과의 협상에서 쌀의 관세화 조치를 수용하는 일본과는 대조적으로 쌀을 또 다시 예외품목으로 처리함으로써 여전히 쌀문제를 개방화의 아킬레스건으로 남겨두었다.

4) 한-일 FTA 협상

① 협상과정

한-일 FTA는 1998년 11월 말에 쿠알라룸푸르에서 열렸던 APEC 정상회의 이후 개최된 각료 간담회에서 요사노 가오루

APEC 일본 통산산업성 대신이 한국의 한덕수 통상교섭본부장에게 장기적 관점에서 자유무역협정 체결을 위해 양국 간 공동연구를 시작하자고 제안하면서 시작되었다. 이어 11월 28-29일 일본 가고시마에서 열린 한일 각료 간담회에 참석한 김종필 총리는 오부치 총리와의 회담에서 한-일 FTA 창설에 대한 양국의 공동연구를 시작하기로 합의했다. 이후 양국 정부는 한국의 대외경제정책연구원(KIEP)과 일본의 무역진흥회 산하 아시아경제연구소(IDE)를 공공연구기관으로 선정하여 한-일 FTA 산관학 공동연구회(Korea –Japan FTA Joint Study Group)를 발족시킴으로써 본격적인 논의를 시작하였다. 이후 양국은 2000년 5월 발표된 양국 연구기관의 연구결과를 토대로 양국의 시장통합효과를 극대화할 수 있는 포괄적 경제협력의 내용을 가지는 한-일 FTA 체결의 필요성에 동의하게 되었다.[33] 이후 8차에 걸친 양국 공동연구회의가 진행되었고, 마침내 2003년 12월 22일에 양국 정부의 실무진이 참여하는 제1차 한-일 FTA 협상이 개최되었다. 하지만 한-일 FTA 협상은 2004년 11월 3일, 제6차 협상 이후 교착상태에 빠져 있다.

② 협상쟁점

제1차 한-일 FTA 협상은 서로의 입장을 확인하는 선에서 이루어졌다. 논의는 상대방의 상품무역에서의 관세, 비관세장벽의 철폐뿐만 아니라 서비스 무역의 자유화, 투자 확대, 정부조달, 지적재산권, 경쟁정책, 무역투자협력, 중소기업협력, 과학기술협력 등의 경제협력사업까지 포괄하는 광범위한 분야에 걸쳐 진행되었다.

제2차 협상에서 양국은 상품무역, 비관세조치(Non-tariff Measures), 투자 및 서비스 무역, 기타 무역규범(정부조달, 경쟁정책, 지적재산권), 협력 등 5개 협상분야와 상호 인정협정(Mutual Recognition Agreement : MRA)에 대한 협의를 통해 분야별 주요 쟁점을 협의하였다.[34]

제3차 협상에서 양국은 포괄적이고 수준 높은 FTA를 체결한다는 기본원칙을 재확인하고, 각 협상분야별로 쟁점사항에 대한 양국의 기본입장과 협정문안, 향후 작업계획 등에 대해 논의하였다. 또한 3차 협상을 바탕으로 차기 협상에서는 협정문안에 대한 축조심의(逐條審議)를 하면서 각 분야별로 통합 협정문안(consolidated text)을 만드는 작업을 진행할 계획이라고 발표하였다.[35] 3차 협상은 양국 간의 구체적 쟁점이 협정문안 초안을 통해 조율되기 시작하였다는 점에서 그 의의를 찾을 수 있다. 제3차 협상에 앞서 양국은 4월 16일에 한-일 FTA 협정문 초안을 상호 교환하였으며, 한국 측은 여기서 양국 간 FTA가 포괄적인 분야에서 높은 수준의 자유화와 협력을 목표로 하여야 한다는 취지 하에 검사검역(SPS), 정부조달, 상호 인정, 비관세조치 등에서 한국 측 입장을 반영하는 규정을 다수 포함하였다. 공산품 분야에서 관세율이 낮고 높은 경쟁력을 보유하고 있는 일본은 상품에 대한 높은 수준의 관세 철폐와 조속히 협상을 종료하는 데 관심을 보여왔다. 이에 대해 한국은 FTA 체결에 있어서 양국 간 이익이 균형을 이루는 것이 중요하며, 따라서 양국 간 FTA는 공산품 시장개방뿐만 아니라 비관세조치의 철폐, 비자면제조치 등 양국 간 인력의 상호 이동을 촉진하기 위한 방안 마련, 상호 인정협정 체결, 정부조달시장 개방 확대, 무역투자협력 확대 등이 반영되어야 한다는 점을 강조하였다.[36]

제4차 협상에서 양국은 포괄적이고 수준 높은 FTA를 체결한다는 기본원칙을 재확인하고 상품 및 서비스 무역자유화 등 6개 협상 분야별로(분쟁해결 분야는 미개최) FTA 협상의 주요 쟁점에 대해 협정문을 기초로 논의를 진행하였다.[37] 특히 제4차 협상에서 한국 측은 비관세조치, 상호 인정, 정부조달 등의 문제를 적극 제기하였으며, 일본 측은 지적재산권 분야에 대해 많은 관심을 보였다. 아울러 양국은 상품 양허안 교환시기 및 양허안의 수준에 대해 일반적 의견을 나누었다.[38]

제5차 협상에서 양국은 상품 및 서비스 무역자유화 등 7개 협상분야별로 FTA 협상의 주요 쟁점에 대해 협정문 초안을 기초로 논의를 진행하였다.[39] 한국 측은 비관세조치, 정부조달 등 우리 측 관심분야에서 다양한 의제를 발굴, 적극 제기하였고, 양국은 상품 양허안 및 서비스/투자 유보안 교환과 관련하여 일반적인 의견을 교환하였다.

제6차 협상에서도 제5차 협상과 같은 의제가 등장하였는데, 특히 FTA의 핵심인 상품 양허안에 관한 문제에서도 계속 협의해 나가기로 합의하였다.[40] 하지만 6차 협상 이후, 농수산물 자유화에 대한 논란 이후 한-일 FTA 협상 재개는 아직까지 이루어지지 않고 있다.

③ 협상결과(협상정체의 원인)

한-일 FTA 협상이 교착된 것은 경제적 원인과 정치적 원인에서 동시에 기인한다. 첫 번째로 경제적 측면에서 살펴보면 한-일 FTA의 타결은 한국보다는 상대적으로 일본에게 더 큰 이익이 예상된다. 한-일 FTA가 체결되면 인구규모로는 1억 8천 명, GDP 규모로는 4조 6천억 달러에 달해 세계무역의 약 10%를 차지하는 거대단일시장이 출현하고,[41] 관세 · 비관세 장벽 폐지와 급속한 무역량의 확대는 경쟁력 있는 기업들에게 더 많은 이익창출의 기회를 제공할 것이고, 이 과정에서 일본의 기업들은 경쟁우위를 가질 수 있다. 게다가 한일무역수지 불균형이 한-일 FTA의 심각한 장애가 되고 있다. 1999년 6월 '수입선다변화'정책이 완전히 폐지된 이후 큰 폭으로 증가하고 있는 한국의 대일무역적자는 심각한 수준이다. 한일 간의 관세율 차이(일본 2.9%, 한국 9.19%)를 고려한다면 관세철폐는 대일수입의 급증과 무역불균형의 심화를 초래할 위험이 농후하다. 특히 자동차, 전자, 기계부품, 선박 등의 주력산업에 미치는 영향이 클 것으로 예상된다. 이런 우려를 반영하여 지금까지 한-일 FTA의 체결을 한 목소리로 요구하던 전국경제인연합회와 한국무역협회에서도 최근에는 신중론이 대두하고 있는 것으로 전해졌다.[42]

< 표 1> 한국의 대일무역수지

단위 : 100만 달러

	대일수출	대일수입	대일무역수지
1996	15,766.8	31,448.6	−15,681.8
1997	14,771.2	27,907.1	−13,135.9
1998	12,237.6	16,840.4	−4,602.8
1999	15,862.4	24,142.0	−8,279.6
2000	20,466.0	31,827.9	−11,361.9
2001	16,505.8	26,633.4	−10,127.6
2002	15,143.2	29,856.2	−14,713.0
2003	17,276.1	36,313.1	−19,037.0
합계	128,029.1	224,968.7	−96,939.6

▶ 출처 : 한국통관통계[43]

두 번째로 정치적 측면에서 볼 때 고이즈미 정부와 노무현 정부 사이의 관계 냉각을 들 수 있다. 제6차 협상이 종료되고 1개월 반 후인 2004년 12월 18일 가고시마(鹿兒島)에서 열린 한일정상회담에서 노무현 대통령은 자신의 임기 중에는 과거사 문제를 거론하지 않겠다고 밝혔다. 그러나 일본 시네마현의 독도조례안 통과, 우익교과서 검정 통과, 고이즈미 총리의 야스쿠니 신사참배 등 역사문제, 독도-영해분쟁은 2005년 연내 타결을 목표로 하고 진행되던 한-일 FTA 협상이 정체하게 되는 결정적 계기로 작용하였다. 결국 노무현 정부는 초강경 대일 독트린을 발표하기에 이르렀다. 협상과정에만 국한해서 살펴보면 2004년 11월 이후 한-일 FTA 협상이 정체된 표면적 원인은 농수산물 자유화 부문에서 노정된 이견이었지만 보다 근본적인 원인은 위에서 언급한 한일 경제관계의 구조적 문제, 그리고 일본의 역사인식 문제에서 비롯된 양국관계의 악화를 지적할 수 있다.

④ 협상전략

일본과의 FTA 협상은 위에서 설명한 여러 쟁점들과 표면적으로는 양허 협의과정에서 일본 측이 매우 낮은 수준의 농수산물 양허계획을 가지고 협상에 임함에 따라 한국이 이러한 내용으로 협상을 계속하는 것은 큰 효과가 없다고 판단하여 일본 측이 한국의 수용 가능한 안을 제시할 때까지 일정기간 협상을 중단시키고 있다. 하지만 일본은 이미 멕시코, ASEAN과의 FTA 협상에서 보여주었듯이 농산물 분야에서 한국측에게 양보할 가능성이 충분히 있다. 그러나 한일관계가 새롭게 복원되고 일본 측이 농산물분야를 양보하더라도 한일 FTA 체결은 신중해야 한다.

한-일 FTA는 양국 간 평균관세율, 기술경쟁력 등 제반 여건의 격차를 고려할 때 공산품 위주의 관세철폐 방식의 FTA보다는 한국의 관심분야가 포함된 높고 포괄적 수준의 FTA를 추진하는 것이 한국의 이익을 극대화시킬 것으로 보인다. 따라서 한국 정부는 협상시한에 얽매이지 않으면서 실질적인 내용을 중시하여 농수산물 분야 양허를 포함하여 비관세조치의 개선, 정부조달시장 진출 확대, 산업협력 확대 등 한국의 주요 관심사항이 반영된 협상결과가 반영될 수 있도록 신중하고 끈기 있게 협상을 해야 한다. 또한 무역역조가 심각한 수준일 경우를 예상해서 긴급수입제한조치 등의 안전장치를 확보해야 한다. 일본은 한국보다 유리한 경쟁력과 수많은 통상협상의 경험을 가지고 있다. 과거 50년간 미국과의 협상을 일본이 어떻게 해왔는지를 '지피지기' 의 마음으로 살펴보아야 한다. 한일 FTA는 대통령의 추상적인 비전이나 정치적 결단이 앞서가서는 안 된다. 냉정한 손익계산과 기다림의 미덕이 필요한 것이다.

5) 한-미 FTA 협상

① 협상과정

한-미 FTA 체결에 관한 논의는 1989년 미국제무역위원회(USITC)가 '아태지역 국가들과의 FTA 체결에 대한 검토 보고서' 를 발표하면서 구체화되었다. 이 보고서에 따르면 동아시아지역 국가 중 미국에게 바람직한 FTA 대상국가로 한국, 싱가포르, 대만이 꼽

혔는데, 이 중 경제적 측면에서 한국이 가장 적절한 FTA 대상국가임을 지적하고 있다. 그러나 한-미 FTA 논의는 정부 수준으로 발전하지는 못하였다. 이는 한국 내부에서 미국이 한국 시장을 개방하기 위한 압력수단으로 한-미 FTA를 이용한다고 인식하였기 때문이었다.[44] 이후 2004년 5월 미무역대표부(USTR) 부대표가 한-미 FTA 체결에 대한 관심을 표명하였고, 동년 11월 칠레에서 개최된 양국 통상장관 회담에서 FTA 추진 가능성 점검을 위한 사전실무점검회의 개최에 합의하였다.

제1차 사전실무점검회의에서 미국은 스크린쿼터, 농산물, 지적재산권 등 주요 현안에서 상당한 진전이 있어야만 미국 내 지지를 확보할 수 있을 것이라는 입장을 표명하였다. 2005년 3월 28일 워싱턴에서 열린 제2차 사전실무점검회의에서는 관세인하, 원산지, 통관절차, 지적재산권, 정부조달, 농업 등 관련내용 분석을 중심으로 논의되었으나 진전을 보지 못하였다. 한 달 후인 4월 28일 워싱턴에서 열린 제3차 사전실무점검회의에서는 양국이 제3국과 체결한 FTA 협정문의 주요 내용에 관한 비교 분석을 중심으로 논의가 진행되었으나 아무런 성과도 없이 회담은 종료되었다.

이후 2005년 5월 2일부터 2006년 1월 31일까지 양국은 6차례의 통상장관 회담을 개최하여 한-미 FTA 가능성을 모색하였다. 2005년 7월과 9월에는 한국 측의 통상교섭본부장이 방미하여 주요 상하원 위원, 정부관계자, 업계관계자들에게 설득작업을 진행하였으며, 마침내 미국은 한국을 FTA 우선협상대상국으로 선정하였다. 한국에서는 2006년 2월 2일 한-미 FTA 추진 공청회를 개최하였다. 그리고 공청회 다음날인 2월 3일에 한국의 통상교섭본부장과 USTR 대표는 공동기자회견을 통해 한-미 FTA의 추진을 공식적으로 발표하였다. 이후 2차례의 사전준비협의를 거쳐 마침내 2006년 6월 5일, 워싱턴에서 한-미 FTA 제1차 본협상이 개최되었고, 이후 7월 10일의 제2차 협상, 9월 5일의 제3차 협상까지 개최되고 있다.

② 협상쟁점

1차 협상에서 최대 쟁점분야는 미국이 그동안 한국에 개방공세를 펴온 농업, 의약품, 자동차 등 3개 분야와 섬유분야였다. 농업분야에서 미국은 예외 없는 개방을 요구하였다. 자동차분야는 미국 측이 '선전공세'로 한국을 몰아쳤다. 쟁점은 배기량 기준 과세제도였는데, 미국 측은 이를 중립적 제도로 변경할 것을 강력히 요구하였다. 의약품분야에서 미국 측은 본 협상을 앞두고 한국 정부가 약제비 적정화 방안을 발표한 데 대해 의혹의 시선을 감추지 않았다. 커틀러 대표는 이에 더해 신약개발비 문제와 투명성 문제, 복제약 가격책정 문제 등과 제약사와 병원 간 로비관행으로 통하는 '거래관행의 윤리'문제까지 제기했다. 한편 상품 무역분야 가운데 유일하게 한국 측이 공세를 가했던 섬유분야에서는 미국 측이 빗장을 굳게 닫아놓겠다는 입장을 분명히 했다. 그러나 서비스 분야 중에서는 교육과 의료시장에 대해 미국 측이 한국 진출에 관심이 없음을 표명하였다. 개성공단 생산제품의 FTA 인정문제에 대해서 한국 측은 회의 첫날부터 통상협상의 대상인 동시에 '정치적 과제'로 인식하며 한국 원산지 인정을 요구했지만 미국의 반대도 역시 완강했다. 미국이 일방적으로 부과하고 있는 상계관세와 반덤핑관세 요건 완화도 한국이 이번 협상에서 반드시 관철시켜야 할 과제로 떠올랐다. 이러한 징벌관세로 물어야 하는 벌과금이 총 수출금액의 7%나 되는 무시할 수 없는 규모여서 한-미 FTA를 체결하더라도 피해가 우려되기 때문이었다.[45]

제2차 협상에서 한국은 농산물분야에서 쌀을 제외한 나머지 농산물에 상품처럼 5단계 개방을 원칙으로 최장 15년까지 관세감축 유예방안을 제시한 반면, 미국은 일반 상품과 동일하게 최장 10년까지로 개방하자고 맞서 양허안 마련을 위한 원칙에 합의하지 못했다. 개성공단 생산제품의 한국산 원산지 인정문제에 대해서도 미국 측은 단호한 거부의사를 표시했다. 또 자동차분야의 경우 미국은 지난 1차 협상에서 현행 배기량 기준 자동차세 과세를 문제삼은 데 이어 이번에는 자동차 표준이나 소비자 인식 등에 대해 불만을 제기했다. 반면 양국은 협상 전부터 큰 이견이 없을 것으로 보였던 상품분야에 대한 양허안의 기본틀을 마련하는 데 진전을 보였다. 양국은 상품 양허안 틀을 1만 여 개에 달하는 각 상품에 대해 관세철폐 이행기간을 '즉시철폐-3년-5년-10년-기타(민감품목 등)' 등 5단계로 구분하기로 합의했다. '기타'의 경우는 양허 제외이거나 이행기간 10년 초과 등 다양한 방식이 적용될 수 있어 양국의 초민감제품에 대한 시장보호에 적용될 수 있는 것이었다. 또 양국은 100여 개에 이르는 서비스 유보안을 상호 교환했고, 제네바에서는 별도로 정부조달 분야 회의를 열고 양허안을 교환했다. 양국은 신금융 서비스와 관련, 법률 제-개정을 필요로 하지 않는 범위 내에서 현지법인과 지점 등을 통해서만 서비스를 제공하고 금융감독 당국이 신금융 상품별로 허가제를 운용할 수 있도록 하기로 의견을 모았다. 또 국경 간 거래

대상에서 소매 금융상품은 제외하기로 했다. 이밖에 위생 · 검역(SPS)분야에서 분쟁해결 절차에 대한 이견은 지속됐지만 통합협정문을 작성하는 데 성공했다.[46]

제3차 협상에서 양국은 일부 분야에서는 '주고 받기식' 으로 협상했다. 미국이 한국의 서비스 분야 시장개방 대상을 방송, 통신 등 11개 분야로 줄이고 온라인 등을 통한 국경 간 금융거래를 보험중개업, 자산운용업 등으로 한정한 것도 진전된 내용이다. 취약분야인 섬유(미국)와 농산물(한국)분야에서 양국이 상대방의 시장개방안을 적극적으로 검토하기로 한 것도 긍정적인 대목이었다. 미국은 제3차 협상에서 한국 측 기대에는 못 미쳤지만 섬유분야의 수정안을 현장에서 직접 제시했다. 그러나 최대 걸림돌은 양국이 섬유, 농산물 분야에서 각각 얼마나 시장개방 폭을 넓히는가 하는 문제였다. 한국은 쌀 등 284개 품목을 개방 예외품목으로 해달라고 요구하였으며, 미국은 섬유분야에서 긴급수입제한조치(세이프가드)를 도입할 것을 주장하였다. 양국은 농산물분야에서는 일단 민감농산물의 협상을 최대한 미룬 채 옥수수, 콩, 밀 등 미국의 대한(對韓) 수출 규모가 크지만 한국에 미치는 영향은 적은 품목을 중심으로 논의하기로 했다. 서비스 분야에서는 한국 측이 요구하는 간호사, 건축사, 엔지니어 등 전문직의 자격 상호 인증문제와 국책 금융기관의 개방 제외 문제가 관건으로 부각되었다.

③ 협상결과

한-미 FTA 제1-3차 협상의 쟁점은 다음과 같다.[47]

<표 2> 한-미 FTA 협상 제1-3차 협상 쟁점[48]

분야	타결된 쟁점	잔여 쟁점
상품무역	시장개방계획(양허안) 개선	시장개방 대폭 확대(한)
농산물	한국 측에 덜 민감한 품목 부터 시장개방 논의 시작	시장개방 대폭 확대(미), 쌀 등 민감품목 제외(한)
섬유	양허안 개선	시장개방 대폭 확대(한), 세이프가드 도입(미)
서비스	시장개방 요구안 교환	전문직 자격 상호 인정(한), 법률, 회계 개방범위 명시
투자	투자자-국가 간 분쟁해결 절차 마련	분쟁해결 절차의 적용대상 제한(한)
금융 서비스	국경 간 거래 소비자금 배제	국책 금융기관 제외 여부(한), 포험 중개업 대인 접촉영업 허용(미)
통신 서비스	통신 관련 규제기구의 정부독립요구 철회	기술선택의 자율성 보장, 외국인 지분제한 완화(미)
무역구제	세이프가드제도 개선논의 시작	반덤핑조치 남용 방지 위해 미국 국내법 개정(한)
자동차	관세(8%) 철폐 개선논의 시작	배기량 기준 세제폐지(미)
원산지	4차 협상 전 별도 논의	개성공단 제품의 한국산 인정(한)
경쟁	대기업 관련 규제 현행법 인정	독점 공기업의 예외인정 범위(한)
정부조달	우리 농산물 학교급식 사용 인정	미정부조달시장 참여 확대(한) 조달시장에서 주 정부 배제(미)
지적재산권	지적재산권 침해 단속 강화	저작권 보호기간 연장 (50→70년) (미)
의약품	약재비 적정화 방안 연내실시	세부 시행방안에서 지재권 보호 강화 대책마련(미)
환경	환경보호를 위한 양국 간 협의제 별도 설치	별도의 분쟁해결 절차 마련(미)
노동	정부 간 노동법 집행협의 절차 별도 논의 시작	노동법 관련 민원제기 절차 마련(미)
총칙	영문본과 한글본 효력 동시 인정	입법예고기간 연장 (20일→60일) (미)

※( )은 쟁점해결을 요구하고 있는 나라

④ 협상전략

한-미 FTA는 다른 어느 국가와의 FTA보다 격렬한 국내적 반대에 직면해 있다. 반대의 이유는 농업문제, 경제적 계산, 반미감정 등 다양하다. 여기서는 우선 협상전략 차원으로 좁혀서 한미 FTA를 생각해 보기로 하자. 협상전략 차원의 첫 번째 문제는 한국 측의 '노출'이 지나치게 심하다는 것이다. 노무현 대통령은 임기 중에 한미 FTA만큼은 해결하고 싶다고 했다. 관료들은 미국 측의 신속처리 법안에 해당하는 '무역협상촉진법(Trade Promotion Act)'이 2007년 6월 30일로 종료되기 때문에 그 이전에 협상이 타결되는 것이 우리에게 유리하다고 하면서 협상타결을 서두르고 있다.

하지만 이런 식으로 자신의 시한(time limit)을 보여주는 것은 전혀 도움이 되지 않는다. 미국과의 협상은 끈기를 가지고 지속하되, 대통령의 임기나 무역협상촉진법의 시효에 얽매여서 졸속으로 처리될 일이 아니다. 우리보다 더 많은 협상자원을 가지고 있는 일본조차도 미국과의 협상에서는 'too little, too late'의 자세로 일관했다. 한미 FTA 협상을 '진행 중'인 상태로 한동안 유지하는 것도 좋다. 아직은 너무 양국의 입장 차이가 크고 불확실성이 많다. 이럴 때는 협상은 열심히 추진하되 원칙을 유지하면서 서두르지 않는 것이 실천적 지혜일 수 있다.

한편, 한미 FTA만큼은 국내협상을 제대로 해야 한다. 반대하는 농민을 달래기 위해서 천문학적인 보상정책을 발표하거나 미국과의 협상에서 많은 반대급부를 지불하면서 쌀만을 예외로 인정받는 것이 능사가 아니다. 이는 중장기적으로 농민과 농업에게 독이

될 수 있다. 쌀의 관세화 조치를 수용한 일본의 결정이 어떻게 이루어졌는지를 참고할 필요가 있다. 아울러 한미 FTA의 찬반양론이 모두 표출되고 이해당사자가 모두 참여하여 자신의 이익을 가장 효율적으로 추구할 수 있는 '이해수렴' 의 제도와 절차를 보다 체계적으로 정비하여 이해당사자들에게 신뢰를 주고 대립을 제도 속으로 수렴해야 한다. 미국의 '무역협상촉진법' 을 이런 관점에서 살펴보는 것도 좋을 듯하다.

4. 한국의 FTA 협상전략

이상에서 살펴본 한국의 FTA 협상전략을 〈표〉로 정리하면 다음과 같다.

〈표 3〉 한국의 FTA 협상전략

	선호와 연합	제도	협상전략
한-칠레 FTA 협상	- 농민단체의 격렬한 반대 - 일부 정치가들과 언론에 의한 과잉 정치화 - 수혜자그룹(재계)의 침묵 - 재정경제부와 외교통상부 간 갈등	- 국회에서의 비준 지연	- 협상타결 자체에 지나치게 집착하여 협상목표의 조기 노출 - 민감품목인 쌀, 사과, 배의 관세 인하와 철폐에 대한 강경한 자세 - 국내적 반대를 협상 지렛대로 활용하는 데 실패

한-싱가포르 FTA 협상	- 농민단체의 반발은 관찰되지 않음 - 싱가포르 시장 진출을 원하는 기업들은 협정체결 환영	- 협상타결 이후 불과 4개월 만에 국회비준	- 상품시장 개방, 교역량 증가 등의 단기목표보다는 국내기업의 진출, 서비스 시장, 투자유치 등 전략적 목표를 가지고 협상진행 - 싱가포르가 이미 대부분의 분야에서 무관세라는 점을 강조하여 국내적 갈등을 차단 - 개성공단 제품을 한국산으로 인정받아 향후 유사협상에서의 선례를 만들려고 함
한-ASEAN FTA 협상	- 농민단체의 반발로 일부 농산물에 대해 높은 수준의 보호 필요성 주장 - 칠레의 경우와 비교해서 농민단체의 반발은 상대적으로 온건하게 표출 - 협정체결을 계기로 방송, 지적재산권 보호, 영화산업 협력 등을 통해 동남아 한류열풍을 이용할 수 있는 가능성을 확보함으로써 관련 집단의 호의적 반응 유도	- 민감품목 보호에 성공함으로써 국회비준이 비교적 용이할 것으로 예상	- 일본, 중국, 인도 등의 국가들이 ASEAN과 FTA 협상을 추진하고 있던 상황을 고려하여 신속한 협상타결을 시도 - 이를 위해 상품분야 협상타결에 주력 - 쌀을 포함해 민감품목 40개를 자유화에서 제외시키는 데 성공 - 쌀시장 개방을 강력하게 요구하던 태국을 제외하고 나머지 국가와의 협상을 진행하는 전략 채택 - 개성공단 제품에 대한 이견에도 불구하고 결국에는 조건부로 한국 측의 입장 관철
한-일 FTA 협상	- 한일무역수지 불균형이 협정체결의 장애요인으로 작용 - 역사문제, 과거사문제 등 정치·사회적으로 냉각된 분위기가 협정에 장애요인으로 작용 - 농민단체보다는 진보·노동단체들의 반발이 상대적으로 더 격렬하게 발생 - 협정의 경제적 효과에 대한 국내적 합의 부족		- 비교열위에 있는 공산품 위주의 관세철폐보다는 농수산물 분야 양허를 포함하여 비관세조치의 개선, 정부조달시장 진출 확대, 산업협력 등 포괄적 수준의 FTA 체결에 전략적 초점을 맞춤 - 정치적으로 양국관계가 악화되고 일본이 매우 낮은 수준의 농수산물 양허안을 제시함에 따라 한국은 일본이 수용 가능한 안을 제시할 때까지 일정기간 협상중단을 결정

한-미 FTA 협상	- 과거 어떠한 FTA 협상보다 격렬한 국내적 반대에 직면	- 한국 대통령의 임기 - 미무역 촉진법의 시효	- 한국은 쌀시장 보호를 최우선 - 개성공단 문제가 첨예한 쟁점으로 등장 - 본 협상 이전에 스크린쿼터 양보 - 섬유분야에서는 미국에 대한 공세 강화

5. 성공적 FTA 협상을 위한 제언-'언어정치를 넘어서'

한국과 마찬가지로 1991년부터 일본은 쌀시장 개방 압력을 본격적으로 받기 시작하여 1991년 말 일본 정부는 최소접근(minimum access)이라는 수입쿼터 방식을 제안했고, 1993년 초반 미국 협상단은 관세화 대신 최소접근 방식을 받아들였다. 미국의 입장에서는 일정 물량의 수출이 가능한 최소접근이 실익이 있다고 판단했고, 일본의 입장에서는 관세화는 곧 수입자유화라고 생각하여 차라리 일정 수입쿼터를 인정하는 최소접근이 낫다고 판단한 것이다. 또한 일본의 정부 여당은 관세화에 대한 반대는 농민을 지지기반으로 하는 자민당이 자신들의 선거구민을 설득해낼 수 있는 최소한의 보루라고 판단했던 것이다.

일본이 URAA(UR Agreement on Agriculture)를 준수해야 하는 첫해는 1995년(일본 회계년도에 따라 1995년 4월 1일부터 1996년 3월 31일)이고 마지막 해는 2000년인데, Annex 5의 스케줄에 의하면 일본은 1995년에 379,000톤을 수입해야 하며, 점차로 0.8%씩 비율을 늘려서

2000년에는 758,000톤을 수입해야 한다. 사실 일본은 1998년까지 Annex5의 스케줄을 잘 지켜서 1998년에는 기준 소비물량의 6.4%에 해당하는 606,000톤을 수입했다. 그런데 1999년에 일본 정부는 정책을 급선회했다. 일본 정부는 1999년도 회계연도가 시작되기 전에 최저수입 물량의 일부를 '관세화' 할 수 있다는 Annex5의 규정을 들어 1999년의 최소접근 물량을 0.4%만 늘린다고 선언했다. 이에 따라 일본은 1999년에 682,000톤이 아니라 644,000톤을 수입했으며, 2000년에는 758,000톤 대신 682,000톤을 수입한 것이다. 일본은 쌀에 관해서 '최소접근'정책에서 '관세화' 수용으로 정책을 전환한 것이다. 이러한 정책전환의 이면에는 최소접근과 관세화의 이해득실에 관한 합리적 계산과 농민과의 신뢰가 있었다.[49]

이와는 대조적으로 한국은 관세화 유예 10년 연장의 길을 택했다. 허상만 농림부 장관은 2004년 12월 30일 쌀협상 최종결과를 발표하면서 "도하개발어젠다(DDA) 협상과 국제 쌀가격, 환율 등 불확실한 요인이 너무 많아 쌀 관세화 유예를 결정했다"며 "10년간 쌀 관세화 유예를 추가 연장함으로써 국내 쌀산업의 체질을 강화시킬 수 있는 시간을 확보하게 되었다"고 밝혔다. 한미 FTA 협상에서도 한국 정부는 쌀의 관세화 유예조치를 '쌀시장보호정책' 이라고 쌀을 관세화 유예대상으로 하는 현행의 정책을 한미협상에서도 그대로 유지함으로써 한미 FTA 협상은 '쌀을 개방대상에서 제외한다' 고 주장하고 있다. "정부는 쌀시장만은 절대로 양보하지 않을 것입니다. 한국경제의 역량이나 정부의 재정능력을 감안할 때 '문제의 2%' 는 충분히 해결 가능하다고 생각합니다. 쌀시장만 지킬 수 있다면 겁낼 필요가 없다는 결론입니다. 정부가 농업문제에 대해 자신감을 갖고 있는 이유도 바로 여기에 있습니다."[50]

그런데 '쌀의 관세화 유예조치' 가 정말로 쌀시장을 지켜주는가? 앞서 일본의 사례에서 검토한 바와 같이 관세화 유예는 최소접근 방식의 수입을 의미하고 실제로 더 많은 쌀을 수입하는 것이었다. 더욱이 쌀의 관세화 유예조치는 농업경쟁력의 강화와 연결되지 않았다. 과거 UR협상에서 한국은 10년간의 관세화 유예를 선택했고 그 기간 동안 농업구조 조정에 천문학적인 자금을 투자했다. 그런데 그 결과는 어떠한가? 여전히 미작 농업경쟁력은 국제기준으로 볼 때 최하위에 속하고 농업문제는 한국사회의 개방화의 아킬레스건이 되고 있다.

결과가 이러함에도 불구하고 정부는 관세화 유예를 2014년까지 10년 더 연장하는 선택을 했고, 이것으로 "쌀시장이 지켜졌다"고 주장하고 있는 것이다. 한미 FTA 협상에서도 쌀은 개방품목의 예외로 요구하고 있기 때문에 정부는 "쌀시장만은 절대로 양보하지 않을 것"이라고 장담하고 있다. 그러나 지금 현재도 점점 더 많은 양의 쌀이 수입되고 있다. 쌀시장과 관련한 '통설' 이 이렇게 작용하고 있는 것이다. 앞서 언급한 바와 같이 통설은 객관적인 인과관계가 명확하지 않으면서 일종의 사이비 '인과관계' 를 만들어내는 이론과 설명 등이고, 언어와 상징의 조작을 통해서 이런 통설을 만드는 힘이 언어권력이고, 이런 통설을 만들고 한편 만들어진 통설에 의해 지배받는 정치가 '언어정치' 인 것이다.

이처럼 한미 FTA 협상에도 많은 '통설' 이 난무한다. 협상결과에 대한 이해득실의 계산법이 복잡하고 모호할수록 이같은 통설의 지배를 더 받게 된다. 한편 이념적 언어와 상징조작이 더해지면서 협상의 정치과정은 '언어정치'로 변질되어 간다. 그러나 이런 한미 FTA의 언어정치는 국가, 기업, 농민, 개인 모두에게 손실을 초래한다. 정부의 정책결정은 비합리적 힘의 지배를 받게 되고 일부의 사회구성원은 '과잉정치화' 되고 다수는 '침묵' 하게 된다. 이제부터라도 통설의 언어정치를 극복해야 한다. 합리적이고 과학적인 계산과 냉철한 대응이 절실히 요구되는 시점이다.

< 한-칠레 FTA >

○ 1998년 11월 : 대외경제조정위원회에서 FTA 첫 상대국으로 칠레를 선정
○ 1998년 11월 : APEC 정상회의에서 한-칠레 양국 간 FTA 추진에 합의
○ 1999년 04월, 06월 : 고위급 작업반 회의 2회 개최
○ 1999년 09월 : APEC 정상회의에서 양국 간 FTA 협상개시 합의
○ 1999년 12월 : 제1차 협상 개최(산티아고)
○ 2000년 02월 : 제2차 협상 개최(서울)
○ 2000년 05월 : 제3차 협상 개최(산티아고)
○ 2000년 11월 : APEC 정상회의에서 협상 조기타결 입장확인
○ 2000년 12월 : 제4차 협상 개최(서울)
○ 2001년 06월, 10월 : 상품 양허안 별도 협의 2회 개최(제네바)
○ 2002년 02월 : 양허안 협상재개를 위한 고위급 협의 개최(L.A.)
○ 2002년 08월 : 제5차 협상 개최(산티아고)
○ 2002년 09월, 10월 : 상품 양허안 별도협의 2회 개최(제네바)
○ 2002년 10월 : 제6차 협상 개최, 협상 타결(제네바)
○ 2003년 02월 15일 : 정식서명(서울)

< 한-싱가포르 FTA >

○ 1999년 09월 : APEC 정상회담에서 고촉통 싱가포르 당시 총리가 FTA 체결 제안
○ 2002년 11월 : 시드니 WTO 각료회의 계기 한-싱가포르 통상회담에서 FTA 체결을 위한 산관학 공동연구회 발족합의
○ 2003년 10월 : 한-싱가포르 정상회담에서 정부 간 협상개시 선언
○ 2004년 01월 : 제1차 협상 개최(싱가포르)
○ 2004년 03월 : 제2차 협상 개최(서울)
○ 2004년 05월 : 제3차 협상 개최(싱가포르)
○ 2004년 07월 : 제4차 협상 개최(제주도)

- 2004년 09월 : 실무협의 개최(방콕)
- 2004년 10월 : 제5차 협상 개최(싱가포르), 실무협의 개최(방콕)
- 2004년 11월 : 실무협의, 칠레 APEC 정상화담 및 라오스 ASEAN+3 정상회담을 계기로 한-싱가포르 통상장관 회담에서 잔여쟁점 협의
- 2004년 11월 : 라오스 ASEAN+3 정상회담 계기 한-싱가포르 정상회담에서 FTA 협상의 실질적 타결 선언
- 2005년 08월 : 4일, 협정문 정식서명(서울)

<한-ASEAN>

- 2004년 02월 : 전문가그룹 구성 및 상호 통보, 1차 회의에 대비, 의제(안) 발굴 및 ASEAN측 제도와 관행에 관한 질문서 준비, 사전 전달
- 2004년 03월 : 제1차 전문가회의 개최(자카르타)
- 2004년 04월 : 제2차 전문가회의 개최(서울)
- 2004년 06월 : 제3차 전문가회의 개최(싱가포르)
- 2004년 07월 : 제4차 전문가회의 개최(서울)
- 2004년 08월 : 제5차 전문가회의 개최(자카르타), 한-ASEAN FTA 추진 관련 공청회 개최, 실무조정 회의
- 2004년 11월 : 30일, 한-ASEAN 정상회의에 공동보고서 채택 및 2년 내 타결을 목표로 FTA 협상개시 선언
- 2005년 02월 : 23-25일, 제1차협상 개최(자카르타)
- 2005년 04월 : 19-21일, 제2차협상 개최(서울)
- 2005년 06월 : 8-10일, 제3차협상 개최(싱가포르)
- 2005년 07월 : 19-20일, 제4차협상 개최(방콕)
- 2005년 09월 : 6-9일, 제5차협상 개최(서울)
- 2005년 09월 : 23일, 제6차협상 개최(라오스)
- 2005년 09월 : 28일, 한-ASEAN 통상장관회의(라오스) 개최
- 2005년 09월 : 29일, 제2차 한-ASEAN 경제장관회의
- 2005년 10월 : 11-14일, 제7차협상 개최(베트남)

- ○ 2005년 11월 : 16일, APEC 계기 한-ASEAN 통상장관회의(부산) 개최
- ○ 2005년 11월 : 24-25일, 제8차협상 개최(쿠알라룸푸르)
- ○ 2005년 12월 : 9일, 한-ASEAN 통상장관회의에서 상품자유화 방식 합의
- ○ 2005년 12월 : 13일, 한-ASEAN 정상회의에서 포괄적 경제협력에 관한 기본협정(Framework Agreement)에 정식 서명
- ○ 2006년 02월 : 4-7일, 제9차협상 개최(자카르타)
- ○ 2006년 03월 : 6-10일, 제10차협상 개최(자카르타)
- ○ 2006년 04월 : 23-28일, 제11차협상 개최(프놈펜), 한-ASEAN FTA의 상품 무역협상 타결
- ○ 2006년 05월 : 22-26일, 제12차 협상 개최(서울)
- ○ 2006년 07월 : 3-7일, 제13차 협상 개최(쿠알라룸푸르)
- ○ 2006년 08월 : 24일, 한-ASEAN 경제장관회의 (쿠알라룸푸르), 한-ASEAN FTA 상품협정 재서명 및 개성공단제품 특별관세부여 이행 관련 서한 서명 및 교환

<한-일 FTA>

- ○ 1998년 10월 : 한일 양국은 정상회담에서 '21세기 새로운 한일 파트너십' 발표
- ○ 1998년 11월 : 양국 통상장관 회담시 양국 간 FTA 추진에 관한 민간연구를 추진 합의
- ○ 1999년 03월 : 오부치 총리 방한 중 '한일 경제협력 의제21'을 기반으로 한 IDE와 KIEP 공동연구 발족
- ○ 2000년 05월 : 22일, IDE-KIEP 1차 공동연구결과 발표
- ○ 2000년 09월 : 1일, 민간교류단체인 한일포럼에서 양국의 FTA 체결희망 의사를 표명
- ○ 2000년 09월 : 24일, 김대중 대통령 방일 중 '한-일 FTA 비즈니스 포럼' 발족 합의
- ○ 2000년 09월 : 28일, IDE-KIEP 2차 공동연구결과 발표
- ○ 2001년 05월 : '한-일 FTA 비즈니스 포럼' 구성
- ○ 2001년 09월 : 1차 한-일 FTA 비즈니스 포럼 개최(서울)

○ 2002년 01월 : 25일, 2차 한-일 FTA 비즈니스 포럼(도쿄)에서 양국 FTA 체결을 위한 정부 간 협상을 촉구하는 공동선언문 채택
○ 2002년 03월 : 고이즈미 일본총리 방한 시 한-일 FTA 산관학 공동연구회 발족을 제의
○ 2002년 07월 : 9-10일, 한-일 FTA 산관학 공동연구회 제1차 공동회의 개최(서울)
○ 2002년 10월 : 1-2일, 한-일 FTA 산관학 공동연구회 제2차 공동회의 개최(도쿄)
○ 2002년 12월 : 4-5일, 한-일 FTA 산관학 공동연구회 제3차 공동회의 개최(부산)
○ 2003년 01월 : 1일, 한일 BIT 발효
○ 2003년 02월 : 6-7일, 한-일 FTA 산관학 공동연구회 제4차 공동회의 개최(도쿄)
○ 2003년 04월 : 14-15일, 한-일 FTA 산관학 공동연구회 제5차 공동회의 개최(서울)
○ 2003년 05월 : 7일, 한일 비관세조치 협의회 제1차 회의(서울)
○ 2003년 07월 : 11-12일, 한-일 FTA 산관학 공동연구회 제6차 회의 개최(후쿠오카)
○ 2003년 09월 : 1-3일, 한-일 FTA 산관학 공동연구회 제7차 공동회의 개최(서울), 한일 비관세조치 협의회 제2차 회의(9. 1) 개최
○ 2003년 10월 : 2일, 한-일 FTA 산관학 공동연구회 제8차 공동회의 개최(서울)
○ 2003년 10월 : 20일, 제11차 APEC 정상회의 기간에 양국정상은 2005년 FTA 타결을 목표로 연내 정부 간 협상개시에 합의
○ 2003년 12월 : 22일, 한-일 FTA 제1차 협상개최(서울)
○ 2004년 02월 : 23-25일, 한-일 FTA 제2차 협상개최(도쿄)
○ 2004년 04월 : 26-28일, 한-일 FTA 제3차 협상개최(서울)
○ 2004년 06월 : 23-25일, 한-일 FTA 제4차 협상개최(도쿄)
○ 2004년 08월 : 23-25일, 한-일 FTA 제5차 협상개최(경주)
○ 2004년 09월 : 1-4일, 한-일 FTA, 중소기업지방설명회(광주, 대전)
○ 2004년 11월 : 1-3일, 한-일 FTA 제6차 협상개최(도쿄)

<한-미 FTA>

○ 2003년 08월 : FTA 추진 로드맵 마련
(중장기적 과제로 미국 등 거대경제권과의 FTA 추진 상정)
○ 2004년 05월 : USTR 부대표 한-미 FTA 체결에 대한 관심 표명
○ 2004년 11월 : APEC 계기 한-미 통상장관회담(칠레)에서 FTA 추진 가능성 점검을 위한 사전 실무 점검회의 개최 합의
○ 2005년 02월 : 3일, 한-미 FTA 사전실무점검회의 제1차 회의 개최(서울)
○ 2005년 03월 : 28-29일, 한-미 FTA 사전실무점검회의 제2차 회의 개최(워싱턴)
○ 2005년 04월 : 28-29일, 한-미 FTA 사전실무점검회의 제3차 회의 개최(워싱턴)
○ 2005년 05월 : 2일, OECD 각료이사회 계기 한-미 통상장관회담 (파리)
○ 2005년 06월 : 3일, APEC 계기 한-미 통상장관회담 (제주)
○ 2005년 09월 : 20일, 한-미 통상장관회담 (워싱턴)
○ 2005년 09월 : 미행정부, 한국 등 4개국을 FTA 우선협상대상국으로 선정
○ 2005년 10월 : 11일, 한-미 통상장관회담 (제네바)
○ 2005년 11월 : 16일, APEC 계기 한-미 통상장관회담 (부산)
○ 2006년 01월 : 31일, 통상교섭본부장-Portman USTR 대표 면담 (워싱턴)
○ 2006년 02월 : 2일, 한-미 FTA 추진 관련 공청회 개최
○ 2006년 02월 : 3일, 한-미 FTA 추진 발표
○ 2006년 03월 : 6일, 한-미 FTA 제 1차 비공식 사전준비협의 개최
○ 2006년 04월 : 17-18일, 한-미 FTA 제 2차 비공식 사전준비협의 개최
○ 2006년 06월 : 5일-9일, 한-미 FTA 제 1차 공식협상 개최(워싱턴)
○ 2006년 07월 : 10-14일, 한-미 FTA 제 2차 공식협상 개최(서울)
○ 2006년 09월 : 5-9일, 한-미 FTA 제3차 공식협상 개최(시애틀)

주

1_ 여기서는 '양면게임이론'이라는 번역어를 사용하기로 한다. 양면게임이론은 Putnam, Robert D. "Diplomacy and Domestic Politics : the logic of two-level games," *International Organization*, vol. 42-3(summer 1988)에서 처음으로 제안되었다.

2_ 양면게임이론을 응용한 연구실적물로서는 Evans, Peter and Jacobson, Harold and Putnam, Robert eds., *Double-Edged Diplomacy : International Bargaining and Domestic Politics* ; Schoppa, Leonard, "Two-level games and bargaining outcomes : Why gaiatsu succeeds in Japan in some cases but not others," *International Organization*, vol. 47(summer 1993) ; Miller, Helen, "International Theories of Cooperation Among Nations : Strengths and Weaknesses," *World Politics*, 44(April 1992), pp. 466-96; Mayer, Frederick W., "Managing Domestic Differences in International Negotiations : The Strategic Use of Internal Side-Payments," *International Organization*, 46(Autumn 1992), pp. 793-818 ; Lehman, Howard P., and McCoy, Jennifer L., "The Dynamics of the Two-Level Bargaining Game : The 1988 Debt Negotiations," *World Politics*, 44(July 1992), pp. 600-644 ; 양기웅, 『미일통상협상』(한울, 1998) ; ―――, 『일본의 외교협상』(소화, 1998) 등을 참조.

3_ Moravcsik, Andrew, "Introduction : Integrating International and Domestic Theories of International Bargaining," in Evans, Jacobson and Putnam, *Double Edged Diplomacy*(1993), pp. 27-29.

4_ 이론소개 부분은 주로 다음의 글에서 내용을 인용하거나 요약한 것이다. 양기웅, "외교와 정치의 연계," 여정동 이종찬 공편, 『현대국제정치경제』(법문사, 2000), pp. 215-262.

5_ 레벨 II(국내정치차원)에서 레벨 I(국제협상 차원)의 합의를 수정하는 것은 새로운 라운드의 레벨 I 게임이 시작됨을 의미한다.

6_ Putnam, Robert D., "Diplomacy and Domestic Politics : the logic of two-level games," *International Organization*, vol. 42-3(summer 1988), p. 437. 원문을 인용하면 다음과 같다. "We may define the 'win-set' for a given Level II constituency as the set of all possible Level Ⅰ agreements that would 'win' – that is, gain the necessary majority among the constituents – when simply voted up or down."

7_ 칠레를 첫 대상국으로 선정한 이유는 첫째, 한국과의 산업 간 상호 보완성 때문이다. FTA 체결로 국내산업이 외국산업에 종속되는 결과를 피하고, 농업 등 취약한 국내산업의 피해를 최소화하기 위해서는 산업 간 상호 보완성이 큰 국가들과의 FTA 협상이 바람직하기 때문이다. 둘째, 국제통상 환경의 변화에 따른 수출시장 관리의 측면이다. 칠레는 멕시코를 포함한 남미 7개국과 FTA를 맺고 있고, 중미, 유럽, 일본 등 13개국과 FTA를 추진 중에 있었다. 한국으로서는 이러한 칠레의 FTA 네트워크를 활용하고, 칠레를 거점화함으로써 수출시장을 개척하고 관리할 수 있다는 판단을 하고 있었다. 외교통상부, "한 · 칠레 FTA 주요내용," 2003 ; 정인교, "한–칠레 FTA 이후 FTA 추진방향과 정책시사점," 『응용경제』, 제5권 제2호(한국응용경제학회), 2003.

8_ 외교통상부, "한 · 칠레 FTA 주요 내용," 2003 ; 정인교, "한–칠레 FTA 이후 FTA 추진방향과 정책시사점," 『응용경제』, 제5권 제2호(한국응용경제학회), 2003.

9_ 유현석, "한–칠레 자유무역협정의 국내정치," 모종린 · 최병일(편저), 『한국의 통상협상』(서울 : 오름), 2004.

10_ TRQ(Tariff Rate Quotas)은 양허된 시장접근 물량에 대해서는 낮은 관세를 부과하고 이를 초과하는 물량에 대해서는 높은 관세를 부과할 수 있도록 하는 일종의 이중관세제도이다.

11_ 싱가포르는 ASEAN 자유무역협정(AFTA) , 미국, 일본, 호주, 뉴질랜드, EFTA(유럽자유무역연합 : 스위스, 노르웨이, 아이슬랜드, 리히텐슈타인), 요르단과 FTA 체결하고 있다. 또한 싱가포르는 이미 높은 수준의 자유무역을 실시하고 있는 국가로서 맥주, 소주 등 주류 4개 품목을 제외한 전 품목에 대하여 무관세를 적용하고 있다. 싱가포르와 FTA를 체결하는 경우 상품 무역분야에서 상대방 국가에게만 추가 개방의무가 발생하므로 FTA를 체결할 실익이 없다는 지적이 있을 수 있음에도 불구하고 미국, 일본을 비롯한 주요 국가들은 싱가포르의 전략적 가치에 주목하며 FTA를 체결하고 있다고 볼 수 있다.

12_ 외교통상부, "한 · 싱가포르FTA의 주요내용," 2005.

13_ 유명희, "한 · 싱가포르 FTA 협상 추진현황과 향후 전망," 『관세와 무역』, 9월호, 2004.

14_ 한–싱가포르 FTA 협상 쟁점은 외교통상부 보도자료(2003. 3. 3 이후)를 주로 참고함.

15_ 유명희, "한 · 싱가포르 FTA 협상 추진현황과 향후 전망," 『관세와 무역』, 9월호,

2004.

16_ 2003년 기준으로 싱가포르로부터의 수입액 중 75.7%에 해당하는 품목에 대하여 이미 무관세가 적용되고 있는데, 무관세 수입액의 상당 부분이 반도체 등의 IT 제품에 집중되어 있다.

17_ 이윤영, "한 · 싱가포르 FTA 타결," 『나라경제』, 1월호, 2005.

18_ 외교통상부, "한 · 싱가포르 FTA의 주요내용," 2005.

19_ 외교통상부, "한 · 싱가포르 FTA의 주요내용," 2005.

20_ 양국은 정보통신기술, 전자상거래, 과학기술, 금융 서비스, 무역 및 투자의 진흥, 방송, 환경, 인적 자원 관리 및 개발 등의 분야에서 협력하기로 합의하였다(외교통상부 2005). 실제로 한-싱가포르 FTA 협상에서 양측의 쟁점사항을 검토해 보면 한국의 목표는 단기적인 교역량 증가나 상품시장 개방이라기보다는 싱가포르의 전략적 지위, 아시아 금융 중심지로서 싱가포르의 역할, 우리 기업들의 동남아 진출 기반 강화, 서비스 시장 개방에 따른 경쟁력 강화, 신인도 제고를 통한 투자유치 증가에 있다는 것을 알 수 있다. 이러한 것들은 대부분 한국 측의 협상목표를 이루고 있는 것들이었다.

21_ KDI, 「한국경제 관련 외신보도」, 2006년 4월 17일자.

22_ ASEAN과 이들 국가들 간의 FTA가 체결될 경우 한국 상품은 이들 국가의 상품들보다 가격경쟁력이 현저히 저하되어 시장점유율 하락과 수출에 직접적 타결을 받게 된다. 또한 이른바 '차이나쇼크'에서 나타난 것처럼 국가 차원에서는 중국에의 지나친 집중이 국내경제의 위험도를 높일 수 있으므로 위험분산이라는 측면에서 ASEAN과의 FTA 체결의 필요성이 대두되었다. 또한 말라카 해협으로 이어지는 동남아 인근 연안은 자원의 공급루트이고, 중동으로부터의 석유자원 공급루트이기 때문에 ASEAN과의 우호협력관계 증진이 중요시되었다. 권율, "한 · ASEAN FTA 협상의 주요 쟁점 및 추진방향," 『세계경제』, 9월호(KIEP), 2004.

23_ 이는 보통 양자 간 FTA 협정이 상품, 서비스, 투자, 기타 무역규범 및 분쟁해결제도 등을 하나의 협정에 규정하는 '단일협상 방식'으로 협상을 진행하며(single-undertaking), 상품양허 협상에 있어서도 '양허안 제시 및 요청(Offer and Request)' 방식을 채택하고 있다는 점에서 근본적인 차이가 있는 것이다. 김영무, "5억 거대시장 아세안과의 FTA 기본협정 서명," 『나라경제』, 1월호, 2006.

24_ 한편 분쟁해결제도 협정은 당사자 간 협의, 중재패널 설치순서로 진행되는 분쟁해결 절차를 규정하고 있으며, 중재패널 권고 불이행시 제소국은 당사국에 대하여 한-ASEAN FTA에 따른 혜택을 정지할 수 있도록 함으로써 중재패널의 판정결과에 대한 이행수단을 확보하고 있다. 김영무, "5억 거대시장 아세안과의 FTA

기본협정 서명," 『나라경제』, 1월호, 2006.

25_ 외교통상부 보도자료 2005/02/26.

26_ 외교통상부 보도자료 2005/04/21.

27_ 외교통상부 보도자료 2005/10/17.

28_ 태국은 상품자유화 방식(Modality) 협상과정에서 한국이 쌀을 자유화 대상에서 완전히 제외하려는 데에 대하여 강한 불만을 표시하고, 2006년 초에 예정된 품목 협상 완료시까지 최종결정을 연기하겠다는 입장을 표명하였다.

29_ 양국은 90%의 품목에 대해서는 원칙적으로 2010년까지 관세철폐를 합의하였고, 7%의 품목은 2016년까지 저관세(0-5%)로 관세를 감축하기로 합의하였다.

30_ 초민감품목에 대한 보호방식은 50%로 관세유지, 20% 또는 50% 만큼 관세감축, 관세할당, 양허제외(쌀, 닭고기, 활어 및 냉동 어류, 마늘, 양파, 고추, 대부분의 과일 등)이다.

31_ 외교통상부 보도자료 2005/12/09.

32_ 외교통상부 보도자료 2006/05/30, 07/10.

33_ 산관학 공동연구회의 기능은 여전히 정부 간 공식협상이 아니라, 양국 간 FTA의 가능성을 타진하고 협상 이슈를 사전 점검하는 작업에 국한되었다.

34_ 분야별 주요 논의내용으로는 첫째, 양국 간 무역 및 투자증대를 위하여 농업을 포함하는 상품, 서비스의 포괄적 자유화 원칙을 재확인하였다. 둘째, 우회수입 방지를 위한 원산지 규정, 통관절차 간소화 등 분야에서 FTA 체결의 이익을 최대화할 수 있는 방안을 모색하기로 합의하였다. 셋째, FTA 체결의 이익을 극대화하기 위하여 가급적 많은 무역규범 분야에서 수준 높은 FTA를 추구하는 것이 바람직하다는 데 인식을 같이하였다. 넷째, 비관세조치 분야에 있어서는 협의회를 계속 유지키로 하고 앞으로 구체적인 사례를 바탕으로 논의를 진행하기로 합의하였다. 다섯째, 양국 간 경제통합을 실질적으로 실현하고, FTA효과를 극대화하기 위하여 무역투자협력, 기술협력 등 각종 협력 사업을 발굴 · 추진키로 합의하였다. 여섯째, 양국 간 기술규격을 상호 인정하기 위하여 상호 인정(Mutual Recognition)분야를 설치하기로 합의하였다. 일곱째 차기 협상에서는 양국이 협정문안 초안을 준비하여 이를 바탕으로 보다 구체적인 논의를 진행하기로 합의하였다(외교통상부 자유무역협정 보도자료 2004/02/25).

35_ 외교통상부 자유무역협정 보도자료 2004/04/28.

36_ 정인교, "한일 FTA의 경제적 영향과 협상에 대한 시사점," 대외경제정책연구원, 2004.

37_ 우선 상품무역분과에서는 일본이 시행하고 있는 수산물에 대한 수입쿼터제도의

철폐문제, WTO 반덤핑 협정문안 개선문제, FTA 체결 이후 수입급증에 대비한 양자 긴급수입제한조치를 도입하는 문제 및 원산지 증명서 발급주체와 사후검증 절차에 대한 사항을 논의하였다. 서비스 및 투자분야에서는 투자/서비스 자유화 방식, 최혜국 대우, 시장접근 등이 주요 쟁점이었다. 특히 기존의 BIT를 FTA틀 속으로 포함시키는 방안이 논의되었다. 또한 양국 간 인력교류의 촉진을 위한 비자면제협정 체결의 필요성에 대해서도 논의하였다. 비관세조치분야에서는 2개의 트랙으로 협의가 진행되었는데, 첫째, 협정상에 비관세조치 관련분야를 어떤 문안으로 반영시키는지에 대한 논의와 둘째 민간부문의 참여하에 양국 기업인이 상대국 시장에서 경험하고 있는 개별 비관세조치 해결방안에 대한 논의가 그것이다. 기술장벽(TBT), 위생검사검역(SPS)의 경우 한국의 적극적 자세에 비해 일본은 기본적으로 WTO 협정 이외에 추가적 조항을 포함시키는 것에 소극적 입장을 보였다. 상호 인정과 관련하여 양국은 상호 인정의 적용범위와 상호 인정을 위한 체제에 대하여 논의를 진행하였다. 특히 한국은 정부조달분야에 있어서 건설시장을 중심으로 일본 조달시장에서의 시장접근 장벽 및 애로사항을 해소하기 위해 노력하였다. 협력과 관련하여 양국은 FTA 체결효과의 극대화를 위해 자유화 조치와 함께 경제협력을 확대할 필요가 있다는 점에 의견을 같이하였다. 정인교, "한일 FTA의 경제적 영향과 협상에 대한 시사점," 대외경제정책연구원, 2004.

38_ 외교통상부 자유무역협정 보도자료 2004/06/25.

39_ 외교통상부 자유무역협정 보도자료 2004/08/25.

40_ 외교통상부 자유무역협정 보도자료 2004/11/03.

41_ 오가와 유우헤이, "지역판 자유무역협정 제창,"『국제통상연구』, 제9권 제2호(한국국제통상학회), 2004.

42_ 동양경제일보 2004/02/20. 오가와(2004)에서 재인용.

43_ 오가와(2004)에서 재인용

44_ 박형래 · 박영기, "한국의 선택 : 한 · 미 자유무역협정 체결의 선결조건,"『관세학회지』, 제7권 제1호(한국관세학회), 2006.

45_ 국민일보 2006/06/11.

46_ 한국일보 2006/07/14.

47_ 이 글에서는 집필시점상 2006년 10월 23-27일 제4차 협상(제주), 2006년 12월 4-9일 예정의 제5차 협상(몬태나)를 다루고 있지 않다.

48_ 중앙일보 2006/09/11.

49_ 신뢰구축에 기여한 정책으로서는 '쌀 농가 수입안정화 프로그램' ; '생산구조조

정프로그램(PAPP)' ; '쌀 생산에 대한 보험정책' 등을 들 수 있는데, 일본의 쌀시장 개방과 국내조정에 관한 내용은 양기웅, 박성우, 강삼구, 정미령, "일본의 대외통상협상과 국내적 보상 시스템," 『21세기 정치학회보』, 제16집 1호, 2006, pp. 273-300 참조.

50_ 이백만 청와대 홍보수석, "농업개방 … 과연 건널 수 없는 강인가?" 청와대 홈페이지 2006/09/21.

6

한미 FTA의 정치경제 :
정부의 신뢰상실과 찬반의 이념화 과정

이 근(서울대학교 국제대학원 교수)

* * *

이 글의 목적은 노무현 정부가 추진하는 한미 자유무역협정(이하 한미 FTA)이 처음부터 정부의 신뢰문제를 안고 시작하여 미국과의 통상협상 과정이 국내의 이익과 손실을 조정하는 과정으로 진행되었다기보다는 한미 FTA라는 국가전략 자체에 대한 이념적 찬반의 정치과정으로 변질되는 것을 분석하는 데 있다. 정부가 신뢰를 상실하게 되는 이유는 다음의 세 가지 요인에 기인한다. (1) 초기 한미 FTA 추진 근거의 잘못된 설정, (2) 한미 FTA 추진 일정과 순서의 무리함, 그리고 (3) 민주화 이후 대외협상을 위한 대내적 설득 및 조정과정의 미비이다. 정부의 신뢰상실은 한국 정부에 대한 불신뿐만 아니라 미국에 대한 불신으로도 이어져 한미 FTA에 대한 찬반이 "친미" 대 "반미", "보수" 대 "진보"라는 이념적 대립의 구도로 발전하게 된 이유가 되었다. 한미 FTA의 정치경제에서 얻을 수 있는 교훈은 앞으로 FTA를 추진함에 있어서 한국 정부는 FTA의 정교한 전략적 목표설정, 설득력 있는 협상전략의 수립, 민간영역과의 원활한 의사소통에 기초한 이익의 조정과 보상체계 수립 등 정부신뢰를 쌓아가는 준비와 절차에 만전을 기하는 것이다. 그러한 정부에 대한 신뢰가 있을 때 FTA 타결에 대한 지도자의 정치적 의지와 결단이 국민에 의하여 수용될 것이다.

주제어 : 한미 FTA, 신뢰의 문제, 국내협상, 이익의 갈등, 이념의 갈등

이 글의 목적은 노무현 정부가 추진하는 한미자유무역협정(이하 한미 FTA)이 처음부터 정부의 신뢰문제를 안고 시작하여 미국과의 통상협상 과정이 FTA로 생겨나는 이익과 손실의 갈등을 조정하는 과정으로 진행되었다기보다는 한미 FTA라는 국가전략 자체에 대한 이념적 찬반의 정치과정으로 변질되는 것을 분석하는 데 있다. 정부가 신뢰를 상실하게 되는 이유는 다음의 세 가지 요인에 기인한다. (1) 초기 한미 FTA 추진 근거의 잘못된 설정, (2) 한미 FTA 추진 일정과 순서의 무리함, 그리고 (3) 민주화 이후 대외협상을 위한 대내적 설득 및 조정과정의 미비이다. 이러한 세 가지 문제점은 결국 한미 FTA를 둘러싼 이념적 양극화로 이어져 소위 보수세력은 한미 FTA 지지, 진보세력은 한미 FTA 반대라는 근본적인 대립구도를 만들게 되었다. 이 글은 위의 세 가지 요인을 순서대로 살펴보면서 한미 FTA의 이념적 대립의 정치경제를 분석한다.

1. 한미 FTA의 추진과 추진 근거

한미 FTA를 한국 정부가 추진하고 있다는 사실이 일반 국민에게 처음 알려진 것은 2006년 1월 18일에 있었던 노무현 대통령의 신년연설을 통해서이다. 노무현 대통령은 1월 18일 신년연설을 통해서 개방문제가 거역할 수 없는 대세이며, 따라서 이에 적극적으로 대처해서 우리 경제를 선진화하는 기회로 삼아나갈 것을 표명하는 한편, 한국 경제의 미래를 위하여 한미자유무역협정을 맺어야 하며 조율이 되는 대로 협상을 시작하겠다고 발표하였다.[1] 이렇게 국민들에게 아무런 예고 없이 갑자기, 그리고 신년연설의 끝부분에 간략하게 언급된 한미 FTA의 추진 발표는 불과 약 2주 만에 협상개시의 선언으로 이어지게 된다. 한국 시간으로 같은 해 2월 3일 오전 5시, 김현종 한국 외교통상부 통상교섭본부장과 미국의 무역대표부(USTR) 대표인 로버트 포트먼(Robert Portman)이 미국 국회의사당에서 공동기자회견을 갖고 협상의 개시를 선언하였다.

이렇게 한미 FTA 추진계획을 성급하게 발표하고 또 협상의 개시를 성급하게 선언한 이유는 전부 알려져 있지는 않지만, 일단 신속히 협상국면으로 들어간 것은 미국의 행정부에 부여된 무역촉진권한(Trade Promotion Act : TPA)이 2007년 6월 30일에 만료되기 때문에 만료 90일 전에 협상을 타결하고 협정을 체결하기 위한 의도가 상당히 있었다고 할 수 있다. TPA는 2002년 9월에 미국에서 발효된 법안으로서 미국 행정부에게 광범위한 협상권이 주어지며, 행정부는 협상결과를 의회에 제출하고, 의회는 협정의 각 항목이 아니라 협정 그 자체에 대한 찬반 투표만을 하게 된다.

이러한 TPA는 미국이 자유무역협정을 신속하고 용이하게 체결하기 위하여 의회가 통상협정의 권한을 상당 부분 행정부에 이임한 것으로서, TPA가 종료하게 되면 한미 간 자유무역협정 체결과 비준도 매우 어렵게 된다. 따라서 한국 정부는 협정의 체결과 비준을 성공적으로 마치기 위하여 미국이 북미자유무역협정(NAFTA) 이후 처음으로 하게 되는 대규모 자유무역협정을 약 1년 정도의 기간에 끝내는 협상일정을 잡게 된 것으로 알려지고 있다. 한미 FTA 추진의 무리한 일정에 대해서는 다음 절에서 자세히 살펴보겠지만, 일단 갑작스러운 한미 FTA 추진 발표와 약 1년밖에 안 되는 협상 종결기간을 잡은 것은 대국민 설득에 있어서 처음부터 근본적인 신뢰의 문제를 낳게 되었다.

한편, 한미 FTA의 추진목표와 근거는 협상의사 표명 이후 초기에 대통령에 의해서 여러 차례 밝혀진 바 있으나 이 역시 시간이 지나면서 매우 모호해진다. 일단 한미 FTA의 추진목표는 그동안 대통령의 언급과 정부의 발표에 근거해 볼 때 다수의 목적이 혼재되어 있다. 초기 대통령이 제시한 핵심 목표는 비교적 명확한데, 추후 경제부처 등 정부에서 밝히는 목표는 대통령이 제시한 핵심 목표를 상당히 모호하게 포장하고 있다. 다음은 노무현 대통령이 한미 FTA 협상의 본격적 추진을 언급한 2006년 1월 18일 신년연설, 2월 26일 청와대 출입기자단과의 북악산 등반시 언급, 3월 7일 이집트 동포 간담회에서의 언급, 3월 23일 5개 포털 사이트가 주최한 국민과의 대화 등을 근거로 한미 FTA를 추진하는 이유를 정리한 것이다. 노 대통령의 언급을 보면 FTA 추진의 핵심 목표가 서비스 산업의 경쟁력 확보와 양극화의 해소라는 두 개의 목표로 매우 명확하게 드러난다.

(1) 서비스 산업의 경쟁력 확보 : 중국에 제조업 기술에서 따라잡히므로 금융업, 법률, 회계, 세무, 컨설팅, 디자인, 유통, 물류영역에 도전 ; 고학력 인력에서 승부 ; 서비스 부문은 선진국과 격차가 있으므로 따라잡기 위하여 과감히 개방[2] ; 선진국형 서비스 산업에 도전, 금융 등 고급 지식 서비스 분야에서의 기술발전[3] ; 서비스 산

업 경쟁력 향상을 위한 충격요법.[4]

(2) **양극화 해소** : 양극화 해소와 FTA의 연관성을 구체적으로 밝히지는 않았지만, 참여정부의 남은 임기 중 최대의 국정과제가 FTA와 양극화 해소에 있다고 수차례 발표하여 양자의 목표가 서로 부합하는 것으로 국민에게 전달.[5]

그런데 이와 같이 노 대통령이 언급한 추진목표가 정부의 홍보물로 넘어가면서 내용이 모호해지기 시작한다. 정부의 홍보물은 워낙 그 양이 방대하므로 2006년 5월 26일 국정홍보처에서 발행된 『한미 FTA를 말한다』에 소개된 내용, 특히 당시 재정경제부장관으로 재직하던 한덕수 장관의 머리글을 포함한 내용을 정리하면 다음과 같다.[6]

(1) **세계 최대의 시장과 최대의 Test Market 포기 불가** : 미국 시장에서 우리의 상품과 서비스를 제값 받고 팔아야 진정한 강국이 됨. 이 시장에서 중국, 인도 및 경쟁국과의 경쟁에 이기기 위하여 미국 시장의 관세를 낮추어야 함.

(2) **경쟁력 강화** : 이 책자의 서론격인, 그리고 FTA의 목표가 명시되어야 할 "왜 미국인가" 부분에서 서비스 산업의 경쟁력 강화라는 대통령의 핵심 목표에 대한 구체적인 언급을 피하고 "FTA의 목표는 경쟁력 강화"이며, "경제 시스템의 업그레이드", 그리고 "경제, 사회 시스템 전반의 선진화"로 표현(p. 19). 다만 책의 후반부에

서 여러 다른 산업에 미치는 이점을 다루면서 같이 서비스 산업의 경쟁력 향상을 언급(p. 59-65).

(3) 양극화 해소에도 도움 : 대통령의 핵심 목표인 양극화 해소와 관련해서는 서론에서 이것이 한미 FTA의 핵심 목표로 거론되지 않고 뒤에서 한미 FTA를 하게 되면 성장과 양질의 고용을 창출한다고 주장(p. 28-29, 36-37, 40-41).

(4) 동북아 허브, 대외신인도 제고, 한미동맹을 21세기 경제동반자 관계로 전환(p. 34).

이러한 한미 FTA의 목표가 초기 대통령이 언급한 내용에서 벗어나서 후반부에 이르면서 모호해지기 시작한 이유는 정확하게 알려진 바 없지만 짐작컨대 다음과 같은 이유가 개입되어 있을 것으로 추측된다. 우선 대통령이 매우 강조한 서비스 산업의 경쟁력 제고라는 목표가 과연 한미 FTA라는 특정 형태의 개방으로 달성될 수 있는가라는 의문에 대하여 정부가 뚜렷한 인과관계의 답을 찾지 못하였기 때문일 것이다. 즉 한미 FTA가 어떠한 경로와 기제(mechanism)를 통하여 서비스 산업의 경쟁력을 제고시키는지에 대하여 설득력 있는 명쾌한 답을 정부가 제공하지 못하고 있다는 것이다.

개방이 특정 산업의 경쟁력을 제고시킬 수 있는가는 간단하게 답이 나오는 문제는 아니다. 농업과 같이 개방으로 인하여 도태될 수 있는 경우가 있으며, 특정 제조업과 같이 개방으로 인하여 득을 보고 경쟁력을 제고하는 경우도 있다. 아직 경쟁력이 갖추어지지 않은 서비스 산업의 경우 농업의 경로로 가게 될지, 아니면 제조업의 경로로 가게 될지 현재로서는 알 수가 없다. 단지 노무현 대통령의 발언처럼 "신의 손"을 가진 우리 국민은 여태까지 개방에 잘 이겨왔고 또 앞으로도 그럴 것이라는 막연한 답을 주기만 하고 있다.[7] 대개 FTA를 하는 나라는 잘 살고 FTA를 안 하는 나라는 못 산다는 대통령의 언급 역시 서비스 산업의 경쟁력이 왜 제고되는지에 대한 언급이 아니라 사회과학적 검증이 필요한 개방과 경제성장 혹은 일국의 부와 관련된 언급이다.[8] 한미 FTA를 정당화하는 데 가장 많이 인용되었고 또 논란이 많았던 KIEP(대외경제정책연구원)의 보고서도 경제성장률이 얼마나 올라가고 소득이 얼마나 높아질 것인가를 수치로 보여주고 있을 뿐, 서비스 산업의 어느 분야가 언제까지 얼마나, 왜 경쟁력이 높아질 것인가를 보여주지는 못하고 있다.[9]

한미 FTA와 서비스 산업 경쟁력 제고의 인과관계를 설명하기 위하여 가장 흔히 사용되는 논리는 서비스 시장의 국내 규제가 높아서 경쟁력이 제고되지 못하고 있으므로 한미 FTA라는 개방을 통하여 서비스 산업의 경쟁을 유도하여 경쟁력을 높일 수 있고, 세계 최고의 서비스 산업을 보유한 미국을 벤치마킹하여 경쟁력을 높일 수 있다는 것이다.[10] 이러한 논리는 단순히 개방과 경쟁이 경쟁력을 제고하고 벤치마킹이 경쟁력을 제고한다는 간단한 논리인데, 그 연결관계가 명확하지 않을 뿐만 아니라, 과거 자본주의 발달의 경제사를 보게 되면 오히려 그 반대의 경우가 많았다는 것을 알 수 있다. 즉 경쟁력이 높아진 후에 개방을 한 경우가 많았다는 것이다.[11] 또한 한미 FTA라는 시장개방 그 자체가 양극화를 해소한다는 것도 그 논리적 타당성을 발견하기 어렵다. 주류 경제학에서도 시장개방 그 자체가 분배의 문제를 해결한다는 주장은 찾아보기 어려우며, 특히 신자유주의 경제정책의 시대에는 고용 없는 성장과 양극화가 추세인데, 신자유주의적 경제제도와 정책이 더욱 강력하게 도입될 한미 FTA가 어떻게 양극화를 해소할 것인지에 대한 답은 더 더욱 찾아보기 어렵다.[12)]

경제학의 이론으로 추진근거를 검토해 보아도 한미 FTA 그 자체가 한국의 서비스 산업 경쟁력을 자동적으로 제고시킨다는 확실한 결론을 도출하기 어렵다. 신성장이론(New Growth Theory)이나 신경제지리(New Economic Geography), 그리고 전략무역정책 이론(Strategic Trade Policy) 등에서는 오히려 서비스 산업과 같이 규모의 경제를 가지고 있는 산업은 일정기간의 시장 보호를 통하여 초기 대량생산의 학습효과(learning by doing)에서 경쟁력을 제고시키고, 그 이후에 시장을 개방하는 순서를 권고하고 있다. 즉 단순한 시장개방이 반드시 경쟁력을 향상시킨다는 진리는 없다는 것을 보여주고 있다.[13)] 또한 설사 개방이 서비스 산업의 경쟁력을 제고시킨다는 논리적 결론을 얻는다 하더라도 한미 FTA의 협상과정에서 주요 서비스 산업인 교육, 법률, 의료부문이 대부분 빠지게 되었고, 금융부문은 이미 97년 금융위기 이후로 대부분 개방되어 있어 처음 설정한 목표가 협상과정에서 도태되는 어처구니없는 협상의 추진이 되어버렸다.

이상에서 살펴본 한미 FTA 추진근거 설정의 문제점들은 정부가 왜 한미 FTA를 추진하는지에 대한 전체 국민들의 신뢰를 얻지 못하였고, 오히려 정부를 불신하는 세력들에게 강한 한미 FTA 반대의 근거를 제공하게 되었다. 또한 극단적으로는 한미 FTA의 배후에는 한국 정부에게 압력을 가하는 미국이 있다는 음모론적 불신마저

생겨나 과거 제국주의 이론에 근거한 반대론자마저 등장하게 된다.[14]

이러한 반대에 부딪혀 정부와 협상 담당자들은 일단 추진한 한미 FTA를 정부가 정한 협상기한 안에 타결하기 위하여 다시 추진근거를 논리적으로 따지기보다는 한미 FTA가 한국 경제에 왜 좋은 것인가라는 매우 두루뭉실한 목표로 한미 FTA의 목표를 전환시키고 이에 대한 대대적인 홍보에 들어가게 된다. 이러한 무리한 목표의 전환과 협상의 강행은 역시 정부에 대한 상당수 국민들의 불신으로 이어지게 된다.[15] 다음 절에서는 한미 FTA 추진이 확실한 전략에 기초하지 못하고 있고, 또 전략에 대한 충분한 검토와 합의과정을 거치지 못했다는 것을 한미 FTA의 추진 일정을 살펴보면서 밝혀 보고자 한다. 이러한 추진일정의 문제는 역시 정부의 신뢰문제로 귀결되게 된다.

2. 추진일정의 문제

대통령이 한미 FTA 협상 추진 의사를 밝힌 이후 국민들에게 공개된 사실이지만, 한국 정부의 협상준비가 대통령의 의사발표 이전에 전혀 없었던 것은 아니다. 2004년 5월에 미국의 USTR 부대표가 한미 FTA에 대한 관심을 표명한 이후 2004년 11월 칠레에서 열린 아시아태평양경제협력기구(APEC)를 계기로 있었던 한미통상장관 회담에서 한미 FTA 추진 가능성을 점검하기 위한 사전실무점검회의 개최를 합의하였고, 2005년 2월, 3월, 4월에 거쳐 세 차례의 사전실무점검회의를 개최하였다. 한편 국내의 준비작업으로 정부 내외의 전문가 자문회의, 용역발주 등이 있었는데, 총 10여 개의 용역 및 세미나, 공청회 등이 있었던 것으로 알려졌다.

그러나 FTA 협상 개시 전 공청회를 열어야 한다는 현행 FTA 절차규정상 한미 FTA를 추진하기 훨씬 전부터 국민의 여론을 수렴하고 이해를 조정하기 위한 공청회를 심도 있고 성의 있게 열었어야 했는데, 정부는 절차규정을 맞추기 위한 요식행위로 김현종 통상교섭본부장이 미국 의사당에서 미국의 USTR 대표와 협상 개시를 선언하기 직전인 2월 2일 급하게 서울에서 공청회를 열었고, 이는 농민단체의 격렬한 항의로 사실상 무산된 바 있다. 이에 더하여 정부는 공청회의 결과와 상관없이 대외경제장관회의를 열어 한미 FTA 협상을 개시하기로 이미 내부방침을 정한 것으로 알려지면서 참여정부가 민주적 합의과정에 대한 원칙을 경시하는 것으로 비쳐지게 되었다.[16] 또한 한미 FTA 추진을 위하여 반드시 해야만 할 국내협상 중 가장 중요한 것이 피해집단에 대한 보상문제를 다루는 것과 보상체계를 수립하는 것인데, 이에 대한 국내협상 역시 제대로 한번 이루어진 것이 없었고, 이와 관련 한국의 복지와 사회안전망 수준이 OECD 국가 중 최하위에 머물러 있다는 것도 매우 불안한 요인으로 지적되었다.[17]

한편, 한미 FTA를 위하여 준비된 연구보고서가 핵심적인 것이 3권이고, 다른 것을 합쳐도 10여 권에 불과하다는 사실, 그리고 5년의 기간에 걸쳐서 추진되다 중단되었고, 연구보고서나 자료가 핵심적인 것만 25권에 총 100여 건의 자료가 있는 한일 FTA에 비하여 한미 FTA가 너무 준비 없이 성급하게 추진된다는 전 핵심 정부관료의 비판도 제기되었다.[18] 사전 실무점검회의가 시작되었을 때를 준비단계의 시작으로 본다면 약 1년 만에 준비를 끝내고 협상에 돌입하게 된 것이고, 한미 FTA에 대한 관심을 보이기 시작한 2004년 4월경부터를 준비단계의 시작으로 본다고 하여도 2년이 채 못 되는 기간에 세계 최대의 경제강국인 미국과의 FTA에 대한 준비를 끝내고 협상에 들어간 것으로 계산이 나온다. 이렇게 성급한 준비기간을 보면 국민들은 정부의 협상에 대하여 결코 안심하기 어려운 협상이라는 생각이 들 수밖에 없고, 이는 곧 정부에 대한 "신뢰"의 문제로 이어지게 된다.

이에 더하여 한미 FTA 협상전략에 있어서 국민들에게 가장 신뢰를 얻지 못한 부분이 바로 소위 말하는 한미 FTA 협상에 필요한 "4대 선결조건"과 우리가 설정한 협상 종료시한의 문제였다. 한미 FTA 협상의 4대선결 조건이란 한미 FTA 협상을 개시하기 위하여 먼저 한국이 풀어주어야 할 과제들을 의미하는데, 스크린쿼터 축소, 미국산 쇠고기 수입 재개, 건강보험 약가 현행유지, 자동차 배기가스 기준적용 유예를 의미한다. 이러한 4대 선결조건의 문제가 등장하게 된 배경은 2005년 6월 미국의 무역대표부 대표인 포트먼이 한국 정부에게 국내협상 능력을 보여줄 것을 요구하며 4대 통상현안을 해결해 줄 것을 요구한 데 있는 것으로 알려져 있다.[19] 이에 정부는 2005년 10월 당분간 새로운 의약품 가격정책 도입을 하지 않기로 결정하였고, 11월에는 2007년 1월부터 강화되는 자동차 배기가스 배출 허용기준을 연 생산규모 1만대 미만의 자동차 생산업체에 한해 2009년까지 적용하지 않기로 하였다. 또한 2006년 1월에는 미국산 쇠고기에 대한 금수조치를 조건부로 해제하였고, 한국의 스크린쿼터를 현행 146일에서 73일로 축소한다고 발표하였다.[20] 스크린쿼터 축소를 제외하고는 이러한 4대 선결조건을 정부가 다 들어 주었다고 단정해서 말할 수는 없지만 이미 4대 선결조건이 존재하였고, 이를 해결함으로써 미국의 한미 FTA에 대한 환심을 사고자 했던 점은 국민에게 신뢰를 주지 못하는 협상전략이라고 할 수밖에 없다.

한미 FTA 비판론자들은 정부가 한국 경제의 미래와 국민건강에 매우 중요한 이러한 4대 선결조건을 한미 FTA의 향후 협상에서 협상 카드로 사용하지 못하고 미리 내주고 들어가서 설사 한미 FTA 협상이 실패로 끝나도 위의 4대 부문에서 이미 미국에게 양보를 한 것으로 인식하게 되었다.[21] 정부는 이러한 4대 선결조건에 대하여 초기에는 존재하지 않는 것이라고 해명을 하였으나 2006년 7월 노무현 대통령이 "선결조건이라고 해석한다면 대통령의 결정으로 이를 수용한다"라고 밝혀 4대 선결조건이 있었다는 것을 인정하였다. 4대 선결조건이 있었다는 점과 더불어 정부가 초기에 4대 선결조건을 어떤 의미에서건 은폐하려 하였다는 점은 한미 FTA 협상에 있어서 정부의 신뢰를 현격하게 떨어뜨리는 문제점이었다. 대통령의 발언도 이제 정부가 4대 선결조건의 존재를 인정하였으니 더 이상 거론하지 말고 한미 FTA 협상에 반대하지 말라는 어조로 들리게 되어 이 또한 한미 FTA 비판론자들에게는 일방적인 밀어붙이기로 인식되게 되었다.

이에 더하여 정부가 신뢰를 잃게 된 또 하나의 중요한 계기가 바로 한국이 설정한 협상시한이다. 한국 정부는 한미 FTA가 성공하려면 미국의 TPA가 종료하기 전에 협상을 마무리하고 비준에 들어가야 한다는 협상의 시한을 설정하였다. 미국의 TPA가 종료하기 전에 협상을 마무리 하려면 협상 개시 선언을 한 2006년 2월 2일부터 약 90일간 예비협상을 하고, 약 6, 7차례의 본협상을 거쳐서 미국의 TPA가 소멸되는 2007년 6월 30일보다 90일 가량(미의회 검토기간) 앞선 3월 31일까지 한미 FTA 협상을 타결하고 협정을 체결하여야 한다. 앞에서도 언급하였지만 매우 준비가 잘 되었던 것으로 평가된 한일 FTA의 협상도 5년이나 걸려서도 타결이 못 되었는데, 갑자기 시작한 한미 FTA, 특히 광범위한 의제를 포괄하는 한미 FTA 협상을 약 1년에 타결할 것이라는 협상시한 전략을 세운 것이다.

이러한 협상전략은 협상의 시한을 한국에 맞춘 것이 아니라 미국에 맞추게 되어 우리가 조바심을 내서 불리하게 협상을 끌고 나갈 수밖에 없는 환경을 스스로 구축하는 것이 되어버린다. 이는 미래를 내다보는 FTA의 협상이 협상시한에 쫓겨 현재의 협상을 어떻게든 타결하고자 하는 현재의 전략에 초점을 맞추게 되는 것을 의미한다. 이에 대하여 상당수의 국민들이 정부의 협상전략이 졸속으로 만들어진 것이라는 생각을 갖게 되었고, 한국 국민을 위한 협상이라기보다는 미국의 편의에 맞추는 협상이라는 생각을 갖게 된 것으로 보인다. 여기서 상당수의 한미 FTA 반대론자들은 한국 정부와 미국 정부가 같은 편이고, 한국 정부가 추진하는 한미 FTA에 대한 반대는 결국 미국이 추진하는 한미 FTA에 대한 반대라는 대립구도를 그리게 된다. 이것이 한국 내에서 반미세력과 반FTA 세력이 중첩되게 되는 하나의 계기라고 할 수 있다.

이상에서 본 것과 같이 무리한 추진일정은 국민이 정부가 추진하는 한미 FTA에 대하여 신뢰를 갖지 못하게 하는 주요한 원인이 되었는데, 이에 더하여 정부가 한미 FTA 추진에 대한 절차적 정당성을 확보하지 못한 점 역시 정부의 신뢰 상실의 큰 요인이 되었다. 다음 절에서는 절차적 정당성의 문제점을 살펴보기로 한다.

3. 대내적 설득 및 조정과정의 미비

2004년 6월에 "FTA 체결 절차규정(대통령 훈령 121호)"이라는 것이 제정되었다. 이 규정에 따르면 정부는 FTA 협상에 들어가기 전에 공청회를 마련하여 이해관계자들의 의견을 청취하고 이를 FTA 정책수립에 반영해야 한다. 그런데 앞에서도 지적하였듯이 공청회는 2월 2일(미국 시간) 한미 FTA 협상을 개시한다고 선언한 날 하루 전인 한국 시간으로 2월 2일 외교통상부 주최로 열렸으며, 이는 농민단체 등의 저지로 무산되었다. 공청회는 시작 전부터 주최측과 농민단체 측이 격렬하게 대립하면서 농민들이 단상을 점거하면서 무산되었다. 외교통상부는 추후 공청회 자체를 열었기 때문에 형식요건은 갖춘 것으로 간주하여 절차적 정당성에는 하자가 없다는 입장을 보였고, 농민단체를 포함한 상당수의 국민들은 국민의 알 권리 및 설득과정이 완전히 무시된 절차에 대하여 납득하기 어려운 반응을 보였다.

국제통상의 정치경제는 잘 알려져 있듯이 통상을 통하여 이득을 보는 집단과 피해를 보는 집단이 구별되어 이를 설득하고 조정하는 대내협상 및 국내정치의 과정이 매우 중요한 전체 협상과정의 일부분인데, 한국 정부는 협상 개시 선언까지 아무런 국내적 설득 및 조정과정, 보상체계 수립과정을 거치지 않고, 그나마 형식적 요건을 갖추기 위하여 연 공청회마저 파행으로 치달아 국내적으로 절차적 정당성을 얻는 데 상당 부분 실패하였다. 이는 과거 권위주의 시절의 일방적 밀어붙이기를 연상시키게 되어 이른바 진보적인 민주화 투쟁세력을 다시 결집시키는 계기가 되었고, 이는 자연스럽게 반미세력과의 연합으로 이어지는 하나의 고리가 되었다. 한편 파행된 1차 공청회 이후에 2차 공청회가 2006년 6월 26일 다시 열렸는데, 이 공청회 역시 한미 FTA 저지 범국민본부회의가 협상내용의 공개를 요청하여 또 파행되었다.

정부의 절차적 정당성 확보의 실패에 더하여 국회 역시 한미 FTA의 절차적 정당성 확보에 크게 도움이 되지 못하였다. 협상 개시 선언까지 한미 FTA와 관련한 의회의 활동은 거의 전무하였고, 협상 개시 이후에는 민주노동당의 권영길 의원이 대표발의한 통상협정을 체결할 때 정부, 국회, 민간이 어떤 역할을 어떤 방식으로 수행해야 할지를 명시한 "통상협정의 체결절차에 관한 법률안(통상체결법)", 열린우리당의 이상경 의원이 9월 25일 발의한 통상절차법, 그리고 열린우리당이 주도하여 2006년 6월 30일 한미 FTA 특별위원회 구성을 의결한 것 이외에 별다른 활동이 발견되지 못하였다.[22] 열린우리당의 홍재형 의원을 위원장으로 하여 여야 의원 20명으로 구성된 한미 FTA 특별위원회는 2007년 6월까지 한시적으로 가동되는 기구인데, 이 특별위원회도 정부의 협상에 대한 비판적 의견의 수렴과 견제보다는 지원에 보다 초점이 맞추어져 있다는 비판이 제기되었다. 한편 9월 7일에는 여야 의원 23인이 한미 FTA 관련 헌법재판소에 권한쟁의 심판을 청구하였다. 이러한 몇 개의 국회 차원의 노력이 있었지만 국회에서 한미 FTA에 대한 본격적인 점검과 이해의 조정, 그리고 그에 기초한 설득과정은 매우 빈약한 것으로 평가된다.[23]

한미 FTA에 대한 정보 공개와 관련해서도 정부 측은 상당한 문제점을 노정하였다. 정부가 5월 15일 한미 FTA 우리 측 협정문 초안에 담긴 내용을 일부 공개하였지만 150여 쪽에 달하는 초안을 4쪽으로 요약하여 발표하였다. 물론 일반적으로 FTA 협상과정에서 나오는 문서는 대외비밀문서로 취급하여 일반에 공개하지 않는 것이 원칙이라는 점에서 상당히 파격적인 조치라고 할 수 있지만 4쪽으로 요약하여 발표한 것이나, 애초부터 정부에 대한 신뢰를 잃은 상황에서 이러한 방식으로 정보를 공개한 것은 정부에 대한 신뢰를 더욱 떨어뜨리게 하는 계기가 되었다. 또한 2006년 9월 4일에서 6일까지 3일 동안 정부는 한미 FTA의 협정문과 양허안 초안을 한미 FTA특위 소속 국회의원과 보좌관에게만 메모가 불가능한 열람형식으로 공개하였는데, 자료의 대부분이 국문번역본이 없는 영문자료여서 이 또한 정보공개에 대한 정부 측의 성의와 진의를 의심케 하는 신뢰의 문제를 남겼다.

한편 정부는 2006년 7월 25일 국무회의에서 한미 FTA 체결지원위원회 규정안을 대통령령으로 통과시키고 8월 11일에 위원회를 발족시켰는데, 위원장에는 한덕수 전 경제부총리, 정부 측 위원으로는 재경부장관, 통상교섭본부장, 국정홍보처장, 국무조정실장, 그리고 민간 측 위원으로는 김용구 중소기업중앙회 회장, 김화중 한국여성단체협의회 회장, 손경식 대한상의 회장, 송보경 국제소비자기구 부회장, 장대환 신문협회 회장, 이정환 농촌경제연구원 원장, 이희범 무역협회 회장 등이 위촉되었다. 이 위원회의 구성이 국민각계의 여론수렴과 건전한 토론을 염두에 두었다기보다는 오히려 관변인사들로 구성되었다는 비판이 제기 되었고, 이 역시 정부의 절차적 정당성에 오점으로 남게 되었다. 또한 비판의견의 수렴을 위한 장을 체계적으로 마련하기보다는 한미 FTA와 직접적으로 관련이 없는 국방부 등의 홍보 이메일까지 한미 FTA 홍보물을 대대적으로 배포하는 무차별적인 일방통행의 홍보를 강행하여 한미 FTA를 추진하는 정부의 자세와 방식에 대하여 비난을 사게 되었다.

4. 이익의 갈등에서 이념의 갈등으로

한미 FTA뿐만 아니라 모든 통상문제는 통상으로 인하여 이익을 보는 집단과 손해를 보는 집단 간의 갈등 및 대립의 정치과정이 발생한다. 따라서 엄밀히 말하자면 한미 FTA의 국내정치 과정은 이익집단을 중심으로 한 정치과정이 중심을 이루어야 하고, 이러한 이익집단의 이해에 따라서 정부에 대한 로비가 형성되는 것이 자연스러운 것이다. 그런데 한미 FTA 추진의 정치과정은 이러한 이익 집단으로 분화된 정치과정에 이념성을 띤 집단 간의 정치과정이 중첩되면서 한미 FTA 지지와 반대가 대단히 이념화되었다. 그리고 그 이념적 정치과정의 핵심에는 "반미와 친미"라는 대립구도가 자리 잡고 있다. 또한 이익의 정치가 이념의 정치로 변환되는 과정에는 역시 한국 정부에 대한 신뢰, 그리고 한국 정부를 통하여 투영되는 미국에 대한 신뢰의 문제가 깔려 있다.

앞에서 살펴본 매우 정교하지 못한 한미 FTA 추진 근거와 마찬가지로 이념적 대립의 근거 역시 매우 정교하지 못하게 전개되었다. 이는 찬성과 반대 모두에게 공히 적용되는 것이라고 할 수 있다. 찬성의 논리는 "개방"이 한국 경제의 미래를 담보한다는 단순한 논리와 한미 FTA가 한미안보동맹을 한미경제동맹으로 강화시킨다는 안보논리이다. 개방과 한국의 미래에 관한 논리는 사회과학의 비교방법론상 터무니없는 구한말의 쇄국과 개방의 비유를 들면서 이념적으로 전개되었고,[24] 또한 경제동맹의 논리는 협력의 사안인 안보동맹을 경쟁의 사안인 자유무역에 연결시키는, 즉 협력과 경쟁이라는 상호 대립적인 원리를 하나로 묶어서 보는 매우 위험한 논리로 전개되었다.[25]

반면 반대의 논리는 미국과 한국 정부에 대한 강한 불신을 동시에 보이는 이념적인 용어들을 사용하고 있는데, 이를 테면 미국의 문화침략, 수세적인 태도로 일관하는 한국 정부,[26] 미국의 거대자본, 대외경제 종속, 미국의 한반도 지배전략, 한반도 화해와 통일의 물적 토대를 재편하려는 불순한 의도,[27] 정부의 비타협, 조기 강경진압의 자세 및 분열공세, 정부/재계/보수언론의 삼각동맹, 국내 재벌독점자본의 신자유주의 축적전략, 전 지구적 자본, 즉 제국의 운동[28] 등의 용어를 사용하면서 미국의 압력에 굴복하는 한국 정부와 수탈적인 미국의 제국주의적 음모에 대한 강한 불신을 보이고 있다.

이러한 이념적 대립은 결국 이익과 손해를 보는 이익집단 간의 연합구도가 아니라 친미/반미, 보수/진보의 대립구도로 발전하게 되었는데, 이러한 대립구도로 발전하게 되는 기저에는 기본적으로 앞에서 살펴본 한국 정부의 성급한 FTA 추진, 협상절차의 정당성 확보 실패, 4대 선결조건의 존재, 그리고 미국에 끌려가는 것 같은 협상일정 및 방식 등으로 생겨난 한국 정부와 미국 정부에 대한 불신이 존재하고 있었다. 이러한 불신을 강하게 이념적으로 표현한 것이 반미, 진보진영이었고, 이에 대하여 한미관계를 중시하는 보수진영이 대립각을 세우는 형태로 한미 FTA의 정치경제 구도가 진화한 것이다. 한미 FTA를 가장 강하게 반대하는 매우 광범위한 단체가 이른바 "한미 FTA 저지 범국민본부(범국본)"인데, 이 단체의 구성을 보면 반미, 진보의 성향을 읽을 수 있다. 범국본에는 270개 단체가 참가하고 있는데, 경기민중연대, 경남민중연대, 노동 네트워크, 맑스 코뮤날레, 민주노동당, 민주사회를 위한 변호사 모임, 민주주의민족통일전국연합, 반미여성회, 사회진보연대, 전국공무원노동조합, 전국민중연대, 전태일을 따르는 민주노조운동연구소, 진보네트워크, 평화와 통일을 여는 사람들, 한국노동조합총연맹, 환경운동연합, 6-15남북공동선언 실현과 한반도 평화를 위한 통일연대 등의 참가단체 이름으로 알 수 있듯이 대부분 진보적이거나 반미성향의 단체이다. 반면 한미 FTA를 찬성 지지하는 단체는 정부는 물론이고 국책연구기관인 대외경제정책연구원(KIEP), 전국경제인연합회, 한국무협협회, 대한상공회의소, 중소기업협동조합중앙회, 전국은행연

합회, 선진화국민회의, 조선, 중앙, 동아일보 등 대부분 보수적인 성향의 단체들이다.[29]

정부의 신뢰문제는 보수 쪽에서도 거론하고 있는데, 갑자기 추진되는 한미 FTA에 대하여 노무현 정권이 정권 재창출을 위한 음모를 가지고 있는 것이 아니냐는 의구심이 가장 대표적인 예이다.[30] 이는 앞에서 살펴본 바와 같이 정부가 한미 FTA에 대한 충분한 준비와 절차적 정당성을 갖지 못한 정책투명성의 문제로 인하여 생겨난 의구심이라고 할 수 있는데, 이러한 음모론은 후반으로 오면서 사실상 사라지게 된다.

5. 결론

위에서 살펴본 바와 같이 한미 FTA의 정치과정은 한국 정부가 국민에게 신뢰를 주지 못하여 FTA라는 국가전략 그 자체에 대한 찬반의 이념대립으로 발전하였고, 그 과정에서 FTA도 애초 대통령이 목표로 하였던 서비스 산업의 경쟁력 강화라는 목표보다는 어떻게든 협상을 타결하여 한국 정부의 국제적 신뢰를 잃지 않는 쪽으로 변화되는 듯하다. 즉 이번에 한미 FTA를 성사시키지 못할 경우 향후 다른 FTA를 추진할 때 협상 상대국에게 신뢰를 주지 못할 것을 우려하여 어떻게든 FTA를 타결시키려는 쪽으로 목표가 바뀌는 것으로 보인다. 결국 한미 FTA의 정치경제는 국내에서의 한국 정부의 신뢰문제로 시작하여 국제적인 한국 정부의 신뢰의 문제로 끝나가고 있다. 결국 신뢰의 첫 단추를 잘못 끼게 되면 최후까지 새로운 형태의 신뢰문제를 계속 낳게 되어 향후 한국의 전반적인 FTA 전략 그 자체에 치명적인 손상을 가하게 되는 것이다.

따라서 앞으로 FTA를 추진함에 있어서 한국 정부의 과제는 FTA의 정교한 전략적 목표 설정, 설득력 있는 협상전략의 수립, 민간영역과의 원활한 의사소통에 기초한 이익의 조정과 보상체계 수립 등 정부 신뢰를 쌓아가는 준비와 절차에 만전을 기하는 것이다. 그러한 정부에 대한 신뢰가 있을 때 FTA 타결에 대한 지도자의 정치적 의지와 결단이 국민에 의하여 수용될 것이다.

주

1_ 노무현 대통령 신년연설, 2006년 1월 18일.
2_ 2006년 3월 7일, 이집트 카이로, 동포간담회에서의 언급.
3_ 2006년 2월 26일, 청와대 기자단과 북악산 등반시 언급.
4_ 2006년 3월 23일, 국내 5개 포털사가 공동주최한 국민과의 대화에서 언급.
5_ 1월 18일 신년연설, 2월 26일 북악산 등반, 3월 23일 국민과의 인터넷 대화 등.
6_ 대한민국 정부, "한미 FTA를 말한다"(국정홍보처, 2006년 5월 26일).
7_ "청와대 만찬에서 노무현-심상정 FTA 설전," 프레시안, 2006년 8월 25일.
8_ 위의 글.
9_ 대외경제정책연구원(KIEP)이 2006년 1월에 발표한 "한미 FTA의 경제적 효과"라는 보고서에서 이른바 CGE 모델을 사용하여 계량분석한 결과 한미 FTA를 하면 GDP가 0.42% 증가한다는 전망을 내고 있다. KIEP의 이 보고서는 그 분석의 정직성과 관련하여 후에 상당한 논란을 일으켰다.
10_ 윤창인, "한미 FTA 서비스 협상의 방향과 기조," KIEP 세계경제 2006년 5월호.
11_ Herman Schwartz, *States Versus Markets*(New York : St. Martin, 1994) ; Ha-Joon Chang, *Kicking Away the Ladder*(London : Anthem Press, 2002).
12_ David Harvey, *A Brief History of Neoliberalism*(Oxford ; New York : Oxford University Press, 2005) ; 이강국, 『다보스, 포르투 알레그레 그리고 서울: 세계화의 두 경제학』(후마니타스, 2005) 참조.
13_ 한미 FTA와 관련하여 이러한 경제학 이론적 검토는 이근, "한미 FTA 추진근거에 대한 이론적 검토," 한국경제학회 발표문, 서울, 2006년 10월 18일.
14_ 이러한 반대론은 뒤에서 논의하겠지만 한미 FTA 저지 범국민운동본부(범국본)의 성명문들에 등장한다.
15_ 인터넷 여론조사업체인 폴에버(pollever)의 네티즌 여론조사에 의하면 약 75%가 한미 FTA가 한국에 손해가 된다고 응답하였고, 정부의 1차 협상에 대해서도 약 60%가 불만족스럽다고 답하였다. 서울경제신문, 2006년 6월 18일. 한국사회여론연구소(KSOI)가 10월 26일 발표한 여론조사에서는 한미 FTA에 대한 찬성의 여론이 상당히 높게 나왔으나(40.5%) 여전히 반대의 여론이 약 52%로 과반수를 넘었다.

16_ "요식절차 티 너무난 공청회, 결국 무산," 프레시안, 2006년 2월 2일.

17_ 최태욱, "한미 FTA 신중론," 미래전략연구원, 2006년 2월 28일.

18_ 정태인 전 청와대 비서관 대담 내용, CBS 라디오 "시사자키 오늘과 내일" 2006년 3월 27일.

19_ "몰래 퍼주기가 주도적 여건 조성인가," 프레시안, 2006년 3월 6일.

20_ 위의 글.

21_ 영화산업이 한국의 미래 전략산업으로 중요하다고 주장하는 근거로는 장하준, "국익과 거리가 먼 한미 FTA," 서울경제신문, 2006년 2월 19일, 이근 "중독된 사랑 : 스크린쿼터 문제 어떻게 생각해야 하는가?" 미래전략연구원, 2006년 2월 10일.

22_ 권영길 의원이 대표발의한 통상절차법안은 여야의원 40명이 공동 발의한 것이다.

23_ 국회가 책무를 다하지 못하고 있다는 비판이 국회내부에서도 나왔는데, 이와 관련 이상경 의원이 프레시안에 올린 글인 "한미 FTA에 무책임한 국회로 남을 텐가?" 프레시안, 2006년 9월 24일 참조.

24_ 대표적으로 2006년 3월 3일 한덕수 당시 부총리의 과천청사에서의 연설 ; 김동철 열린우리당 국회의원 서울신문 기고, 2006년 9월 12일 ; 고광석 무역협회전무이사의 칼럼, 문화일보, 2006년 7월 14일 ; 청와대 정문수 경제보좌관의 2006년 4월 17일 청와대 브리핑 주장 ; 이 이외의 기자와 학자들의 다수의 언론 기고.

25_ "국민과 함께하는 한미 FTA 한나라당이 실현하겠습니다," 한나라당 보고서, 2006년 10월 19일, 열린우리당의 강봉균 정책위의장도 열린우리당 고위정책조정회의에에서 10월 17일 "한미 FTA 성사는 미국의 핵우산 보호를 받는 최고의 방책"이라고 주장하였다. 2006년 10월 17일 열린우리당 대변인실, 연합뉴스 보도자료.

26_ 한미 FTA 농축수산 비상대책위원회 발족 선언문, 2006년 3월 9일.

27_ 한미 FTA 협상저지를 위한 범국민 운동본부 발족식에 대한 민주노총의 입장, 2006년 3월 28일.

28_ 문화침략저지 및 스크린쿼터 사수 영화인 대책위 투쟁계획(상반기), 한미 FTA 저지와 문화다양성 확보를 위한 문화예술 공대위, 2006년 3월 28일.

29_ 범국본에 대한 이들의 생각은 조선일보 사설에서 대표적으로 읽을 수 있다. 조선일보 사설, "80년대 남미 주민으로 착각하는 반FTA 선동가들," 조선일보, 2006년 7월 31일.

30_ 경제초점, "FTA 음모론," 조선일보, 2006년 5월 25일 ; 월요 인터뷰, "FTA 음모론 말도 안 돼, 허황된 주장 바로 잡겠다," 중앙일보, 2006년 8월 14일.

7

19세기 말 한국 화폐제도 개혁의 국제정치

홍지연(한국무역협회 무역연구소 연구원)

머리말/근대 화폐제도의 전파/1890년대 이전 조선의 화폐제도 개혁을 둘러싼 갈등/1891년 「신식화폐조례(新式貨幣條例)」 1894년 「신식화폐발행장정(新式貨幣發行章程)」/맺음말

* * *

19세기 말 조선은 근대 화폐제도의 중요성을 인식하고 여러 차례 시도를 거듭하였으나 화폐제도의 근대화에 실패하였다. 1890년대 초 두 번의 시도에도 불구하고 조선의 화폐제도 근대화가 실패로 돌아간 가장 핵심적인 원인은 국내 및 국제 권력관계에 있었다. 1891년 신식화폐조례(新式貨幣條例)와 1894년 신식화폐발행장정(新式貨幣發行章程)은 동일한 사람이 작성하고 같은 국내 정치세력에 의해 추진된 법안이었다. 그러나 1894년에 일본군의 경복궁 점거사건과 청일전쟁 발발로 인한 정치적인 변혁은 두 법안의 실행에서 큰 차이를 낳았다. 또한 이러한 정치적 변화는 1894년 이후 한국 경제의 틀을 재조정하였고, 이러한 구조는 결국 20세기 초 일본의 강점으로 이어졌다.

주제어 : 근대 화폐제도, 화폐제도 개혁, 화폐주권, 청일전쟁, 군국기무처

1. 머리말

돈은 사람들 사이에서 가장 첨예한 대상 가운데 하나이다. 물질적으로 돈 자체는 아무 의미 없는 금속 내지는 종이에 지나지 않지만 사회적으로 돈은 부(富)와 직결되고 그 부는 다시 권력(權力)과 연결된다. 또한 국가적 차원에서 보았을 때, 근대 이후 화폐는 '한 나라의 주권을 표시해 주는 위대한 물건'이 되었다.[1] 19세기가 시작되면서 서구에서는 화폐를 만들어 유통시키는 권리를 중앙정부가 장악하기 시작하였다. 이러한 경향은 19세기 후반부터 비서구지역으로 파생되어 갔으며, 국가권력이 화폐에 대한 통제권을 지니고 있느냐가 국가주권의 중요한 요소가 되었다.

19세기 말 조선의 지도층 인사들은 근대 화폐제도 도입의 필요성을 인식하고 화폐제도 개혁을 시도하였음에도 불구하고 근대적인 화폐제도 수립에 성공하지 못하였다. 본 연구는 이의 가장 큰 원인으로서 당시 조선의 국제 · 국내정치적 권력관계의 변화에 주목하였다. 19세기 말 가장 구체화된 형태의 화폐제도 개혁법안인 1891년의 「신식화폐조례(新式貨幣條例)」와 1894년의 「신식화폐발행장정(新式貨幣發行章程)」을 둘러싼 국제 · 국내의 정치경제를 분석함으로써 좁게는 조선 정부가 화폐제도 근대화와 화폐주권 확보에 실패하는 과정을 재구성하고, 한발 더 나아가 한국의 근대국가 형성과정에서 내부적인 분열과 외부세력의 압력이 어떠한 갈등과정을 통해서 종국에는 한국의 식민지화로 이어지는 결과를 낳았는지 이해하고자 한다.

본 연구에서는 아직까지 국내연구에서 본격적으로 소개된 바가 없는 『오미와쵸베 관계문서(大三輪長兵衛 關係文書)』와 『한일외교미간극비자료총서(韓日外交未刊極秘資料叢書)』(김용구 편)를 활용하였다. 오미와쵸베(大三輪長兵衛)는 1891년은 물론 1894년 화폐개혁의 초안을 작성한 일본의 화폐문제 전문가로, 현재 일본 국회도서관 헌정자료실(憲政資料室)에 그와 관련된 자료가 『오미와쵸베 관계문서(大三輪長兵衛 關係文書)』라는 이름으로 보관되어 있다. 『한일외교미간극비자료총서(韓日外交未刊極秘資料叢書)』는 일본 정부의 『외무성기록(外務省記錄)』을 포함한 한일관계 자료 모음집이다. 방대한 자료집 가운데 "한국 전환국에 있어 화폐주조 문제 관련 문서(韓國典圜局に於ける貨幣鑄造關係雜件)"와 "한국 정부의 화폐주조를 위한 오미와쵸베 초빙 관계문서(韓國政府貨幣鑄造の爲め大三輪長兵衛聘傭一件)"라는 문서 묶음에서 본 연구와 관련된 화폐제도 개혁문제가 중점적으로 다루어지고 있다.

2. 근대 화폐제도의 전파

1) 서구 근대국가의 화폐제도

화폐는 국가가 탄생하기 오래 전부터 존재해 왔다. 화폐에 대한 국가의 개입은 근대국가가 형성되는 과정에서 화폐의 신뢰를 구축하고 또 확대하는 과정에서 시작되었다. 더 나아가 국가는 국가의 화폐와 관련된 권한을 독점하기 시작하였는데, 이는 강한 국가를 완성하고자 하는 정치권력의 이해와 안정적인 화폐공급을 원하는 경제주체들의 요구가 서로 맞아 떨어졌기 때문에 가능했다. 서구의 근대국가에서 형성된 근대의 화폐제도 핵심은 '국가권력의 화폐통제'였다.[2] 국가의 화폐통제에 대하여 고전파 경제학자인 하이예크는 정부가 화폐에 대한 독점을 폐기하지 않는 한 통화안정은 장기간 유지될 수 없다고 주장하였다.[3] 반대로 독일의 경제학자 크나프는 화폐는 법제의 산물이며 법령에 의해 유효성을 지난다고 주장하였다.[4] 역사적 사실에 의거하여 한 가지 분명한 것은 서구 근대국가에서 정부의 권위가 화폐에 대한 사회적 신뢰의 '최종 보증자' 역할을 했다는 점이다. 그리고 베버의 지적처럼 화폐로 일원화된 조세와 재정정책을 통하여 근대국가는 정치적 권위를 공고히 하고 합리적 자본주의를 위한 최적의 환경을 제공할 수 있었다.[5]

서구의 근대국가에서 확립된 화폐제도는 몇 가지 특징을 공유하고 있다. 첫째, 화폐의 공급과 유통을 국가가 독점한다. 이는 주조이익(seigniorage)을 독점하기 위한 국가권력의 노력을 통해 역사적으로 형성된 것이다.[6] 둘째, 근대국가의 화폐는 영토성(領土性)을 가지고 통용된다.[7] 특별한 약정이 있지 않는 한 근대국가에서는 화폐가 국가의 경계를 넘나들 때 국가 간의 약속인 환율을 통하여 화폐와 화폐를 맞교환해야 한다. 국가는 외국화폐의 자유로운 통용을 막았고 국가 간의 환전비용은 화폐주권 차원에서 고수하였다.[8] 셋째, 근대 국가는 화폐에 대한 통제를 통하여 국가의 거시경제 전반을 총괄

한다. 국가의 통화공급은 통화가치에 영향을 주고, 이는 고용과 생산 등 국가의 산업기반에 영향을 미친다. 때문에 화폐제도는 이를 관장하는 정부가 국가 경제는 물론 사회를 통제하는 권력행사의 주요 수단 가운데 하나가 될 수 있다. 물론 정부가 과도하게 통화를 공급하는 경우, 이는 역으로 권력의 위기를 초래할 수 있다는 점에서 화폐는 '양날의 검' 이기도 하다. 즉 근대국가에게 화폐통제는 유용한 권력수단임과 동시에 거시경제정책 운용의 책임소재를 뜻하기도 하였다

2) 동아시아의 근대 화폐제도 도입

19세기 이후 서구열강이 국제정치 및 경제의 핵심에 자리하면서 서구의 화폐제도가 다른 지역에서 영향력을 미치기 시작하였다. 비서구지역의 국가들이 근대 화폐제도를 받아들이는 데에는 안과 밖의 압력이 모두 작용하였다. 외국세력이 경제적인 이득을 얻거나 정치적인 우위에 서고자 자국에 유리한 폐제개혁을 강요하는 것이 외적 압력이다. 반면, 서구의 경제제도가 보편화되는 과정에서 비서구 국가들이 스스로 전통적인 화폐제도를 개혁할 필요가 있다고 느끼는 것이 내적 압력으로 작용하였다. 이러한 내외의 압력이 어떠한 갈등과 협력의 과정을 통하여 근대적인 화폐제도 개혁으로 이루어졌느냐가 비서구지역에서의 근대국가 형성과정에서 주요한 변수였다.

동아시아에서 가장 먼저 근대적 화폐개혁을 감행한 국가는 일

본이었다. 19세기 후반 일본 화폐의 신뢰도가 낮아 당시 무역에는 멕시코 달러가 광범위하게 통용되고 있었다.[9] 1854년 '미일화친조약(美日和親條約)'이 맺어진 이후 멕시코 달러의 유통량이 계속 증가하여 1870년에는 외국회사가 주전기계를 일본에 들여와 대량 주조할 정도였다.[10] 일본에서 근대적인 화폐제도가 확립된 계기는 메이지유신 이후 제정된 1871년의 「신화조례(新貨條例)」였다.

메이지 정부가 1871년 실행한 화폐개혁은 본래 당시 서구열강의 금본위제를 좇은 것이었다.[11] 그러나 실제로 일본은 1897년 금본위제가 본격적으로 시행될 때까지 '금은복본위제'를 운용할 수밖에 없었다. 이는 우선 당시 동양에서는 모든 거래가 멕시코 은화를 기준으로 이루어졌고, 당시 일본이 금본위제를 추진할 만큼 충분한 금 보유량을 지니고 있지 못했기 때문이었다. 일본 정부는 곧 복본위제의 시행으로 인한 모순에 봉착하였다. 복본위제가 지속되려면 국내에서 지정하는 법적 금은비가(金銀比價)와 시장의 금은비가가 일치해야 하고, 동시에 교역을 하는 모든 국가가 동일한 금은비가를 가지고 있어야 한다. 일본의 법적 금은비가는 시장 금은비가에 비해 낮은 수준에 고정되어 있었고, 시장 금은비가는 세계의 금은비가보다 낮은 수준이었다. 자연히 1870년대 중반부터 주조된 금화의 상당부분이 녹여지거나 해외로 유출되었다.[12]

복본위제의 모순으로 인한 금 유출이 심각해지자 메이지 정부는 1893년부터 다시 일본 화폐제도 개혁을 모색했다. 실질적인 금본위제로의 이행에는 재정적 뒷받침이 관건이데, 1894년 이후의 메이지 정부는 '청일전쟁 보상금'이라는 재정적인 여유가 있었다. 4년간의 협의 끝에 1897년 「화폐법(貨幣法)」이 제정되었다. 근대 화폐제도의 완전한 도입을 의미하는 「화폐법」은 제1조에 "화폐의 주조발행권을 정부가 독점한다"고 명시하여 일본의 화폐주권을 분명히 명시하고 있다.[13]

중국은 같은 동아시아권에 있으면서도 일본, 심지어는 한국보다도 뒤늦게 근대적인 화폐제도를 도입하였다. 중국의 화폐는 오래 전부터 동전(銅錢)과 은냥(銀兩)으로 크게 나뉘어져 있었다. 동전은 왕조별로 다른 형태를 가지고 있었고, 동전으로 지불하기 힘든 고액 거래에는 은냥[14]이 사용되었다. 19세기 초반부터 서양과의 무역이 본격화되면서 중국에도 다량의 서양 은화가 유입되었다. 무역의 증대로 고액의 유통화폐가 필요하였는데 청 정부가 은화를 주조하지 않고 있었기 때문에 광둥을 비롯한 여러 지역에서는 카를로스 달러[15] 및 멕시코 달러가 주요 유통수단이었다.

서양의 은화 유입과 유통에 대해 청 정부가 화폐제도의 정비를 서두르지 않자 양광(兩光) 총독이었던 장즈동(張之洞)은 중국 정부의 허가를 받아 영국에서 기계를 도입하여 처음으로 은화를 주조하였다. 장즈동의 화폐제조와 발행이 성 재정에 막대한 이득을 가져오자 각 성의 독무(督撫)는 중앙정부에 화폐주조 청원을 내고 화폐주조권을 얻어내 후베이성(湖北省)과 우창(武昌), 톈진(天津) 등지에서도 조폐창이 설립되어 은화가 주조되었다.[16] 조폐창을 관할하는 독무들은 주조이익을 극대화하기 위하여 점점 더 저질의 은화와 동전을 남발하였고, 이는 세계적인 은가의 하락과 함께 중국 은화 가치하락의 원인으로 작용하였다.[17]

청국 정부 역시 문제를 감지하고 여러 차례 개혁을 시도하였다. 청 정부는 1894년 청일전쟁 이후 화폐개혁의 필요성에 대하여 심각하게 논의하기 시작하였다.[18] 화폐의 통일을 위해 1899년과 1901년 두 차례에 걸쳐 조치가 내려졌으나 모두 얼마 지나지 않아 유야무야되고 말았다. 1903년에는 중앙정부의 조폐창(造幣廠)을 만들려는 시도도 하였으나 곧 무위로 돌아갔다. 은가 하락으로 중국 정부와 비슷한 처지에 있던 멕시코는 중국을 설득하여 화폐개혁에 관하여 미국의 도움을 받고자 하였다. 미국은 양국의 요청을 받아들여 1903년 6월부터 열강과의 협의를 시작하였다. 1904년 미국인 젱크스(Jeremiah W. Jenks)는 미국의 화폐개혁안을 들고 청에 입국하였다. 광서제(光緒帝)에게 제출된 이 폐제개혁안은 『중국신환법각서(中國新圜法覺書)』라는 제목의 소책자로 전국에 배포되었다.[19] 이 개혁안의 골자는 금본위제의 시행과 외국인 통화관리자의 빙용이었다. 이 시도는 시작도 되기 전에 사장되고 마는데, 가장 큰 이유는 그동안 은화를 발행하여 막대한 주조차익을 얻은 장즈동을 비롯한 성 독무(督撫)들이 거세게 반발하였기 때문이었다. 더구나 금본위제로 이행하기 위한 국내 금 공급이 1904년의 청 상황에서는 충분치 못하였고, 해외에서 대량 구입해 오기에는 청의 재정이 빈약한 상황이었다. 또한 중국의 화폐개혁을 열강과 서구 관리에게 맞길 수 없다는 중국 지도층 내의 반외의식도 높았다. 결국 젱크스 안은 청국 정부와 성 정부 간의 논쟁과 세력다툼 끝에 폐기되고 말았다. 19세기 이후 중국 화폐의 혼란상은 1930년대 국민정부에 의해 「폐량개원(廢兩改元)」(1933)과 「화폐개혁(貨幣改革)」(1935)이 시행되기 전까지 이어졌다.

3. 1890년대 이전 조선의 화폐제도 개혁을 둘러싼 갈등

개항 이전 조선의 화폐제도는 상평통보라는 동전이 중심이었으며, 화폐의 유통은 18세기 상업의 성장으로 활성화되어 가는 중이었다. 조선에서 상권이 확대되고 재정수요가 급증하면서 소액화인 상평통보 중심의 되는 화폐제도에서 벗어나고자 하는 시도가 있었다. 대표적인 시도가 대원군의 당백전(當百錢)이었는데, 물가상승 등 적지 않은 문제를 남기고 유통이 금지되었다.

화폐제도 개혁에 대한 본격적인 논의는 임오군란 이후 더욱 심각해진 조선 정부의 재정문제에 대해 논의하는 과정에서 시작되었다. 재정난 타개방편을 둘러싸고 임오군란 이후 조선 정부의 주도권을 잡은 친청파와 상대적으로 세력이 약한 개화세력 간에 치열한 대립이 있었다. 조선의 재정문제 해결을 둘러싼 수구파와 개화파 간의 논쟁은 조선의 화폐제도 정비 및 부국화(富國化)를 위한 것이기도 했지만, 동시에 수구파와 개화파가 정치자금의 출처를 둘러싸고 벌인 투쟁과정이기도 했다. 친청파는 응급조치로 고액화를 주조하고자 하였는데, 여기에는 조선에서의 정치적 활동을 원활하게 하려는 청국의 의도가 적지 않게 작용하였다.

친청파가 재정난 타개책으로 내놓은 당오전(當五錢)과 당십전(當十錢) 주조는 친청파 내부의 구상이었다기보다 청나라 장군 오장경이 제안하고 묄렌도르프가 추진한 것이었다.[20] 당시 대부분의 조선 관리들은 근대 화폐제도나 주조기술에 대하여 구체적인 지식을 가지고 있지 못하였기 때문에 화폐문제에 관한 일은 대부분 묄렌도

르프의 의견에 따랐다. 고액화 주조계획에 대하여 김옥균을 비롯한 개화파는 지금까지 많은 폐해를 남긴 악화(惡貨) 주조를 반복하는 것이라며 강력히 반대하였다.[21] 김옥균은 악화주조 대신 차관을 얻을 것을 고종에게 건의하였으며, 일본으로부터 차관을 얻으려고 여러 차례 시도하였으나 결국 실패하였다.

김옥균의 대일차관 교섭이 성공하지 못하자 친청파는 당오전 주조를 시작하였다. 본래 고종의 구상은 서양의 근대 화폐제도처럼 금 · 은 · 동전은 물론 지폐까지 함께 유통하는 것이었으나, 재료 및 기술부족과 화폐제도의 개혁보다는 정치자금 확충에 관심이 쏠려 있던 청의 위안스카이와 친청파의 의지 결여로 고액화의 주조는 이루어지지 않았다. 주전소에서는 재정수요를 충당하기 위한 당오전만 계속 주조되었다.

1883년 서울, 강화, 평양에 대규모 주전소가 들어섰고 주전(鑄錢)과 관련된 기관은 청과 밀접한 관계를 유지하고 있던 친청파, 특히 민씨 일파가 장악하였다. 서울 주전소에는 독일에서 들여온 주전기가 있어 가장 정교한 화폐를 만들 수 있었는데, 민영익의 부친인 민태호가 서울주전소의 독판(督辦)을 맡았다. 강화주전소는 비교적 양질의 주화를 만들어 인천 무역시장에 주화를 공급하였는데, 여기는 민씨 일가는 아니나 그들과 가까이 지내던 조영하와 한규직이 담당하였다. 평양주전소는 가장 질 낮은 당오전을 남발하여 후일 커다란 사회 · 경제적 폐단을 일으켰다. 당시 평양주전소의 감독자는 평안감사 민응식으로 임오군란 당시 왕비의 피난길을 장호원까지 동행했던 자이다. 이와 같이 당오전의 주조와 발행은 민씨 집안 일부 인사들에 의해 장악되어 원칙 없이 정치적으로 운용되었다.[22] 일가(一家)에 의

한 화폐주조는 이후 10여 년간 여러 가지 폐단을 가져왔다.

당오전의 대표적인 문제점은 '가치의 불안정'이었다. 당오전은 소재가치가 보통 엽전(상평통보 1문전)의 2배밖에 되지 않는 데 반해 법정가치는 5배로 책정된 화폐였다. 정부의 화폐 당오전 주조를 시작한 지 얼마 되지 않아 악화가 양산되고 물가가 뛰어오르는 현상이 일어났다.[23] 가장 큰 문제는 당오전이 손쉽게 사주(私鑄)되었다는 점이었다. 당시 조선에서는 외국인이나 사주자가 동이나 상평통보를 이용하여 당오전을 손쉽게 주조할 수 있었는데, 이는 당오전의 주조 기술이 근대 화폐에 적합하지 않을 만큼 낮은 수준이었던 데에 원인이 있었다. 더불어 조선 정부 역시 화폐주권의 핵심이라 할 수 있는 중앙정부의 화폐통제권에 관한 인식이 확실치 않았다. 고종 25년인 1888년부터 정부가 재정난과 화폐공급 부족의 타개책으로 민간에게 청부주전사업(請負鑄錢事業)을 허가하여 대량 사주(私鑄)를 합법화한 것은 당오전 가치하락의 결정적 원인이 되었다.[24] 1888년 만리창(萬里倉), 정화정(精華亭), 서강(西江)의 복파정(伏波亭)과 탁영정(濯纓亭) 등 세 곳에서 주전된 돈의 통용이 허락되었다.[25] 문제는 이렇게 사주된 당오전은 관급 당오전보다 더욱 조악하였다는 점이었다. 만리창에서 주조한 당오전은 심각하게 조악하여 통용이 허락된 지 16일 만에 관련자들을 처벌하고 이곳의 당오전의 파기한 후 재주조하라는 명령을 내렸다는 기록도 있다.[26]

당오전의 또 다른 문제는 당오전의 유통이 지역별로 다르게 이루어졌다는 점이다. 앞서 지적한 당오전의 소재가치와 법정가치의 차이로 인하여 당오전은 정부의 장악력이 확실한 경인지방에서 주로 유통되었다.[27] 또한 서울 인근에서는 당오전이 엽전 5문의 가치

를 인정받았을지라도 그외 지방에서는 당오전이 엽전과 동등한 가치로 유통되는 경우가 많았다.[28]

당오전으로 재정부족을 충당하고자 했던 정부는 역으로 조세 및 상납이 당오전으로만 들어와 주조이익을 상쇄하는 효과로 이어졌다. 민간에서는 당오전으로 공납하려 하고, 지방관아에서도 엽전으로 상납하는 것을 회피하였다.[29] 고종이 여러 차례 신칙(申飭)을 발표하고 엄명을 내려도 도덕적 해이는 개선되지 않았다.[30] 급기야 조선 정부가 해관세를 당오전으로 받는 것을 거부하여 이에 일본공사가 부산해관에서의 당오전 거부에 대하여 강하게 항의하기도 하였다.[31]

정부의 재정난을 해결하기 위해 발행하기 시작한 당오전은 발행 10년이 안 된 1890년대부터 시중에서 엽전과 같은 가치로 유통되는 한편 공납에서만 엽전 5문의 가치를 인정받는 모순에 봉착하였다. 정부의 재정난은 더욱 심해졌으며, 주조이익이 적어지면서 주조양목 또한 열악해져 평양전과 같은 악화가 일반화되는 결과에 이르렀다. 결국 고종 31년인 1894년 7월 8일, 엽전과 당오전을 섞어서 사용할 경우 동가로 통용시키자는 의정부의 제의를 고종이 받아들여 두 화폐는 법적으로 같은 가치로 통용되게 되었다.[32]

4. 1891년 「신식화폐조례(新式貨幣條例)」

1) 화폐제도 개혁의 배경과 추진

1890년대 초반 고종을 중심으로 화폐제도 개혁을 추진한 직접적인 원인은 당오전의 모순이 심화된 1890년대 초반의 화폐상황이었다. 고종은 화폐개혁 문제를 당시 조선에 지배적인 영향력을 행사했던 청이 아닌 일본을 통해 해결하고자 하였고, 이에 측근이었던 일본 유학파 안경수를 일본으로 보내 화폐주조 관련 전문가들을 만나도록 지시하였다. 고종의 이러한 행동은 당시 청이 조선이 추구하고자 하는 근대적 화폐제도를 갖추지 못한 상황이기 때문이기도 했지만, 더욱 근본적으로는 고종과 왕비가 1884년 갑신정변 이후 급격하게 거세진 조선에 대한 청의 영향력에서 탈피하고자 하는 노력의 일환이었다. 1884년 이후 1880년대는 청의 조선에 대한 근대적 의미의 속국화 시도 속에서 고종의 정치적 입지가 점점 더 좁아지고, 동시에 고종의 정치적 돌파구 모색도 더욱 절박해지는 시기였다. 이러한 상황에서 화폐개혁은 고종에게 하나의 중요한 돌파구였던 것이다.

1891년 1월 중순(양력 2월)경 고종의 특사로서 일본에 건너간 안경수는 유학시절 친구인 하야시 유조(林有造)에게 화폐문제를 가장 먼저 논의하였고, 그를 통하여 오미와 쵸베(大三輪長兵衛)를 소개받았다.[33] 제58은행 두취(頭取 : 은행장)였던 오미와는 일본에서 화폐 전문가로 잘 알려져 있었다. 그리고 안경수는 오사카 조폐국 엔도

(遠藤) 국장, 하세가와 타메하루(長谷川爲治) 차장을 통해 오사카 제동회사의 사장인 마스다 노부유키(增田信之)를 만났다. 이후 진행된 화폐개혁 과정에서 오미와 쵸베(大三輪長兵衛)는 화폐제도 및 실물화폐를 만드는 지식을, 오사카 제동회사(大阪製銅會社) 사장이었던 마스다 노부유키(增田信之)는 기술과 자금을 대는 역할을 하였다.

안경수가 1891년 1월 일본에 들고 간 통화주조안(通貨鑄造案)은 본래 좀더 정교한 새 당오전을 만들어 조악한 구화와 교환하는 것이었다.[34] 당시 안경수와 일본 대장성 조폐국의 하세가와 타메하루(長谷川爲治) 사이의 회담 끝에 정해진 화폐주조안에는 전환국이 화폐주조를 전담하고, 당오전 200개에 해당하는 1냥 태환권을 발행하며, 추후 조선의 사금으로 제조한 금봉을 준비로 하여 태환권을 발행하기로 했다. 또한 무역통화로서 일본을 엔을 별도로 비축한다는 조항도 있다.[35] 실행 가능성을 차치하고라도 금은복본위제를 추진하려 하였으며, 외환 비축의 필요성도 언급된 대목이 특이할 만하다.

안경수가 마스다 노부유키에게 당초안을 설명하자 마스다는 서양식 화폐제도를 선택하라고 강권하였고, 이는 한국 화폐의 형상, 중량, 품위 등을 모두 일본 통화와 동일한 것으로 할 필요가 있다고 생각하고 기획한 것이었다고 전해진다.[36] 1891년 8월(음력 7월) 오미와 역시 안경수에게 의견서를 써주면서 "조선 정부의 당오전 주조 계획은 동괴(銅塊)를 동괴(銅塊)로 교환하는 것에 지나지 않을 것"이라고 비판하였다.[37] 또한 안경수가 동전을 개주(改鑄)하는 수준의 화폐개혁안을 들고 온 이유가 자금부족 때문이라는 것을 안 마스다는 자진해서 자금 대부를 제의했다. 대신 전환국의 권한을 일본인에게 줄 것과 오미와가 전환국 관리로 채용되어야 한다는 조건을 달았다.[38] 애초에 마스다는 이 자금을 일본 정부로부터 얻어내려 하였다. 이들은 갑신정변 이후 한국 정부로부터의 배상금이 늦어지면서 발생한 이자를 일본 정부가 한국 화폐제도 개혁에 재투자하게 하자는 계획을 세웠다. 이를 위하여 마스다는 당시 대장성 대신이었던 마츠카타(松方伯)에게 지속적으로 청원을 했다.[39] 결국 전환국의 건축비와 기기설치비로 일본 정부로부터 2만 7백 엔을 위임받았다. 마스다는 개인적으로 25만 엔을 한국 정부에게 대부하고 그 담보로 스스로 전환국(典?局)의 감독을 위임받았다.[40]

오미와를 교환국(交換局)의 책임자로 초빙하기 위한 수속은 일본 외무성과 오미와, 그리고 주일조선공사인 김가진[41] 사이에 이루어졌다.[42] 전권공사 김가진 및 서리공사 권재형을 통한 협상 이후 조선 정부는 1891년 11월 16일 오미와를 교환서 회판(會辦)으로 임명하였고, 오미와는 1891년과 1892년 두 번에 걸쳐 조선화폐 도안을 작성하였다.[43] 당시 유통되고 있던 일본 화폐와 비교해 보면 두 도안 모두 일본의 화폐제도를 본떴음을 알 수 있다. 그러나 오미와가 1년이라는 시차를 두고 제출한 것으로 추정되는 두 안 사이에는 세 가지 차이점이 있었다. 첫째, 먼저 작성한 안에서 태극 문양을 없애고 그 자리에 이화(李花) 문양을 넣었다. 이는 조선왕조의 상징인 '이(李)'자를 생각하여 그린 것이었다.[44] 둘째, 좌측의 꽃가지가 이화(李花)에서 무궁화로 바뀌었다.[45] 세 번째 차이이자 가장 큰 정치적인 파장을 일으킨 문제는 연호와 조선이라는 국호 앞에 붙은 '大'자의 유무이다. 이 문제는 후술하는 바와 같이 조선과 청나라와의 관계에서 큰 외교문제가 되었다.

화폐개혁과 관련한 교섭이 시작되자마자 조선 전환국은 1891

년 10월 이형순, 하성근 두 사람을 오사카 조폐국에 파견하여 9개월간 주전기술을 익히도록 하였다. 또 1892년 2월에는 한욱을 파견하였다.[46] 이들은 기술을 배우고 돌아와 화폐개혁 과정에서의 불화로 일본인 기술자들이 떠난 후에 전환국에서 신식화폐를 주조하는 역할을 맡았다. 1892년과 1893년 실제로 발행된 은화는 주조량은 많지 않았으나 일본에서 발행된 은화와 거의 유사한 형태와 문양으로 발행되었다.[47] 그러나 이것이 본격적인 화폐제도 개혁으로 이어지지 못했는데, 후술하는 이유들로 인해 신화의 주조량이 극히 미미하였고, 이전의 상평통보와 당오전을 대체하는 효과도 거의 없었다.

2) 「신식화폐조례(新式貨幣條例)」의 실패

① 청의 반대와 방해

조선의 화폐제도 개혁을 가장 앞장서서 막은 이는 임오군란 이후 이홍장을 대리하여 조선의 내치외교에 깊이 관여한 청의 위안스카이(袁世凱)였다. 그는 이미 1886년 7월 제2차 조로밀약사건 이후 고종에게 올린 글 「시사지무 10관(時事至務 十款)」에서 조선의 화폐제도에 관한 의중을 드러낸 바 있다.[48] 그는 6조 재정을 절약하는 문제[節財用]를 언급하며 전환국 설치와 같은 화폐개혁은 '불급지무(不急之務)'라고 말하였다. 위안스카이의 입장에서 화폐개혁 문제가 급하지 않은 일이었던 것은 당시 청나라 관리들 역시 근대적인 화폐지식을 갖추지 못하고 있었고, 청의 화폐상황이 결코 조선보다 낫지 않았기 때문에 조선이 화폐개혁을 단행한다면 청이 아닌 다른 나라의 도움을 받아야 했었고 이미 조선에서 마제은과 청소전 등 중국 동전이 음양으로 유통되고 있었기 때문에 청 상인들의 활동에 화폐의 불편이 없었기 때문이었다.

「신식화폐조례」의 실패과정은 1880년대 후반부터 청의 내정간섭을 배제하고자 진행되었던 고종과 개화파의 대외차관 모집 노력과 이를 막으려는 청 정부 및 친청파와 관련되어 있다.[49] 고종 및 개화파는 임오군란 이후 조선이 청으로부터의 차관에만 의존하여 조선에 대한 청의 통제권이 강화된다고 판단하였기 때문이었다.[50] 1890년부터 고종은 김가진의 추천으로 기용된 미국인 찰스 리젠드르[Charles W. Legende, 한국명 이선득(李善得)]를 통하여 미국 및 일본의 차관을 얻고자 하였다.[51] 청 정부는 조선 정부의 독자적 차관을 막기위해 각국 외무부에 조선이 차관상환 능력이 없으므로 차관을 하지 말라는 공문까지 보냈다.[52] 심지어 미국 신문에 조선차관 반대성명을 게재함으로써 미국 정부 및 자본가들에게 경고의 메시지를 보냈다.[53] 청 정부의 방해로 차관을 얻지 못한 가운데 기존 차관의 만기가 돌아오자 조선 정부는 어쩔 수 없이 청에게 차관을 요청할 수밖에 없었다.[54] 이에 따라 1892년 8월과 10월 청 정부로부터 각각 10만 냥을 빌리는 차관조약을 체결하였고, 청은 차관을 통해 강화된 친청파의 기반을 통해 조선 내정에 간섭을 한층 강화하였다.[55]

조선 정부에 대한 청의 장악력이 가장 높은 수준에 이르렀던 1890년대 초반에 비밀스럽게 진행된 화폐제도 개혁 움직임에 대해 위안스카이는 노골적으로 불편함을 드러냈다. 그는 만일 조선에서 신화폐를 주조하려면 반드시 이홍장에게 조회하고 그 지휘를 받아야 할 것이며, 그렇지 않고 무단으로 일본 정부에 의지하여 실행할 때에는 결코 좌시하지 않을 것이라는 강력한 입장을 밝혔다.[56] 차관의 경우와 마찬가지로 청국 정부의 설득에 의해 미국과 독일의 공사까지 조선 정부의 신식화폐 발행에 반대한다는 입장을 밝혔다.[57] 그러나 조선의 화폐혼란은 너무나 명백한 것이었기 때문에 청으로서는 화폐제도 개혁 자체를 막을 명분이 부족한 것이 사실이었다. 또한 고종이 측근을 이용해 비밀스럽게 화폐개혁을 준비하여 일이 상당히 진행된 후에야 청 정부에 알려졌다. 따라서 화폐제도 개혁을 막기 위해 명분상 청이 가장 크게 문제삼은 것은 새로운 화폐에 새겨질 국명과 연호였다.

당시 조선을 근대적 의미의 속국으로 만들고자 노력하던 청의 입장에서 신식화폐에 새겨지는 '대조선(大朝鮮)'이라는 칭호와 독립연호는 수용할 수 없는 것이었고, 청에게는 좋은 반대의 이유가 되었다. 1892년 12월 위안스카이는 조선 정부의 시도에 대단히 분개하여 이홍장에게 공문을 보냈다.[58] 이에 이홍장은 이미 발행한 화폐를 막을 수는 없으나 '大'자를 삭제하고 중국의 연호를 병기하도록 조치할 것을 명하였다.[59] 그 이유는 오로지 자주독립국가인 때만 국호 앞에 '大'자와 독립연호를 쓸 수 있다는 것이었다.[60] 조선 정부는 위안스카이와 이홍장의 압력을 이기지 못하고 독자적인 화폐개혁을 추진했다는 이유로 전환국과 교환국 책임자를 경질하였다.[61] 또한 1892년 발행 화폐에는 각인되어 있던 '大'자를 1893년부터 삭제하여 발행하였다.

「신식화폐조례」 초안에 '대조선(大朝鮮)'이 들어간 경위는 분명치 않지만 오미와가 만든 두 가지 화폐도안 가운데 첫 번째 안에서는 빠져 있던 '大'자가 두 번째 안에서 등장하고 있다는 점을 주목할 필요가 있다. 당시 일본과의 외교문서에서는 조선을 '대조선(大朝鮮)', 일본을 '대일본(大日本)'이라고 하는 것이 하나의 관습처럼 되어 있었다. 강화도조약 이후 일본과 조선의 관계는 근대적인 자주국가 대 자주국가의 관계로 정립이 되었다. 일본은 청의 영향력을 배제하기 위해 조선과의 공식관계에서 끊임없이 조선의 자주성을 강조해 왔다. 반면 청과 조선의 관계는 훨씬 복잡한 양상을 띠었다. 청은 물리적 영향력을 통하여 조선과의 관계를 전근대적 조공관계에서 근대적인 종속관계로 변이시키고자 하였으나, 고종과 개화파는 청과의 관계 역시 근대적인 자주국가 간 관계로 재정립되도록 하는 것만이 조선이 존속할 수 있는 길이라고 생각했다.

이런 상황에서 일본인이었던 오미와 쵸베(大三輪長兵衛)와 마스다 노부유키(增田信之), 조선의 고종 및 개화세력이 주축이 되어 추진한 화폐제도 개혁안에서 '大'자가 포함되는 것은 조심스럽지만 자연스러운 수순이었는지 모른다. 당시 조선과 일본 사이에서 여러 차례 초안이 교환되며 내용이 조금씩 변하였음에도 불구하고 '대조선'이라는 국명이 사용된 것은 심사숙고 끝에 의도적으로 삽입한 것임은 분명하다.[62] 다만, 이들이 청의 강력한 반대를 예상했었는지 여부를 정확히 규명할 수는 없었다.

② 조선 정부 내의 반대와 고종의 입장

「신식화폐조례」의 제정과 관련하여 조선 정부 내의 우려와 반대가 많았다.[63] 조선 정부 내에서의 반대는 크게 두 가지 이유에서 비롯되었다. 하나는 직접적인 주조이익을 얻고 있던 친청세력인 민씨 일가의 반대였다. 이들의 반대는 상당 부분 전술한 청의 압력과 연관되어 드러났다.

다른 이유는 이전에 발행했던 새로운 화폐들이 실패한 경험에서 비롯된 화폐제도 개혁 자체에 대한 국내 정계 및 사회 전반적인 불신이었다. 특히 1890년부터 유통된 평양전의 등장으로 당오전의 폐해가 절정에 다다른 상황에서 당오전의 가치를 안정시키기보다는 새로운 화폐를 주조하는 모험을 강행하고자 하는 고종의 시도가 많은 관리들의 반대를 샀다. 1891년 11월 5일 화폐개혁의 일환으로 고종이 동전과 은전, 엽전, 당오전을 교환하여 통용토록 하자 11월 19일 이건창이 상소하였다.[64] 그는 현재의 폐단은 돈이 적은 것이 아니고 바로 돈이 많은 것 때문인데 전국적으로 통용되지 못했던 두 통화를 네 가지로 늘리고 전에 행하지 않았던 교환을 하면 백성들이 혼돈스러울 것이라고 지적하고 있다. 또 백성들이 헷갈리면 계산에 밝은 외국인이 틀림없이 기회를 노려 이득을 취할 것이라고 말하고 있다.

이건창뿐만 아니라 최고위직이라 할 수 있는 우의정 정범조 역시 화폐제도 개혁에 대해 상소하였다.[65] 한편 정범조의 상소에 대해 고종이 직접 내린 상세한 답변은 화폐제도 개혁에 대한 고종의 심사숙고와 의지를 대변하고 있다. 고종은 문제가 확실한데 모두들 개혁을 하지 않는 것만을 해결책으로 여기니 이해할 수 없다고 말하며, 엽전과 당오전의 혼용은 법과 기강을 회복하여 잡아야 할 문제라고 역설하였다.

③ 개혁세력 내부의 갈등

청의 반대압력과 정부 내의 반발 외에 「신식화폐조례」가 무위로 돌아간 직접적 원인은 개혁을 주도한 인물들 사이의 갈등이었다. 「신식화폐조례」의 성립에 가장 크게 기여한 인물은 앞서 밝힌 것처럼 조선의 안경수, 김가진과 일본의 오미와 쵸베(大三輪長兵衛), 마스다 노부유키(增田信之) 네 사람이다. 네 사람 사이의 갈등이 있었던 것은 분명하나 이들에 대한 당시 기록 자체가 기록자의 이해에 따라 분분하여 연구마다 서로 다른 추측을 해왔다.

가장 먼저 김가진이 화폐제도 개혁 추진의 일선에서 배제되었다. 반청 외교활동에 전념하며 1891년 전환국의 설립과 오미와 쵸베, 마스다 노부유키의 채용에 가장 큰 역할을 했던 김가진은 1891년 3월 23일 한직인 안동부사로 물러났다. 김가진의 좌천경위는 청국 및 민씨 일파와 김가진과의 불화에서 비롯된 것으로 보이는데,[66] 이 과정에서 폐제문제가 직접적인 요인이 되었는지는 분명치 않다. 본격적으로 화폐제도 개혁이 진행되기 이전인 1891년 초에 김가진이 이미 좌천당했고, 위안스카이가 화폐개혁과 관련된 인사를 처벌하라고 압력을 넣은 것은 그후인 1892년의 상황이기 때문이다.

안경수와 오미와가 마스다가 한국에 머무르지 않는 동안 마스다 진영을 배제하기 위한 모의를 하였다는 기록이 있다. 마스다의 부하였던 미카미 유타카(三上 豊)의 회고에 의하면, 양력 1892년 12월 21일 전환국 관리 박정양, 총판 성기운, 봉판 안경수의 임명이 있은 후 안경수, 이상재, 오미와 사이에 전환국 감독권을 둘러싼 모의가 있었다고 한다. 당시 전환국 감독은 마스다를 대리하는 요코세 후미히코(橫瀨文彦)이 맡고 있는데, 오미와는 신화발행을 1893년 1월 3일에 결정하고 그 준비를 위하여 모든 지금액(地金額)을 그에게 인도할 것을 요코세 후미히코(橫瀨文彦)에게 요구하였다. 요코세는 오미와를 믿지 못하여 그의 요구를 거절하였고, 마스다가 곧 한국으로 건너와 이 일에 대해 담판을 지었다. 그 결과 마스다는 조선 정부로부터 그가 인천전환국 건축에 투자한 돈과 그 이자 149,099.15엔을 회수하였고, 안경수 등 한국 관리에게 장비를 인도하는 것으로 이들 사이의 계약은 끝이 났다고 한다.[67]

반면, 오미와 쵸베가 남긴 기록은 전혀 다르게 기술되어 있다. 1893년 오미와가 귀일하며 박정양을 통해 고종에게 전달한 진정서에 의하면 안경수와 오미와 간에 심각한 갈등이 있었음을 알 수 있다.[68] 진정서에서 오미와는 안경수를 강하게 원망하고 있는데, 그는 안경수가 자신을 무시하고 자신이 일본에 체류할 때 몰래 자신을 쫓아내고자 했다고 비판하였다. 그는 안경수가 자신을 조선 정부에 소개한 사람인데 자신이 과실이 있으면 지적해 주어야 할 위치에서 자신을 쫓아내는 이유를 이해할 수 없다고 토로했다. 이에 대해 유자후는 안경수가 마스다 노부유키와 친해지며 문제가 생긴 것으로 분석하였다.[69] 그동안 오미와 쵸베와 교섭하였던 김가진이 1891년 안동부사에 단부되었기 때문에 오미와는 자기 편이 사라진 꼴이었다는 설명이다. 또한 안경수와 일본인들 사이에 문제가 있다는 것과 한국의 관리들이 일본인에 의한 개혁에 큰 불만을 가지고 있다는 것을 간파한 위안스카이는 조선 정계에 반대의 목소리를 부추겼다고 한다.

다른 기록에서는 두 일본인 사이의 갈등이 도를 넘어섰던 것으로 기록되어 있다.[70] 당시 조선의 화폐개혁을 추진한 두 일본인 사이의 갈등이 심해져 거류 일본인들의 우려가 컸고, 이 때문에 스기무라 영사를 비롯한 공사관 관리들이 화해를 여러 차례 주선하였으나 둘 간의 감정의 골이 깊어져 불가능했다고 한다. 사실, 조선 정부가 오미와를 교환국 책임자로 임명하면서 한편으로 제도개혁의 핵심이라고 할 수 있는 자금과 기술은 마스다에게 조달했을 때부터 이미 두 일본인 간의 주도권 다툼은 예정되어 있었다고 볼 수 있다.

사료마다 갈등을 보는 초점이 다르지만 한 가지 공통점은 안경수에 대한 강한 비난이 드러난다는 점이다. 오미와와 마스다 모두 조선의 화폐개혁에서 자신이 배제된 원인을 안경수에게 돌리고 있다. 당시 일본인들이 이 일에 대하여 안경수를 비난하는 것은 일반적이었던 것으로 보이는데, 일례로 사쿠라이 군노스케(柵懶軍之左)는 안경수가 화폐제도 개혁을 계획하고도 귀국한 후 이를 오히려 훼방하려했다고 설명하며, 일본 정부가 아닌 오사카 제동회사를 통해 화폐를 주조하려 하는 것을 강하게 비판하였다. 그러면서 안경수가 이 과정에서 사익을 챙기려 한다고 설명하고 있다.[71] 당시 일본인들이 남긴 사료는 물론 대부분의 일본 측 연구에서도 1891년의 폐제개혁이 실패한 일차적 원인이 안경수의 사리사욕 내지는 변심에 있다고 보고있다. 그러나 당시의 조선 정부를 둘러싼 복잡한 국내외적 권력관계로 인해 안경수가 일본 정부 측 인사인 오미와와 자금원 마스다를 동시에 배신할 수밖에 없었던 것으로 보인다.

안경수가 처음부터 고종의 명령을 받고 그와 긴밀하게 협의하여 화폐제도 개혁을 추진해 왔다는 점에서 안경수의 행동은 고종의 의도와 밀접하게 연결되어 있을 수밖에 없었다. 고종과 개화파는 일본의 기술과 자금을 이용하고자 하면서 동시에 일본세력이 과도하게 진출하는 것은 경계해야 했다. 따라서 화폐제도 개혁 추진의 시작에서부터 일본 정부의 지나친 개입은 견제하고자 하였을 것이며,

피치 못한다 하더라도 어느 시점에는 배제하고자 했을 것이다. 때문에 일본 관료인 사쿠라이 군노스케에게는 일본 정부 측 인사인 오미와 쵸베를 배신하고 오사카 제동회사의 사적인 도움으로 일을 진행시킨 것으로 보였을 것이다.

안경수의 태도변화에 대해 추측 가능한 두 번째 이유는 청의 반대압력 속에서 화폐제도 개혁을 실행하기 위해서 어느 정도 청의 눈치를 볼 수밖에 없었던 고종 및 개화파의 정치적 입장이다. 유자후가 폐제개혁의 실패를 "조선, 일본, 청국 삼국(三國)의 복잡한 이면에서 유출(流出)된 연극(演劇)의 일막(一幕)"이었다고 표현한 것처럼[72] 청의 압력 하에서 안경수와 고종은 조례의 공포를 위해서라도 종국에는 일본인들을 배제시킬 수밖에 없었을 것이다. 앞서 서술한 바와 같이 1892년 실제로 화폐가 주조되기 시작하면서 위안스카이와 이홍장의 반대 압력이 매우 거세어졌다. 또한 1892년 말에는 각국으로부터의 차관지원이 불가능해진 상황이었기 때문에 고종과 개화세력은 스스로의 정치자금 조달을 위해서라도 화폐제도 개혁을 반드시 이루어내야 했다. 이러한 상황에서 고종과 안경수에게 친청세력과 어느 정도 정치적 타협을 하는 것은 불가결이었다. 다시 말해 사쿠라이 군노스케의 비난처럼 안경수는 친청파라고 할 수 있는 민영준과 협력하여서라도 청의 반대를 무마시키고 개혁의 실현가능성을 높이고자 했던 것이다.[73]

5. 1894년 「신식화폐발행장정(新式貨幣發行章程)」[74]

1) 일본의 경복궁 점거사건과 군국기무처의 설치

조선에서 청과 일본의 세력구도는 일본이 경복궁을 강점한 사건을 계기로 변하기 시작하였다. 동학혁명 진압을 명목으로 1894년 6월 15일 조선으로 파병된 일본군이 가장 먼저 행한 군사적 행동은 7월 23일(음력 6월 21일) 새벽에 일어난 경복궁을 점거였다. 청일전쟁 자체는 경복궁 점령사건 이틀 후인 7월 25일(6월 23일) 인천 앞바다에서의 풍도(豊島) 해전을 계기로 시작되었다.

1894년 7월까지 조선 정부는 물론 지배세력 전체가 청의 영향권 하에 있었다. 또한 6월의 일본군 파병에 대해 청은 물론 러시아와 독일까지 반대하고 있던 상황이었다. 일본은 조선에서의 불리한 정황을 간파하고 상황의 반전을 위해 전략적으로 경복궁을 점거하였다. 그후 대원군을 앞세워 내정개혁을 명목으로 조선 정부를 장악하였다.[75] 대원군은 입궐하자마자 고종을 만나 그동안의 실정을 질책하며 일본 공사의 권고를 받아들일 것을 권하였고, 모든 민씨를 관리직에서 파면시켰다.[76] 경복궁 점거사태로 인하여 조선 정부가 온건보수파로 구성했던 '교정청'은 해체되었고 조선 스스로 추진하려던 개혁계획은 무산되었다.

일본 정부와 대원군의 협의 하에 새로운 개혁기구인 '군국기무처'를 구성하게 된 사람들은 개혁파라고 불릴 만한 사람들과 대원군에 가까운 인사들, 중립적인 인사들이었다.[77] 이전부터 고위관직에 있었던 사람들 가운데서는 민씨 일파와 특별한 관계가 없었고, 뛰어난 관리로 알려졌던 김홍집, 김윤식, 어윤중, 박정양 등이 요직에 기용되었다. 스기무라는 안경수, 김가진, 김학우, 유길준, 권영진, 권재형, 조희연를 일본당으로 지목하며 이들의 약진을 언급하였다.[78] 실제로 군국기무처 내에서 가장 활발한 활동을 벌인 사람들은 김홍집, 박정양, 김윤식, 어윤중, 김가진, 안경수, 조희연, 유길준, 김학우, 이윤용, 권재형 등 11명이다.[79] 나머지 위원들은 뒤늦게 임명되거나 외직(外職)을 맡아 지속적으로 출석할 수가 없었다.[80]

군국기무처에서 설립초기 몇 달간 많은 법안들이 제정되었는데, 7월 30일부터 10월 29일까지 넉 달간 무려 190건의 〈의정안(議定案)〉과 20건의 〈장정안(章程案)〉이 나왔다.[81] 이 가운데서도 가장 활발한 입법이 벌어진 시기는 8월(음력 7월)이었다. 190개 의정안 가운데 90개가 이 기간에 나왔다.[82] 「신식화폐발행장정」 역시 8월에 제정되었다. 수많은 법안이 제정되는 과정에서 위원들 간의 갈등이 여러 차례 있었고 분열이 심각했다. 특히 개혁파는 서구의 제도수용에 적극적이고 정무의 책임을 왕실이 아닌 정부에 귀속시키고자 하는 반면, 대원군파는 변화에 신중하고 왕실이 사무를 관장하도록 하고자 하여 갈등이 심했다.[83] 개혁파와 대원군이 반목하는 사이 고종이 재기를 시도하려는 움직임을 보이기도 하였다.[84]

2) 「신식화폐발행장정(新式貨幣發行章程)」의 제정

1894년 8월 11일(음력 7월 11일) 군국기무처는 새로운 화폐의 발행 및 구화폐의 태환을 정하는 법률을 제정하였다.[85] 또 8월 20일부터 신화발행 및 교환을 시작한다는 의안도 함께 공포하였다.[86] 사흘 후인 8월 14일(음력 7월 14일) 군국기무처는 새로운 화폐제도의 세부 규정을 갖춘 「신식화폐발행장정(新式貨幣發行章程)」을 의결하고 8월 20일 이를 공포하였다.[87] 1894년의 화폐제도 개혁내용은 「신식화폐조례(新式貨幣條例)」(1891)를 거의 그대로 따른 것이었다. 「신식화폐발행장정」은 군국기무처 설립 이후 매우 다급하게 제정되었다. 군국기무처가 7월 27일(음 6월 25일)에 설치되고 7월 28일부터 군국기무처의 회의가 시작되었는데, 새로운 관제가 정비되어 대신들이 임명된 것이 8월 15일(음 7월 15일)이고 8월 20일(음 7월 20일) 이후 각 아문이 모두 문을 열었다는 점에서 그 사이의 약 20일은 매우 혼란한 시기였다고 볼 수 있다.[88] 그런 혼란스러운 와중에 8월 11일과 14일 화폐제도가 제정된 것이다.

「신식화폐발행장정」의 초안 작성자는 「신식화폐조례」의 초안을 작성한 오미와 쵸베(大三輪長兵衛)였다. 오미와는 조선에서 일본의 영향력이 확보되자마 화폐제도 개혁의 실현을 구상하기 시작한다. 『오미와 쵸베 관계문서(大三輪長兵衛 關係文書)』 가운데 「도한일지(渡韓日誌) 3」을 보면 갑오년 7월 8일 일지에 '신식화폐발행장정 제1조' 라고 흘려 적고 있다.[89] 그는 기회를 보고 있다가 일본의 경복궁 점령과 군국기무처 설치 소식을 듣고 다시 한국으로 건너오며 1891

년 본인이 작성했던 「신식화폐조례」와 유사한 개혁을 구상한 것이다. 「도한일지(渡韓日誌)」에 '신식화폐발행장정'이라는 명칭까지 동일하게 쓴 것으로 보아 1894년의 화폐개혁 초안 역시 오미와가 작성한 것임을 알 수 있다.

「신식화폐발행장정」은 은본위제(銀本位制)를 수립하고자 했다는 점에서 조선의 화폐제도가 근대로 진일보하는 계기였다. 그러나 실제로는 은본위제 하에서 마땅히 주조되어야 하는 본위화는 거의 주조되지 않고 주조차익이 큰 소액의 보조화만 주로 주조되었다. 그 이유는 일차적으로 조선의 은보유량이 충분하지 못했던 데다가 재정상태가 열악하여 외국에서 본위화의 원료인 은을 수입해오는 것도 불가능한 상황이었기 때문이었다. 「신식화폐발행장정」의 반포 이후에도 관세 자주화를 통하여 해관세를 재정자금으로 축적하거나 본위화의 재료인 은의 유출을 금지하는 등의 조치를 마련하지 못했기 때문에 5냥 은화는 발행이 거의 전무하였다.[90]

화폐개혁을 추진한 군국기무처는 국내 은보유량에 관한 충분한 고려를 하지 않은 채 은본위제를 도입했다. 그러나 그 이유가 당시 군국기무처 위원들 사이에 '본위제도(本位制度)'에 대한 구체적인 지식이 부족했기 때문은 아니었다. 군국기무처의 주요 구성원 중 하나이자 적극적인 참여를 한 유길준이 1880년대 말 완성한 『서유견문』에는 금본위제도에 대한 구체적인 소개가 있다.[91] 1891년 오미와로부터 은본위제 도입의 필요성을 들은 안경수와 김가진도 본위제도에 대한 이해가 있었다. 그럼에도 불구하고 군국기무처에서는 본위화의 원료인 은의 공급에 대한 구체적인 방안 없이 은본위제를 도입한 것은 당시 「신식화폐발행장정」의 궁극적인 목표가 은본위제 도입을 통한 근대 화폐제도 수립이었다 할지라도 일촉즉발의 전시상황 속에서 일차적 목표는 구화(舊貨)의 폐해를 개선하고 신진 개혁세력을 재정적으로 뒷받침할 신화(新貨)의 발행에 있었기 때문이었다.

3) 「신식화폐발행장정」 제7조

「신식화폐발행장정」과 「신식화폐조례」의 조문상의 차이는 크게 두 가지이다. 「신식화폐조례」에 있던 사주자(私鑄者) 처벌조항이 없어졌고 대신 외국화폐의 유통을 허가하는 제7조[92]가 추가되어 있다. 화폐주권의 관점에서 볼 때 이는 화폐개혁의 성격을 뒤바꾸는 차이이다.

제7조는 외국화폐가 국내화폐와 동질, 동량, 동가이면 그 유통을 허용한다고 명문화하고 있다. '당분간(暫)' 이라는 단서가 있었으나 구체적인 날짜를 명시하지 않은 당분간은 결국 무기한이나 마찬가지가 되었다. 이처럼 외화유통을 제한 없이 허락한다는 것은 근대 화폐제도의 틀에 맞지 않는 제도이다. 유길준은 후일 "화폐정리 방안"[93]을 통하여 "외국화폐의 통용은 절대 안 된다"고 주장한 바 있다.[94] 이런 관리가 참여한 군국기무처에서 7조와 같은 조항이 포함된 화폐제도가 통과된 데에는 복잡한 정치적 배경이 작용했다.

첫째 원인은 청일전쟁 비용부담으로 인한 일본의 압력이었다. 청일전쟁으로 일본의 전비지출은 증가하는 데 반해 조선의 화폐주조가 이를 따라가지 못해 일본 정부가 조선 정부에 이러한 조항을 포함시키라는 압력을 넣었다.[95] 오사카 제동회사 직원이자 1891년 마스다(增田信之)와 함께 조선의 신화 발행을 추진했던 미카미(三上豊)는 "인천전환국 때에 신화폐에 관한 칙령의 초안이 발견되었는데, 그 단서에 외국화폐라 하더라도 동질·동량의 것은 통용해도 무관하다는 문구를 발견하였다"고 회고하였다.[96] 그리고 이를 일본이 승전의 힘을 빌려 강제로 유통시켰다는 것이다. 그러나 이 기록을 제외하고는 어떤 문서에도 1891년에 외국화폐 통용을 허락하는 초안이 존재하였다는 기록이 발견되지 않았다는 점에서 이 기록이 허위일 가능성도 배제할 수 없다. 미카미도 밝히고 있는 것처럼 일본의 청일전쟁 수행에서 「신식화폐발행장정」 제7조는 큰 기여를 하였다.[97] 전쟁이 진행될수록 엽전시세가 올라가 조선의 돈을 구하는 것이 어려웠는데, 일본 은화의 자유로운 통용이 허락되면서 전쟁물자 공급이 한결 수월해졌다.[98]

둘째, 군국기무처 관리들 역시 권력유지와 개혁의 지속을 위해서는 일본의 승리가 절실했다. 우선, 일본의 지원에 힘입어 권력을 쥐게 된 개혁파 인사들에게 청일전쟁에서 일본의 승리는 개혁성공의 발판이자 생존의 전제조건이었다. 따라서 이들 입장에서 일본의 승리를 지원하기 위한 제도개혁을 거부할 수 없었을 것이다. 그러나 당시 조선의 개혁세력이 일본의 세력확장을 염려하지 않은 것은 아니다. 청의 압도적 영향력 하에서 10년을 보낸 후이고, 당시 조선 사람들 사이에 반일의식이 상당히 높았기 때문에 일본 역시 경계의 대상이 아닐 수 없었다.[99] 이 때문에 「장정」 7조에 '당분간(暫)'이라는 글자가 포함되었다. 만일 개혁세력이 일본만을 좇은 것이라면 이러한 제한단서는 붙을 필요가 없었다. 유자후 역시 이 문제에 대해

"김홍집은 상황의 압력으로 어쩔 수 없이 재정하지만 곧 바꿀 생각이었는데 아관파천 이후 김홍집이 사망함으로써 법령변화가 불가능해졌고, 잠정조항이 영구조항과 마찬가지가 되었다"고 보았다.[100] 따라서 군국기무처 의원들이 7조의 내용을 근대화의 방편으로 착각하여 받아들인 것이라는 주장은 사실로 받아들이기 어렵다.

셋째, 개화세력이 은본위제의 시행을 위해 부족한 본위화를 보완코자 일본 은화의 유통을 받아들였던 것으로 보인다. 이에 대해 본위제에 대한 지식이 부족한 개화세력이 외국 은화가 한국에서 법화로서 유통량이 증대되는 것과 국제수지 흑자의 결과로서 외국 은화의 유입이 증대되는 것의 차이를 인식하지 못하여 판단착오로 일본 은화의 유통을 허락했다는 주장이 있다.[101] 그러나 앞서 밝혔듯 개혁의 핵심 세력들이 이미 본위제에 대한 상당 수준의 지식을 가지고 있었다. 또한 외세에 대한 두려움 역시 매우 큰 사회적 분위기 속에 신식화폐 도입도 거부감이 컸던 때에 착각으로 외국화폐를 유통시키도록 했다는 것은 납득하기 어렵다. 개혁세력이 본위화 주조의 현실적 어려움을 일본 은화의 유입으로 극복하고자 했다고 보는 것이 옳을 것이다.

넷째, 일본 은화의 유통은 같은 날 제정된 '조세금납화(租稅金納化)' 조치 시행을 위한 유동성 문제 해결책의 의미도 있었다.[102] 전국 단위로 동시에 실시된 조세의 금납화(金納化)를 위해서는 당장 일정량 이상의 유통화폐가 필요했으나 조선에서 유통되고 있는 화폐는 금납화 시행을 뒷받침하기에는 매우 부족하였다.[103] 1893년 주조된 채 발행되지 못한 화폐가 인천전환국에 쌓여 있기는 하였지만 여전히 전국적인 금납화를 실현하기에 턱없이 부족한 금액이었다. 따라서 당시 개혁세력의 입장에서는 화폐유통량을 단기간 내에 증대시키기 위해서는 상대적으로 고액화인 일화의 유통을 허락하는 것 외에 다른 방편이 없었다.

한편, 1892년 청국과의 관계에서 커다란 문제가 되었던 개국 연호의 '大'자의 경우, 일본과 개혁파의 주도권 장악 이후 바로 복구되지는 못하였다. 1894년까지는 빠진 채 주조되었고, 1895년과 1896년에는 '大'자가 빠진 채 주조된 것도 있고 복구되어 '大'자가 들어간 화폐도 주조되었다.[104]

4) 일본 은화의 유통과 화폐주권 침해

청일전쟁이 일어나자 일본은 조선의 노동력과 물자를 대량으로 필요로 하는 반면, 일반인들은 외국 화폐인 일화를 거부하는 사례가 빈번하였다. 평범한 강촌이 하루아침에 전쟁의 포화 속에 무너지는 상황에서 처음 보는 돈을 받고 노동력이나 물건을 제공하는 사람은 드물었던 것이다. 이러한 민간의 일본 화폐 거부는 일본군에게 적지 않은 타격이 되었다. 때문에 오토리(大鳥圭介) 일본 공사는 심지어 조선 정부에 구화를 증주(增鑄)할 것을 건의하기도 하였다.[105]

조선 정부는 상평통보나 당오전을 재주조하자는 일본의 요구를 거절하였다.[106] 대신 조선 정부는 관찰사나 진무사를 동원하여 엽전이 불편하고 은화가 편리한 이유, 한국 정부에서도 은화를 발행한다는 것, 은화로 조세를 징수한다는 것 등을 널리 알리고, 또 은화의 사용을 거절하는 자는 모두 처벌할 것이라는 강권을 발동하지 않으면 안 되었다.[107] 당시 일본군이 조선에서 사용한 일본 은화는 약 300만 엔 정도로 추정되는데,[108] 이는 조선의 최고액 화폐인 5냥 은화와 동질 · 동량 · 동가인 1엔 은화가 300만 개 유입되었다는 것을 의미한다.

일본 화폐 유입의 현실적인 문제는 신식 화폐제도가 채 알려지기도 전에 전국적으로 일본 은화가 유통됨으로써 일반인들이 일본 은화의 교환가치를 알 수 없었다는 점이었다. 민간인들이 일본 은화를 법정가치보다 낮은 가격으로 받으려 하자 일본은 조선 정부에 여러 차례 1엔 은화가 5냥으로 통용될 수 있도록 조치를 취해달라고 요구하였다. 일본 영사관의 보고에 의하면 조선의 탁지아문에서 한국화폐와 동질 · 동량 · 동가인 외국 화폐는 조례의 규정에 따라 동가로 매매할 것을 고시하여 경성에서는 효과가 있었다.[109]

당시 서울 · 인천 · 원산 · 부산 등 대도시에는 일본 화폐 교환소가 설치되어 있었으나 지방에서는 각 병참부(兵站部) 출장소에서 일본 상품을 팔아 은화를 회수해 갔다. 이와 동시에 조선인들의 일본 상품 구매력이 높아지자 일본 종군상인들의 활동이 전국적으로 확대되면서 일본의 상권이 확대되었다.[110] 1894년은 흉작으로 미곡 수출이 부진하여 실질구매력은 낮아졌음에도 일본 화폐 소진을 위해 일본 상품이 대거 수입되어 무역역조가 심하였다.[111] 이러한 현상은 일본군이 북쪽으로 진격하여 전선이 북상하고 이에 따라 일본의 보급선이 길어지면서 더욱 심화되었다.

일본 화폐의 유통과정에서 더 큰 문제는 일본이 「신식화폐발행장정」을 무시하고 일본 지폐를 통용시킨 것이었다. 일본이 지폐사용을 추진한 이유는 일본 정부가 정화인 은화가 지나치게 많이 유출되는 데 두려움을 가지고 있었기 때문이었다.[112] 청일전쟁 당시 일본은 실질적으로는 '금은복본위제'를 시행하고 있었다. 일본의 입장에서는 은화도 정화(正貨)이기 때문에 지나치게 많이 유출될 경우 경제적으로 타격이 컸다. 그래서 일본은 병참부나 상인들을 통하여 조선에 유출된 은화를 회수하려는 노력을 지속하였다. 동시에 일본은 일본 은행권, 즉 지폐를 조선에서 통용시켰다.

물론 일본은 노임으로 지폐를 지급하며 언제든지 은화로 태환(兌換)할 수 있는 지폐임을 공언하였다. 그러나 일본 화폐 교환소는 서울 · 인천 · 원산 · 부산 등 대도시에만 있었기 때문에 전쟁터에서 지폐를 받은 대부분의 일반인들은 은화로의 태환이 불가능하였다. 조선 정부가 원칙적으로는 일본 지폐의 통용을 금지하였음에도 불구하고 민간에서는 일본의 일방적인 사용이 지속되었다. 특히 북부 지방에서만 약 400만 엔에 달하는 일본지폐가 유입된 것으로 추정된다.[113] 조선에서 법적으로 화폐가 될 수 없었던 일본 지폐의 유입은 다시 일본 상권의 확대로 이어졌다. 조선인들이 일본 지폐를 사용할 수 있는 방법은 일본 상인으로부터 물건을 구입하는 것뿐이었기 때문이다.

일본 지폐의 통용을 강하게 반대하던 조선 정부도 1895년 4월(음력 3월) 일본과의 협상 끝에 300만 엔의 차관 중 절반인 150만 엔을 일본 지폐로 수령하기로 하여 일본 지폐의 사용이 정부 부문으로까지 확대되었다.[114] 1894년 10월 25일 부임한 이노우에(井上馨) 공사는 여러 차례 차관 도입을 건의하였으나 조선정부는 적극적인 의사를 보이지 않았다.[115] 그러나 그해 겨울 조선 전역에 닥친 한발 기근으로 인해 재정고갈이 한계에 다다르자 이 차관을 받아들이기로 결정하였다.[116] 이 차관의 도입은 1892년 말 청의 차관을 받아들였을 때와 마찬가지로 화폐문제에 있어서 뿐만 아니라 경제정책 전반에서 조선 정부가 주도권을 상실하는 결정적 계기가 되었다.

1894년 7월 일본의 경복궁 무력점거로 시작된 개혁은 일본에게 유리한 새로운 화폐제도의 재정으로 이어졌고, 이는 청일전쟁에서 일본의 승리를 가능하게 하는 하나의 동력이 되었다. 동시에 전국 각지의 조선인들이 일본 화폐를 지니게 되면서 지난 십년간 청국 상인들에게 열세를 면치 못하던 일본 상인이 조선에서 단시간에 상권을 확대하는 계기가 되었다.

6. 맺음말

조선 정부는 여러 번에 걸친 화폐개혁 시도에도 불구하고 근대적 화폐제도 수립이라는 궁극적 목적 달성에 이르지 못하였고, 이는 결국 1904년 일본 정부에 의한 강제적 화폐정리 사업으로 이어졌다.[117] 본 논문의 목적은 한국이 근대적인 화폐제도개혁에 실패한 원인을 국내 및 국제정치 면에서 재구성하는 것이었다. 이를 위해 청의 영향력이 지배적이던 1891년의 화폐개혁 시도와 일본의 경복궁 점거, 개혁내각 구성, 청일전쟁 등 정치적인 변화가 급격하게 일어난 1894년의 화폐제도 개혁의 변화를 비교 분석하였다.

1891년 시도된 「신식화폐조례(新式貨幣條例)」는 조선에서 청의 세력이 압도적인 상황에서 일본은 조선에서의 틈새권력 확보를, 조선은 일본을 통해 청과 민씨 일파에게서 벗어나는 돌파구를 찾다가 실패하는 과정이었다. 화폐개혁에 대하여 내부적으로도 반대하는 의견이 강하였다. 또 개혁을 주도한 사람들 내부에서도 조선 측 인사인 안경수와 일본인 오미와 쵸베(大三輪長兵衛) 및 마스다 노부유키(增田信之) 사이에 반목과 갈등이 생겨 화폐개혁이 계속 진척되지 못하였다. 결정적으로 조선의 화폐개혁이 가시화되자 청이 위안스카이를 필두로 하여 신식화폐의 독자 연호와 국호에 속국에 맞지 않는 '대(大)' 자가 들어갔다는 명분으로 「신식화폐조례」의 공포를 막았기 때문에 고종이 의도했던 대로 화폐제도 개혁이 현실화되지 못하였다.

반면 1894년에는 일본이 무력으로 청의 압력을 막아선 상황에서 민씨를 비롯한 보수적 인사들이 대거 배제되고 친일 개혁인사들이 정부의 주도권을 쥐는 국내 · 국제 정치상황 변화가 일어났다. 판이하게 달라진 국제 · 국내정치적 상황에서 개혁적인 입법기구였던 군국기무처는 곧바로 「신식화폐조례」와 거의 동일한 법안인 「신식화폐발행장정(新式貨幣發行章程)」을 제정하였다. 그러나 청의 세력에서 벗어났다고 화폐제도 개혁에서 조선의 주권이 완전히 실현될 수 있었던 것은 아니었다. 오히려 일본의 영향력이 강한 상황에서 제정된 「신식화폐발행장정」은 「신식화폐조례」가 일본에 유리한 방향으로 변형된 형태였다. 구체적으로 「신식화폐발행장정」에는 「신식화폐조례」에는 있던 사주자(私鑄者) 처벌조항이 없어지고 대신 외국화폐의 유통을 허가하는 조항이 추가되었다. 당시 이 조항을 근거로 대량 유통된 일본 화폐는 일본의 청일전쟁 승리에 일조했을 뿐만 아니라 중장기적으로 조선의 근대적 화폐주권 수립을 앞당기기보다 크게 손상시키는 결과를 낳았다.

주

1_ 유길준, 『서유견문』(서울 : 명문당, 2003), p. 253.

2_ 국가권력의 화폐통제가 확립된 시기를 두고는 의견이 분분하나 서구에서는 대략 19세기부터는 확고하였다고 보는 것이 일반적이다 : C. M. Cipolla, Money, *Prices and Civilization in the Mediterranean World: Fifth to Seventeenth Century*(London : Gordian Press, 1967), p. 14.

3_ F. Hayek, *Denationalization of Money*(London : Institute of Economic Affairs, 1976), pp. 117-121.

4_ G. F. Knapp, *The State Theory of Money*(London : Macmillan, 1905), pp. 1-2.

5_ M. Weber, *Economy and Society*(Berkeley : University of California Press, 1978), pp. 166-174.

6_ B. Cohen, *The geography of money*(Ithaca : Cornell University Press, 1998), pp. 39-42.

7_ B. Cohen은 근대 화폐를 "territorial money"라고 지칭하며, 1국 1화폐라는 근대정부의 목표와 화폐통제권 행사가 민족국가 성립과 불가분의 관계라고 주장한다. ; B. Cohen(1998), pp. 28-32.

8_ B. Cohen(1998), pp. 28-32.

9_ 멕시코 달러는 1821년 스페인으로부터 독립한 멕시코 공화국이 주조한 은화로 'Mexico'라는 문자와 독수리 문양이 새겨져 있었고 멕시코 은화라도 불리기도 했다.

10_ Hiroshi Shinji, *History of the Yen*(Kobe : Kobe University, 1962), p. 15.

11_ 大藏省理財局, 『貨幣法規』(東京 : 大藏省理財局, 1922), pp. 1-15.

12_ 朝倉孝吉, 『新編 日本金融史』(東京 : 日本經濟評論社, 1988), pp. 11-13.

13_ 大藏省理財局(1922), p. 23.

14_ 은냥을 보통 '마제은(馬蹄銀)'이라고도 하는데, 이는 은을 용해하는 업자가 운송의 편리를 위해 말발굽 모양으로 주조하였기 때문에 붙여진 이름이다. 중국에서 은화가 주조되지 않은 원인은 여러 가지인데, 가장 큰 원인은 중국 사회의 일상적인 상업 수준이 은화를 할 만큼 고액의 거래가 이루어지지 않았기 때문이다. 또 왕조의 지배가 비교적 안정적이고 은의 수급이 충분하였기 때문에 중국 왕조는

주조이익의 획득보다 은냥의 자우주조 · 용해를 통하여 화폐제도의 안정을 꾀하였다. 狹間直樹 外 저, 신일섭 역, 『데이터로 본 중국근대사』(서울 : 신서원, 1999), p. 178.

15_ 스페인 은화로 실제로는 식민지인 멕시코에서 주조된 것으로 스페인 국왕 초상이 그려져 있었고 멕시코 독립 이후 멕시코 은화로 대체되었다 : Eduard Kann, *The Currencies of China*(Shanghai : Kelly and Walch limited, 1927), p. 127.

16_ 狹間直樹 外, 신일섭 역(1999), p. 178.

17_ 구범진, "젱크스(Jenks)의 폐제개혁안(1904)과 청말의 폐제문제," 『동양사학연구』 62호 (동양사학회, 1998), pp. 65-69.

18_ Wen Pin Wei, *The Currency Problem in China*(New York : Columbia University Press, 1914), pp. 52-54.

19_ 구범진(1998), p. 69.

20_ 김옥균, 『갑신일록』(서울 : 건국대학교 출판부, 1984), p. 29.

21_ 김옥균(1984), p. 31.

22_ 유길준은 당오전의 폐해가 심각했던 1887년에서 1892년 간 탈고한 『서유견문』에서 민씨 일파에 의한 화폐주조가 근대주권에 어긋남은 물론 엄청난 혼란의 원인이 되고 있다고 강하게 비판하고 있다 ; 유길준(2003), p. 250.

23_ 『고종실록』, 고종 26년 10월 7일.

24_ 최호진, 『한국화폐소사』(서울 : 단문당, 1975), pp. 167-168.

25_ 『고종실록』, 고종 25년 5월 18일 ; 고종 25년 7월 3일.

26_ 『고종실록』, 고종 25년 7월 19일.

27_ 『고종실록』, 고종 22년 8월 26일; 고종 23년 10월 15일.

28_ 『고종실록』, 고종 23년 8월 16일.

29_ 『고종실록』, 고종 20년 8월 8일 ; 고종 21년 6월 6일; 고종 24년 3월 29일.

30_ 『고종실록』, 고종 21년 1월 25일.

31_ 『구한국외교문서(일안)』1, p. 122, 문서번호 239 ; 문서번호 240.

32_ 지금까지의 연구에서 이 기록은 당오전과 상평통보의 구별을 분명히 하라고 명령한 것으로 인용되었다. 그러나 위에 제시한 번역문과 원문에 근거하여 보면 엽전과 당오전의 유통을 구별을 엄격하게 하라는 것보다는 구별을 하지 말라는 의미로 해석하는 것이 옳다고 본다.

33_ 甲賀宣政, "近代朝鮮貨幣及典?局の沿革," 『朝鮮總督府月報』 제4권 12호(1914), 이석륜 역, "근대한국화폐 및 전환국의 연혁," 『한국경제사문헌자료』 6 (경희대학교 한국경제경영사연구소, 1975), p. 33.

34_ 양력 2월 2일자로 대조선 서리(署理) 이학규가 일본 외무대신에게 보내는 공문을 보면 표면에는 상평통보(常平通寶), 이면에는 전일당오(典一當五)라는 각인(刻印)을 오사카 조폐국에서 새기겠다고 되어 있다 ; 김용구 편, 『韓日未刊極秘史料叢書』 19(서울 : 아세아문화사, 1995), pp. 106-107.

35_ 김용구 편(1995), pp. 111-135 ; 大森とく子 (1989), p. 16 재인용

36_ 三上 豊, 『典圜局回顧談』(1932), 이석륜 역, "典圜局回顧錄," 한국경제사문헌자료 1 (경희대학교 한국경제경영사연구소, 1970), p. 33.

37_ 大三輪長兵衛, 『大三輪長兵衛 關係文書』 61-1 「意見書」.

38_ 三上 豊, 이석륜 역(1970), pp. 33-34.

39_ 三上 豊, 이석륜 역(1970), p. 34.

40_ 姜德相, "甲午改革に於ける新式貨幣發行章程の硏究," 『朝鮮史硏究會論文集』 3 (極東書店, 1967), p. 98.

41_ 김가진은 청의 내정간섭을 타개하기 위하여 적극적으로 활동한 대표적 개화파이다. 특히 1887년 5월 처음 해외에 설치된 주일본공사관의 참찬관에 임명되면서 그의 반청 외교활동은 본격화되었고, 그는 1891년 3월 안동부사에 임명될 때까지 약 4년간 주일공사관의 참찬관과 공사로서 청으로부터 독립하고 조선을 근대화시키기 위한 외교활동을 벌였다 : 『승정원일기』, 고종 23년 7월 17일 ; 『구한국외교문서 17: 俄案 1』 (서울 : 고려대학교 출판부, 1969), No. 29, p. 12 ; 『승정원일기』, 고종 23년 7월 26일 ; 오경섭, "동농 김가진의 개화사상과 개화활동," 『한국사상사학』20(한국사상사학회, 2003), pp. 261-271 ; 한철호, "개화기(1997-1894) 주일 조선공사의 파견과 외교활동," 『한국문화』 21(서울대학교 한국문화연구소, 2001), pp. 304-318 ; 중앙연구원근대사연구소, 『清季中日韓關係史料』 5 (서울 : 景仁文化社, 1989), #2687-2688 ; 『승정원일기』, 고종 27년 1월 22일.

42_ 大三輪長兵衛, 『大三輪長兵衛 關係文書』 60-2 「手續書 甲号」 ; 60-3 「手續書 乙号」.

43_ 제출연도는 도안에 있는 연호에서 추정하였다. ; 大三輪長兵衛, 『大三輪長兵衛 關係文書』 61-7.

44_ 甲賀宣政, 이석륜 역(1975), p. 35.

45_ 무궁화는 한국의 별명으로 고려시대에 이미 한국을 가르쳐 '근화(槿花)의 향(鄕)'이라고 말했다는 설이 있었고, 조선 초 한 학자가 건곤(乾坤)에 빗대어 시를 지은 뒤로 무궁화를 조선의 이명(異名)으로 사용했다는 설도 있었다 : 甲賀宣政, 이석륜 역(1975), p. 36.

46_ 三上 豊, 이석륜 역(1970), p. 35.

47_ 당시 발행된 은화와 일본 은화는 『大三輪長兵衛 關係文書』 61-7 「新錢貨定價」과 한국은행, 『(증보)한국화폐사』(서울 : 한국은행, 1969), p. 293, p. 299를 통해 비교 · 확인해 볼 수 있다.

48_ 『고종실록』, 고종 23년 7월 29일.

49_ 구선희, 『한국근대 대청정책사 연구』(서울 : 혜안, 1999), pp. 189-190.

50_ 구선희(1999), p. 183.

51_ 중앙연구원근대사연구소, 『淸季中日韓關係史料』(서울 : 경인문화사, 1989), 5권 p. 2799.

52_ 중앙연구원근대사연구소(1989), pp. 2819-2820 ; 구선희(1999), p. 193.

53_ 임명덕, "갑신정변전후 중국의 대한정책," 『계간경향 사상과 정책』 4권(서울 : 경향신문사, 1984), p. 211.

54_ 천웨이팡(陳偉芳) 저, 권혁수 역, 『청 · 일 갑오전쟁과 조선』(서울 : 백산자료원, 1999), p. 153.

55_ 『李文忠公全集 : 電稿』 14권(1908), p. 1 ; 陳偉芳, 권혁수 역, 『청 · 일 갑오전쟁과 조선』(서울 : 백산자료원, 1999), pp. 153-154 재인용 ; 김정기, "조선정부의 청차관도입 (1882-1894)," 『한국사론』 3(서울대학교 한국학연구소, 1975), pp. 468-478.

56_ 柵瀨軍之左, 『朝鮮時事』, 한상일 역, 『서울에 남겨둔 꿈』(서울 : 건국대학교출판부, 1995), p. 374.

57_ 姜德相(1967), p. 99.

58_ 『李鴻章 全集(二) 電稿一』(上海 : 上海人民出版社, 1986), pp. 520-521.

59_ 『李鴻章 全集(二) 電稿一』(1986), p. 521.

60_ 러시아 대장성 저, 김병린 역, 『구한말의 사회와 경제』(서울 : 유풍출판사, 1983), p. 353.

61_ 『고종실록』, 고종 29년 12월 10일.

62_ 大三輪長兵衛, 『大三輪長兵衛 關係文書』 60-1 「全權委任事項」.

63_ 高嶋雅明, 『朝鮮における植民地金融史の研究』(東京 : 大原新生社, 1978), p. 50.

64_ 『승정원일기』, 고종 28년 11월 19일 ; 이건창은 한말 양명학의 대가로 성리학자들이 중심을 이룬 강경한 척사파보다는 유연한 입장을 가지고 있었고, 중국 강위의 영향을 받아 동도서기론식의 개화를 지지한 사람이었다. 1877년 충청도 암행어사로 근무하며 충청감사 조병식의 뇌물을 거절하여 민씨 일파와 사이가 좋지 않았다. ; 김기승, "이건창의 생애에 나타난 척사와 개화의 갈등," 『순천향 인문과학논총』 6(순천향대학교 출판부, 1998), p. 58.

65_『승정원일기』, 고종 28년 11월 27일.

66_ Arnold Henry Savage Landor, *Corea or Cho-sen : the land of the morning calm* ; 신복룡 역, 『고요한 아침의 나라』(서울 : 집문당, 1999), pp. 176-178.

67_ 三上 豊, 이석륜 역(1970), p. 35.

68_ 진정서 원문은 김용구 편(1995), pp. 197-214.

69_ 유자후, 『朝鮮貨幣考』(서울 : 이문사, 1940), p. 601.

70_ 安田吉實, "李朝貨幣「交換局」と大三輪文書について," 『朝鮮學報』 72(天理大學出版部, 1974), p. 77.

71_ 柵瀬軍之左, 한상일 역(1993), p. 374.

72_ 柵瀬軍之左, 한상일 역(1993), p. 374.

73_ 유자후(1940), p. 604.

74_ 한국은 갑오개혁 이후 양력을 사용하였기 때문에 양력을 주로 사용하고, 음력을 병기하였다.

75_ 일본이 경복궁을 점거한 후 리홍장이 고무라에게 철병의 제의하고 공동으로 내정개혁을 실시하자는 제안을 하였으나 이번에는 일본은 이 제의를 거절하였다.; 일본 외무성, 『일본외교문서』 제27권, 제2책, pp. 309-321.

76_ 中塚明, 『歴史の僞造おただす: 歴史から消された日本軍の「朝鮮王宮占領」』(東京 : 高文硏, 1997), pp. 62-64.국

77_ 교정청 위원 23인 가운데 김홍집, 박정양, 어윤중, 김종한만 군국기무처 위원이 되었다; 왕현종, 『한국근대국가의 형성과 갑오개혁』 (서울: 역사와비평, 2003), pp. 155-157.

78_ 그는 이들의 주요 관심이 개혁과 새로운 제도의 창설보다는 오히려 이번 사변에 편승하여 개혁파로 가장하고 높은 벼슬을 노리는 것이었다고 말하며 안경수와 김가진의 급격한 보직상승을 거론하였다 ; 杉村濬, 『在韓苦心錄』, 한상일 역, 『서울에 남겨둔 꿈』(서울 : 건국대학교 출판부, 1993), pp. 130-131.

79_ 이들 중 앞의 네 사람은 유능한 관료로서 발탁된 인사들이고, 뒤의 일곱 사람은 그동안 청의 내정간섭에 반대해 오던 개혁인사들이다. 이들은 미천한 가문 출신이거나 서자 출신으로 전통적인 출세와는 거리가 먼 인사들로 대부분 해외유학의 경험이 있었고, 특히 일본과 가까이 지내던 사람들이 많았다 : 유영익 『갑오경장 연구』(서울 : 일조각, 1990), pp. 141-143.

80_ 이태용, 정경원, 권형진, 김하영, 이원긍 등 대원군계 인사는 주로 외직(外職)을 많이 맡았다.

81_ 법안 가운데 가장 높은 비중을 차지하는 것은 정치 · 행정제도 개혁안(72가지)이

고, 두 번째로 많은 것은 경제제도 개혁에 관한 것(26가지)이었다 ; 서울대학교 규장각, 『議定存案』, 『章程存案』 ; 유영익(1990), p. 135.

82_ 『議定存案』, 『章程存案』제정 일자 참조.

83_ 8월(음 7월) 어느 날 안경수와 김가진이 함께 스기무라를 찾아와 대원군이 민씨를 쓰러뜨리는 데 공로가 있다 하더라도 나이가 들어 상황파악이 힘들다고 하며, 민씨들이 축출된 상태이므로 국왕과 왕비가 친히 결재하여도 지난날과 같은 폐해는 없을 것이라고 말했다고 한다 ; 杉村濬, 한상일 역(1993), p. 138.

84_ 이광린, "구한말 노령 이주민의 한국정계 진출에 대하여-김학익의 활동을 중심으로," 『역사학보』 108(역사학회, 1985), p. 81.

85_ 『고종실록』, 고종 31년 7월 11일.

86_ 『議定存案』, 7월 11일.

87_ 大森とく子, "朝鮮における銀本位制幣制改革と日朝モネタリユニオン構想," 『日本植民地硏究』 2(東京 : 용계서회, 1989), p. 34.

88_ 杉村濬, 한상일 역(1993), pp. 136-139.

89_ 大三輪長兵衛, 『大三輪長兵衛 關係文書』 59 「渡韓日誌 三」, 마지막 장.

90_ 도면회, 『갑오개혁 이후 화폐제도의 문란과 그 영향(1894년-1905년)』(서울대학교 국사학과 박사학위논문, 1985), p. 560.

91_ 유길준(2003), p. 251.

92_ < 원문> "第七條 新式貨幣多額鑄造之先 得暫混用外國貨幣 但與本國貨幣同質同量同價者, 始許通行."

93_ 유길준, "화폐정리방안," 『유길준전서』 Ⅳ. 잡문집(서울 : 일조각, 1971), p. 204.

94_ 원유한, "구당 유길준의 화폐사상," 『한국근대사논총』(서울 : 지식산업사, 1990), p. 155.

95_ 오두환, 『한국근대화폐사』(한국연구원, 1991), p. 143.

96_ 인천전환국 때는 1891년 화폐개혁을 일컫는다 ; 三上 豊, 이석륜 역(1970), pp. 63.

97_ 三上 豊, 이석륜 역(1970), pp. 63.

98_ 오두환(1991), p. 147.

99_ 김인순 "조선에 있어서 1894년 내정개혁의 연구," 『갑오개혁기의 근대변혁과 민족운동』(서울 : 청아출판사, 1986), pp. 243-250.

100_ 유자후(1940), p. 640.

101_ 오두환(1991), pp. 146-147.

102_ 화폐개혁이 결정된 8월 11일(음력 7월 11일)에 조세를 금납화 하는 의안도 통과

되었다.

103_ 김재호, 『갑오개혁 이후 근대 재정제도 형성과정에 관한 연구』(서울대학교 경제학부 박사학위 논문, 1997), p. 62.

104_ 甲賀宣政, 이석륜 역(1975), p. 36.

105_ 『구한국외교문서(일안)』 3, pp. 62-63, 문서번호 3136.

106_ 『구한국외교문서(일안)』 3, p. 67, 문서번호 3148.

107_ 강덕상(1967), p. 105.

108_ 강덕상(1967), p. 103.

109_ 일본 외무성, 『通商彙纂』 11호, 1894년 12월 8일 "在京城領事館報告."

110_ 이석륜, 『우리나라 화폐금융사, 1910년 이전』(서울 : 박영사, 1994), p. 281.

111_ 조선무역협회, 『조선무역사』(경성 : 조선무역협회, 1943), p. 55.

112_ 강덕상(1967), p. 105.

113_ 일본 외무성, 『通商彙纂』 11호, 1895년 6월 25일 在京城領事館報告, "朝鮮國北部巡廻視察復命書."

114_ 『고종실록』, 고종 32년 3월 5일.

115_ 김정기, "갑오경장기 일본의 대조선경제정책- 일본의 차관정책을 중심으로," 『한국사연구』 47(한국사연구회, 1984), pp. 96-100.

116_ 김윤식, 『속음청사』(서울 : 국사편찬위원회, 1955), p. 335.

117_ 第一銀行, 『貨幣定理報告書』(京城 : 第一銀行, 1926), pp. 2-14.

Abstract

New Patterns of Regionalism: The international political economy of the FTA

Don Moon || School of International Studies, KyungHee University

This paper categorizes three types of regional trade arrangements : intraregional trade agreements, inter-regional trade agreements, and cross-regional trade agreements(CRTA); and explores the new patterns of current regionalism focusing on the CRTA. The CRTA has the distinct characteristics of bilateral free trade agreements, the purpose of which is to guarantee mutual preferential access to the other's market, to acquire prior occupation in the major market against competing countries, to attract foreign investments by enhancing credibility, and to upgrade the status of the participant as the hub of the neighboring countries. Given these features and motivations of the CRTA, we anticipate the continuing increase of the CRTA in the world trading system. The accelerated expansion of the CRTA has significant implications for the ongoing negotiations of Korea-US FTA, since the successful conclusion of the Korea-US FTA will provide the momentum for South Korea regarding its active involvement in the new waves of regionalism of the CRTA.

Keywords : Regionalism, Regional Trade Agreements(RTA), Cross-regional Trade Agreements(CRTA), World Trade Organization(WTO), Free Trade Agreement(FTA), Korea-US FTA

The Domestic Political Economy of Free Trade Agreements

Seokwoo Kim || The University of Seoul

The major purpose of this paper is to review existing theories on domestic politics over trade issues. On the demand side, two contending theories exist. One theory argues that interest group politics over trade issues have the pattern of inter-class conflicts, while the other theory argues that they have the pattern of inter-industry conflicts. The relevance of these two contending theories depends on factor mobility and collective action problem. On the supply side, the government may give diverse types of trade adjustment assistances to domestic groups harmed by trade liberalization. The Korea-US FTA is expected to do harms to several domestic groups in Korea. Then, to secure domestic support for the Korea-US FTA, the government has to consider which types of trade adjustment assistances have to be offered to which domestic groups. However, this is not an easy task, because inter-class conflicts and inter-industry conflicts over trade liberalization coexist in the Korean domestic politics. Recently, as an eclectic approach, the Korean government came up with trade adjustment assistance programs to aid capital, labor, and farmers. To evade moral-hazard problem in trade adjustment assistance programs, the Korean government needs to monitor the processes and procedures.

Keywords : Free Trade Agreement, inter-class conflict, inter-industry conflict, factor mobility, trade adjustment assistance program

The Political Economy of FTA in Korea : An IPE Perspective

Yul Sohn || Associate Professor Graduate School of International Studies Yonsei University

This paper aims to analyze Korea's pursuit of FTA by applying political-economic approach. It addresses key charateristics of policy derived from the history of FTA pursuit from 1998–2006. These are (1) urgency and expediency in the pursuit of policy, (2) trans-regional tendency, (3) lack of consultation with domestic societal players, and (4) limits of governance capablity. Ultimately this paper provides some theoretical and practical implications.

Keywords : simultaneous-multiple pursuit, urgency, expediency, domestic consultation, governance capability

South Korea's FTA Policy and Interest Group Politics

Taewook Choi || Hallym Institute of Advanced International Studies

Success or failure in an FTA policy depends on not only international negotiation but also domestic negotiation. The government should be equipped with well-operating communication channels with social forces in order to conduct successful domestic negotiations. It is especially important for the government to communicate with anti-FTA forces and seek for their understanding. Otherwise, social opposition and resistance may hinder the government from promoting FTA policies. Furthermore, they may cause social disorder and political instability. In a representative democracy, the most important actor which intermediates between the government and the society is the political party. In fact, the primary function of political parties is to help sustain social cohesion by performing this role of intermediator. However, the South Korean political parties do not or cannot carry out this function well. The main reason is that the major parties have been formed and operated not on the basis of ideology and policy line but on the basis of individual leaders and region. And yet there is few non-party channels which is constitutional and effective. In particular, the non-party channels through which the disadvantaged groups such as labores and farmers could express their concerns and preferences rarely exist in South Korea. The channels avaliable to the weak is the so-called °Æcoercive channels,' which include demonstration, strike, sabotage, riot, and terror. The socio-political problems due to the lack of communication channels were plainly revealed during the process of the Korea-Chile FTA. The anti-FTA groups went to the street day after day to utilize the coercive channels. Socio-political unrest was a natural consequence. The situation must be much worse in the case of the Korea-US FTA. That is because the social resistance against the KORUS FTA is much stronger, but the problem of the communication channels remains unchanged. The ultimate solution to this problem is of course to have the political parties assume their primary role of the intermediator. Then, a political reform to structuralize South Korea's political party system must be a precondition for the nation to succeed in promoting FTA expansion policies.

Keywords : FTA, interest group politics, Korea–Chile FTA, KORUS FTA, party politics, domestic negotiation

Korea's FTA Negotiation Strategies from a theoretical perspective.

YANG, Kiwoong || Department of Political Science, Hallym University

To understand Korea's negotiation strategies for FTA, this article studies such cases as Korea-Chile, Singapore, ASEAN, Japan and the United States and applies two-level game approaches to analyzing domestic negotiation strategies in Korea. To determine whether Korea's strategies are rational, this article proposes a new theoretical concept, 'language politics' based on discourse analysis.

Keywords : Korea; the United States; Japan; FTA; Negotiation; Strategy; Language Politics

Political Economy of Korea-US FTA Negotiation : Trust Problem of the Korean Government and the Evolution of Ideological Conflicts in Korea

Geun Lee || Graduate School of International Studies, Seoul National University

The purpose of this paper is to analyze why the Korea-US FTA negotiation has become a process of conflicts of ideologies rather than a process of conflicts of interests. It is argued that the Korean government's fundamental trust problem triggered ideological conflicts within Korea, and the sources of the trust problems are as follows : (1) flaws in the rationale behind the Korea-US FTA ; (2) problems of negotiation strategies and scheduling ; (3) problems of domestic bargaining in Korea. The trust problem of the Korean government gradually transformed itself into a trust problem of the United States, creating the image of imperialist America. This transformation led to severe conflicts of ideologies within Korea along the lines of "pro-America" vs. "anti-America" and "conservatives" vs. "progressives." The lessons that we learned from this study is that in order to be successful in the next FTA negotiations with other countries, Korean government needs to be more careful in building trust by setting persuasive targets, preparing solid strategies, and actively engaging with the people in terms of coordinating interests and establishing compensation system. Otherwise political will of the President will not be welcomed by the people.

Keywords : Korea-US FTA, Trust Problem, Domestic Negotiation, Conflict of Interests, Conflict of Ideologies

Monetary Institution Reform in the Late 19th Century Korea

Hong, Ji Yeon || Trade Research Institute, Korea International Trade Association

Korea was not able to establish modern monetary institutions despite the early recognition of their importance and repeated trials in the late 19th century. The failure in modernization of Korean monetary institution was mainly caused by domestic and international power relations. The New Monetary Law(新式貨幣條例) in 1891 and the New Issuing Regulation of Money(新式貨幣發行章程) in 1894 are very similar bills. Both were drafted by the same individual, and the legislative process was driven by the same internal group. However, the New Monetary Law failed to be enacted, while the New Issuing Regulation of Money was enforced affecting the Korean economy and international political relations. This difference was a result of the political transformation in 1894. Due to the Japanese invasion upon Korean palace and the Sino-Japanese War in 1894, not only was the international political structure changed, but domestic power relations were also changed. Furthermore, this political change reorganized Korean economic frame after 1894 and led to Japanese occupation in the early 20th century.

Keywords : modern monetary institutions, monetary institution reform, monetary sovereignty, the Sino-Japanese War, Gun-guk-gi-mu-cheo

『세계정치 6』 기획주제 및 자유주제 원고 모집

서울대학교 국제문제연구소에서는 『세계정치』(반년간)의 원고를 모집합니다. 『세계정치』는 세계정치와 국제관계의 여러 현상들을 역사와 사상, 이론에 기초하여 밝히는 연구를 지향하는 전문 학술지입니다. 본 학술지는 특히 세계정치의 보편성을 밝히고 한국적 특수성을 찾아냄으로써 한국 국제정치학의 정체성을 찾고자 노력해 왔습니다. 본 『세계정치』는 학술연구의 집중성과 효율성을 높이기 위해 매호 자유주제와 더불어 기획주제를 설정하고 있습니다.

『세계정치 6』(제28집 1호, 2007년 6월 발행 예정)의 기획주제는 <국제관계와 문화> 입니다. 인간의 삶의 양식을 규정하는 '문화'는 인간뿐만 아니라 국제관계에도 중대한 의미를 갖고 있습니다. 특히 탈냉전기에 들어 세계정치는 정치 · 경제 · 군사 · 안보현상뿐만 아니라 문화현상에 대한 이해 없이는 제대로 해명될 수 없습니다. 이에 『세계정치 6』에서는 국제관계에서 문화가 갖는 의미와 기능에 대해 심도 깊게 논의해 보고자 합니다. 많은 투고를 기다립니다.

원고 주제는 다음 소주제의 영역 내에서 자유롭게 정하면 됩니다. 전공분야는 국제정치학, 정치학 분야에 한정되지 않습니다. 다른 분야 전공자의 투고도 환영합니다.

* 대주제 : 국제관계와 문화
* 소주제 : 1. 국제문화와 권력
  2. 국제관계와 소프트 파워
  3. 국제관계와 문화교류
  4. 글로벌리즘과 문화
  5. 지역주의와 문화
  6. 내셔널리즘과 문화

『세계정치 6』기획주제의 원고 마감은 4월 30일입니다. 자유주제의 원고는 수시로 받습니다. 원고작성은 별첨의 원고작성 요령에 따라주시기 바랍니다. 게재 논문에 대해서는 소정의 원고료를 드립니다. 기타 문의는 서울대학교 국제문제연구소로 주시기 바랍니다.

원고제출 및 집필요강

1. 『세계정치』에 발표하는 논문은 국제관계와 관련된 다양한 현상들을 이론적 · 사상적으로 조망하고 분석하는 것으로, 이전에 발표되지 않은 것이어야 한다.
2. 원고는 '한글' 로 작성하며, 편집위원회(주소 하단)에 출력본 1부와 원고 디스켓(이메일로 전송 가능)을 함께 제출하는 것을 원칙으로 한다.
3. 원고의 표기는 한글 사용을 원칙으로 하며, 꼭 필요한 경우 한자나 영어를 괄호 안에 적는다. 고유명사의 경우 해당 언어 발음을 한글로 적되 일상화된 고유명사는 예외로 한다. 한자 문화권의 경우 고유명사는 한자 표기를 할 수도 있다.
4. 원고는 논문의 제목, 목차, 요약문, 주제어, 본문, 각주, 영문 요약문, 영문 주제어의 순으로 작성한다. 원고 첫 페이지 하단에는 저자의 소속과 지위, 전공을 한 줄 이내로 국문과 영문으로 표기한다.
5. 논문의 분량은 200자 원고지를 기준으로 150매 이하를 원칙으로 하며, '연구단편', '서평논문' 및 '연구동향' 의 분량은 70매, '서평' 은 40매를 초과하지 않도록 한다. 영문 요약문은 250단어 이내로 한다.
6. 본문의 절과 항 번호는 1, (1), 1), ①의 순으로 한다.
7. 미주는 다음과 같이 한다.

■ 저자

① 박상섭, 『근대국가와 전쟁 : 근대국가의 군사적 기초, 1500-1900』(서울 : 나남, 1996), p. 120.

② Krasner, Stephen, *Sovereignty : Organized Hypocrisy*(Princeton : Princeton University Press, 1999), p. 20.

■ 논문

③ 최정운, "문명회복으로서의 세계화 : 세계화 논의의 문제의식," 『국제문제연구』, 제20호(서울대학교 국제문제연구소, 1996), pp. 101-103.

④ John Gerard Ruggie, "Territoriality and Beyond : Problematizing Modernity in International Relations," *International Organizaion*, 47-1 (Winter 1993), pp. 13-15.

■ 재인용

⑤ 박상섭(1996), p. 210.

⑥ Krasner(1999), p. 230.

⑦ 최정운(1996), p. 122.

⑧ Ruggie(1993), p. 17.

■ 편저서

⑨ 하영선, "부강국가를 넘어서 지식국가로," 하영선(편), 『21세기 한반도 백년대계』(서울 : 풀빛, 2004), p. 181.

⑩ John Baylis, "International and global security in the post-cold war era," John Baylis and Steve Smith(eds.), *The Globalization of World Politics : An Introduction to International Relations*(New York : Oxford University Press, 2001), p. 260.

■ 표와 그림

표와 그림은 별지에 작성하여 논문의 해당되는 부분에 삽입하되 별개의 일련번호를 가져야 한다. 그 출처는 표 아랫부분에 다음과 같이 제시한다.

출처 : 한국은행, 『통계연감』(2000), pp.1-2.

■ 인터넷 자료

웹 주소의 검색일자를 명기하여야 한다.

예) http://www.cissnu.org(검색일 : 2004. 4. 6)

8. 『세계정치』 편집위원회

주소 우편번호 151-746
서울시 관악구 신림동 산 56-1
서울대학교 국제문제연구소(16동 550호)

전화 02-880-6310/6311

팩스 02-872-4115

이메일 ciscis@snu.ac.kr

세계정치 6
–자유무역협정의 정치경제–

발　행 / 2006년 12월 26일

엮은이 **서울대학교 국제문제연구소**
펴낸이 **여국동**
펴낸곳 **도서출판 인간사랑**
인　쇄 **백왕인쇄**
제　본 **은정제책사**

출판등록 1983. 1. 26. / 제일 3호

(411- 815) 경기도 고양시 일산구 백석동 1178–1
TEL (031)901–8144, 907–2003
FAX (031)905–5815
e-mail/igsr@Yahoo.co.kr / igsr@Naver.com

정가 20,000원
ISBN 89–7418–213–0 93340